I0376549

www.ingramcontent.com/pod-product-compliance
Lightning Source LLC
Chambersburg PA
CBHW070107120526
44588CB00032B/1372
* 9 7 8 1 8 8 5 8 8 1 5 9 5 *

معهد القدس لبحث السياسات

قدس أقداسنا\ قدس أقداسهم

الإسلام، اليهود وجبل الهيكل

إسحق رايتر * دفير ديمنت

ترجمه إلى العربية: عمر واكد

2020 م

Israel Academic Press
A subsidiary of MultiEducator, Inc.
New York

معهد القدس لبحث السياسات

قدس أقداسنا\ قدس أقداسهم

الإسلام، اليهود وجبل الهيكل

إسحق رايتر * دفير ديمنت

פרסום הספר בערבית נעשה באדיבות ומימון המכללה האקדמית אשקלון

Israel Academic Press, A subsidiary of MultiEducator, Inc. New York

English Edition: Reiter, Yitzhak and Dimant, Dvir (2020)
Islam, Jews and the Temple Mount: The Rock of Our/Their Existence
London and New York: Routledge and
the Jerusalem Institute for Policy Research

הספר בעברית: רייטר, יצחק ודימנט, דביר (2020)
סלע קיומנו/סלע קיומם: אסלאם, יהודים והר הבית
סטימצקי ומכון ירושלים למחקרי מדיניות

© معهد القدس لبحث السياسات 2020 - إسحق رايتر ودفير ديمنت

©The Jerusalem Institute for Policy Research 2020 —
Yitzhak Reiter & Dvir Dimant

The Hay Elyashar House
20 Radak St. 92186, Jerusalem
http://www.jerusaleminstitute.org.il
Email: machon@Jerusaleminstitute.org.il

كلمة لا بد منها

يقتضينا الواجب أن نتوجه بالشكر والعرفان إلى معهد القدس لبحث السياسات ، لاهتمامه بهذا البحث والدراسات وقيامه بإصدار هذا الكتاب. كما نتوجه بالشكر الخاص إلى كل من السيد ليئور شيلات، مدير عام معهد القدس لبحث السياسات، والبروفيسور شاؤول مشعال، من المركز متعدد المجالات، والدكتورة ساريت بن سمحون، من معهد القدس، ومئير كراوس، المدير العام السابق لمعهد القدس، الذين عكفوا على قراءة النصوص الخطية وأبدوا ملاحظاتهم بالغة الأهمية.

كما أود أنا، البروفيسور إسحق رايتر، توجيه الشكر إلى عدد من المؤسسات الأكاديمية التي أعمل فيها في مجال الأبحاث: معهد القدس لبحث السياسات، الذي تولى نشر الكتاب، والمدير السابق للمعهد، مئير كراوس، والمدير الحالي، ليئور شيلات، وفريق العاملين المتميز في المعهد، وكلية أشكلون الأكاديمية التي تعتبر القاعدة الأكاديمية لعملي في التدريس والأبحاث، ومعهد ترومان في الجامعة العبرية، الذي وفّر لي حيزا للبحث العلمي، كما وفر المكان لشريكي في هذا البحث، دفير ديمنت. كما إنني مدين بالشكر لمركز "شاليم" وللسيدة أوديليا يتسقان، رئيسة قسم التخصص والقيادة في المركز، لأنهما أوصلا بيني وبين دفير كمساعد بحث خلال فترة تخصصه. ولا يفوتني أن أرفع أسمى آيات الشكر والعرفان لجامعة أموري، وللبروفيسور كانت شتاين، على وجه الخصوص، رئيس برنامج الدراسات الإسرائيلية فيها، لأنهما سمحا لي، خلال فترة الاستكمال في خريف العام 2018، بإجراء البحث والتفرغ لكتابة الكتاب، ولـ Israel Institute الذين قدموا لي الدعم المادي والمهني.

كما أتقدم أنا، دفير ديمنت، بالشكر الجزيل من البروفيسور إسحق رايتر، على العمل المشترك طوال كتابة هذا الكتاب، حيث تعلمت منه الكثير. والشكر موصول إلى مركز "شاليم" الأكاديمي في القدس، وإلى الطاقم الأكاديمي والإداري، وإلى المحاضرين في برنامج دراسات الشرق الأوسط والإسلام، وأخص بالذكر البروفيسور زئيف ماجين، الذي غرس فيّ الشغف في دراسة علوم الإسلام وعشق اللغة العربية وإدراك مدى أهميتهما. والشكر الخاص مرفوع إلى الباحث الكبير، البروفيسور يوحنان فريدمان، الذي كان لي الشرف أن تتلمذت على يديه. وكان البروفيسور فريدمان قد راجع بعض مخطوطات البحث وقدم ملاحظاته، ولذلك أتقدم منه بكل معاني الشكر والعرفان. ولا يفوتني أن أشكر معلمي الذين علموني اللغة العربية، وأخص منهم الدكتور أريك سدان. وإن أنس فلا أنسى زوجتي العزيزة، رنانا، التي أتقدم منها بكل الشكر والإعزاز لدعمها وتشجيعها المتواصلين، اللذين مكناني من كتابة هذا الكتاب.

يعتبر هذا الكتاب أول إصدار بحثي بالنسبة لي، ولذلك أريد أن أهدي حصتي منه إلى جدي وجدتي، أبراهام ويهوديت ديمنت، من الرعيل الذي عاد من غياهب المهجر إلى البعث من جديد، من محاربي حرب 1948 وبُناة البلاد. كان جدي أبراهام، رحمه الله، شخصية عامة وأبا لعائلة، كما كان يحمل رؤيا مقرونة بالعمل، ربّى أجيالا من الطلاب في مؤسسات التعليم الكثيرة التي أقامها ورافقها وأشرف عليها واعتنى بها في مختلف أنحاء البلاد. أما جدتي يهوديت، أطال الله في عمرها، فهي أنموذج في البطولة القومية والشخصية، إنها تعلمنا كل يوم أهم مبادئ الحياة. لقد كان الاثنان منارة تهتدي بها عائلتنا.

معهد القدس لبحث السياسات، الذي تأسس عام 1978، هو معهد بحوثات وتفكير رائد ومؤثر الذي يخرج من القدس نظرية اجتماعية واقتصادية ومكانية مستدامة. المعهد هو العنوان الذي يتجه إليه مصممو الواقع لتوضيح وتعزيز وتعريف القضايا السياسية ، في إسرائيل بشكل عام وفي القدس بشكل خاص. تساعد أبحاث وأنشطة المعهد المؤسسات والهيئات على تصميم وتنفيذ سياسات مبتكرة وفعالة ، ونقل القدس بمكوناتها المتنوعة إلى العالم والعالم إلى القدس. بالنسبة للمعهد ، تشكل القدس مصدر إلهام ومجال بحث ومختبر وفرصة للتأثير. إن تطوير المدينة لصالح سكانها المتنوعين ومحبيها والمؤمنين بها ، وتعزيز مكانتها العالمية ونفوذها على رأس جدول أعمال المعهد. تخرج أعمال المعهد من القدس إلى دوائر أوسع في إسرائيل وحول العالم ويعود إليها ، من أجل المساهمة في تطوير المدينة وسكانها.

المؤلفان

البروفيسور إسحق رايتر متخصص في الدراسات الإسلامية والشرق الأوسط وإسرائيل. وهو يرأس قسم دراسات أرض إسرائيل، وكما كان يرأس دائرة الأبحاث في كلية أشكلون الأكاديمية. وكان يعمل البروفيسور رايتر باحثا كبيرا في معهد القدس لبحث السياسات، وفي معهد ترومان لدراسات السلام في الجامعة العبرية. ومن مجالات تخصصه مجال النزاعات على الأماكن المقدسة، والصراع الإسرائيلي الفلسطيني، والعرب في إسرائيل، والسياسة الشرق أوسطية، والقضاء الإسلامي، وهو ناشط في مجال الحوار اليهودي العربي في إسرائيل وفي محادثات السلام غير المباشرة بين إسرائيليين وفلسطينيين.

نشر البروفيسور رايتر 14 كتابا، وحرر 5 كتب أخرى، كما نشر عشرات المقالات في المجلات المتخصصة، أما آخر كتابين أصدرهما فهما:

Contested Holy Places in Israel-Palestine: Sharing and Conflict Resolution (London and New York: Routledge, 2017; The Eroding Status Quo: Power Struggles on the Temple Mount (Jerusalem: The Jerusalem Institute for Policy Research (2018).

دفير ديمنت هو خريج مركز "شاليم" الأكاديمي في القدس وحاصل على شهادة البكالوريوس منه في موضوع الدراسات الإنسانية والشرق الأوسط والإسلام. درس ديمنت حوالي عشر سنوات في الكليات الدينية العالية وعمل مساعد بحث في معهد ترومان لدراسات السلام وفي معهد القدس لبحث السياسات، وفي مشروع Biblica Arabica الإسرائيلي الألماني في طباعة بعض مخطوطات تفسير التوراة باللغة العربية اليهودية. وعكف ديمنت على دراسة كتب التدريس الفلسطينية في معهد Impact-SE. ويقوم ديمنت خلال السنوات الأخيرة بدراسة العالم الإسلامي عموما والفلسطيني خصوصا، وشارك في إعداد تقارير بحثية تناولت هذه المواضيع. وهو يتخصص اليوم في دراسة الحركات الإسلامية الراديكالية المنتشرة في أنحاء العالم. ويعتبر هذا الكتاب أول دراسة يشارك ديمنت فيها كمؤلف.

المحتويات

مقدمة 7

1. المراجع والمصادر الإسلامية القديمة 19

- طبيعة المصادر 19
- بناء الهيكل الأول 20
- خراب الهيكل الأول 39
- بناء الهيكل الثاني 43
- خراب الهيكل الثاني 48
- اعتراف المسلمين الذين فتحوا القدس بقدسية جبل الهيكل لدى بني إسرائيل 51
- تفسير القرآن 53
- المصادر الأدبية والجغرافية 61
- خلاصة 67

2. المصادر الإسلامية المعاصرة 68

- الكتب المعاصرة التي تنفي علاقة اليهود بجبل الهيكل 68
  - المؤلفات الفكرية: الهيكل كمؤامرة صهيونية 68
  - الهيكل اليهودي لم يكن في فلسطين 75
  - يهود اليوم لا علاقة لهم ببني إسرائيل القدماء 80
  - المصادر الإسلامية التي تعترف بعلاقة اليهود بجبل الهيكل ليست ذات مصداقية ... 85
  - إبراهيم وداود وسليمان شخصيات إسلامية 91
  - بنى سليمان قصرا، أو معبدا خاصا وصغيرا، ولم ين هيكلا 92
  - اليهود أنفسهم لا يعرفون أين كان الهيكل ولم يعثروا ذات مرة على آثار له 94
  - هيكل سليمان لم يصمد "سوى 415 عاما" 95
  - كانت القدس بالنسبة لليهود بمثابة مدينة يبوسية أجنبية ولم تكن مدينة يهودية ... 96
  - الإسلام لم يستوحِ قداسة القدس من اليهود 97
- خلاصة 98

3. **المصادر المعاصرة التي تعترف بعلاقة اليهود بجبل الهيكل** 100
- الاعتراف بالعلاقة المحدودة بين اليهود وجبل الهيكل 100
- التطرق الهامشي، والحضور اليهودي الخفيف 100
- الهيكل ليس مبنى ذا قيمة 106
- تقبل المصادر القديمة: المصادر المعاصرة الاستثنائية 115
- خلاصة 125

خلاصة واستنتاجات 126
مخطوطة عقيدة في زيارة بيت المقدس لشيخ الإسلام إبن تيمية 131
ملاحظات 134
مراجع 147

مقدمة

في الثالث عشر من شهر تشرين الأول من عام 2016 أطلقت منظمة التربية والعلوم والثقافة التابعة للأمم المتحدة (اليونيسكو- UNESCO) تصريحا يعتبر جبل الهيكل وباحة حائط المبكى مكانا مقدسا للإسلام فقط مستخدمة الأسماء العربية للمواقع هناك: "المسجد الأقصى\ الحرم الشريف" و"باحة حائط البراق" بينما وضعت الاسم العبري بين هلالين بعد ذكر الاسم العربي لحائط المبكى: "باحة حائط المبكى". [1] أثار هذا التصريح، الذي وقفت وراء صياغته السلطة الفلسطينية والأردن وقدمته إلى منظمة اليونيسكو 7 دول عربية أعضاء في المنظمة، عاصفة قوية في إسرائيل، وفي الشتات اليهودي، وفي أجزاء من العالم المسيحي. ورأى معارضوه أن التصريح يغفل العلاقة التي تمتد على آلاف السنين بين اليهود وجبل الهيكل وحائط المبكى كمكانين مقدسين في الديانة اليهودية، كما يغفل العلاقة بين المسيحية والهيكل الثاني. وكانت منظمة اليونيسكو نفسها قد شهدت تضاربا في الآراء حول القرار، حتى بعد التصويت عليه. فقد خرجت السكرتيرة العامة للمنظمة في حينه، إيرينا جورجييفنا بوكوفا، بتصريح فريد من نوعه قالت فيه إن هذا القرار يمس بالشعب اليهودي.[2]

وفي الحقيقة أن العاصفة التي نشبت حول هذا القرار دارت بالأساس حول اعتقاد اليهود بالعلاقة الدينية والتاريخية، التي تمتد على آلاف السنين، وتربط بينهم وبين هذه الأماكن المقدسة. وكان رئيس الكنيست في حينه، يولي إدلشتاين، قد أرسل رسالة إلى الكاردينال بيترو برولين، وزير خارجية دولة الفاتيكان، دعاه فيها إلى الاعتراض على القرار لأنه يتعارض مع العقيدة المسيحية التي تؤمن هي الأخرى بقدسية هذين المكانين اليهوديين على جبل الهيكل. وتقوم القدسية المسيحية لجبل الهيكل، من بين ما تقوم عليه، على علاقة يسوع المسيح بالهيكل الثاني عندما عرضه والداه هناك على رجال الدين بعد ولادته، وعلى زياراته للمكان ونشاطه ضد عادات المكان.[3] يُضاف إلى ذلك كله السنوات الـ 88 التي حكم فيها الصليبيون القدس وبضمنها قبة الصخرة التي استخدمت كمكان لصلاة المسيحيين "معبد الرب" (Templum Domini) بينما استخدم المسجد الأقصى كقصر لـ"ملك القدس" الصليبي.

يعكس تصريح اليونيسكو هذا، بالإضافة إلى قرارات سابقة صادرة عن المنظمة بشأن القدس تحت ضغط الدول العربية، ظاهرة مألوفة في العالم الإسلامي، هي ظاهرة التنكر للعلاقة بين اليهود والديانة اليهودية وجبل الهيكل والقدس عموما، وهذا ما سبق أن قام بتحليله إسحق رايتر في كتابه باللغة العبرية "من القدس إلى مكة وبالعكس: التكتل الإسلامي حول القدس".[4] ليس هذا وحسب، بل إن الكثيرين في العالم الإسلامي لا يعترفون إطلاقا بمراجعهم القديمة التي كتبت خلال مئات السنين باللغة العربية- وتضم أدبيات

كثيرة تؤكد التاريخ اليهودي للقدس والهيكلين اليهوديين، أما المثقفون منهم، الذين يعرفون هذه المراجع فباتوا ينكرونها اليوم.

يتناول هذا الكتاب، بالعرض والتحليل، الأدبيات العربية القديمة التي تعترف بالتاريخ اليهودي لجبل الهيكل بل تؤكده. ومن خلال هذا الكتاب تطفو على السطح المصادر والتقاليد التي تغيب عن الخطاب العام وتجعل النقاش أكثر تكاملا وأكثر سعيا إلى سبر أغوار الحقيقة العلمية.

✦ ✦ ✦

نرى أن من الواجب البدء بعرض مقتضب لقرارات اليونيسكو المتعلقة بالقدس. فهناك تاريخ طويل يربط بين منظمة اليونيسكو ومسألة الصراع الإسرائيلي الفلسطيني. ففي عام 1968 شجبت المنظمة أعمال الحفريات الأثرية التي قامت بها إسرائيل في البلدة القديمة متهمة إياها بتغيير الطابع الثقافي والتاريخي للمدينة ولا سيما في الأماكن الدينية المسيحية والإسلامية.[5] وكانت المنظمة قد استجابت في عام 1981 لطلب الأردن الاعتراف بالبلدة القديمة في القدس وأسوارها كموقع تراث عالمي على الرغم من أن السيطرة على البلدة القديمة كانت قد أصبحت بأيدي إسرائيل وأن السيطرة الأردنية على البلدة القديمة بين عامي 1948 - 1967 لم تحظ بأي شرعية دولية.[6] ليس هذا وحسب، ففي سنة 1982 قامت منظمة اليونيسكو بضم القدس إلى قائمة مواقع التراث العالمي التي يتهددها الخطر، الأمر الذي يعني ضرورة المراقبة الدائمة للأعمال التي تقوم بها إسرائيل في المدينة. وفي عام 2007، عقب اندلاع أزمة باب المغاربة، اعترضت منظمة اليونيسكو على الممارسات الإسرائيلية الهادفة إلى نصب جسر جديد بدلا من المتراس الذي كان يُستخدم للصعود إلى المكان المقدس بعد أن لحق به الضرر نتيجة أحوال الطقس التي سادت سنة 2004.[7] قامت المنظمة بإرسال لجنة مهنية خاصة لمعاينة الموقع ومراقبته، التي اعترفت بالخطوات المهنية التي تقوم بها هناك سلطة الآثار، ولكنها دعت إسرائيل إلى الكف عن أعمال الحفريات والمبادرة إلى ترميم المتراس بالتنسيق مع مديرية الأوقاف (التابعة للأردن وتربطها علاقات متبادلة بالسلطة الفلسطينية أيضا)، على أن يكون ذلك خاضعا لرقابة من اختصاصيين تابعين لليونيسكو.

في عام 2010 شجبت اللجنة الإدارية التابعة لليونيسكو "العدوانية الإسرائيلية" و"الخطوات غير القانونية التي قامت بها إسرائيل ضد حرية العبادة وبضمنها منع وصول الفلسطينيين إلى المسجد الأقصى". صودق على مشروع قرار الشجب والاستنكار هذا بأغلبية كبيرة في اليونيسكو، وهو يتطرق إلى قبر راحيل والحرم الإبراهيمي معتمدا الأسماء العربية فقط لتلك المواقع. ليس هذا وحسب بل إنه على الرغم من أن قبر راحيل معروف باسمه

هذا حتى في اللغة العربية وفي العقيدة الإسلامية، التي تطلق على المكان اسم "قبة راحيل"، فقد تبنت منظمة اليونيسكو الرواية الفلسطينية الجديدة للمكان التي تطلق عليه اسم "قبر بلال بن رباح".[8]

تجسدت إحدى تبعات رواية إنكار العلاقة اليهودية بجبل الهيكل بالقرارات التي اتخذتها منظمة اليونيسكو بين عامي 2016 - 2017. فللدول العربية تأثير كبير ونفوذ في هذه المنظمة، ومقرها في باريس، ومشاريع القرارات التي تقدمها تلك الدول حول موضوع الحرم الشريف/جبل الهيكل والقدس والأماكن المقدسة الأخرى في البلاد (كالحرم الإبراهيمي وقبر راحيل) تعتمد الأسماء العربية فقط عندما تتطرق إلى الأماكن المقدسة وتصور تلك الأماكن على أنها مقدسة لدى المسلمين دون غيرهم. ويجري التأكيد في مستهل كل قرار على أن القدس مقدسة للديانات الثلاث، اليهودية والمسيحية والإسلامية، بيد أن تتمة القرار، التي تتناول بشكل عيني الأماكن المقدسة، تعرضها على أنها أماكن إسلامية فقط.

وفيما يلي بعض الأمثلة. كما سبق، ففي نيسان 2016 اتخذت منظمة اليونيسكو قرارا تبنت فيه مشروع قرار تقدمت به سبع دول إسلامية يتضمن إدانة للممارسات الإسرائيلية "ضد حرية العبادة للمسلمين بمنعهم من الوصول إلى المسجد الأقصى- الحرم الشريف" باعتباره المكان المقدس لدى المسلمين. كما نص القرار على أن باب المغاربة، الموجود في باحة حائط المبكى، هو جزء لا يتجزأ من المسجد الأقصى/الحرم الشريف. وهناك قرار آخر اتخذته المنظمة في شهر أيلول 2016 يدين الخطوات الأخرى التي تقوم بها إسرائيل يستخدم هو الآخر الأسماء العربية الإسلامية فقط لهذا المكان المقدس. وثمة قرار ثالث اتخذ في شهر تشرين الأول من العام نفسه يعتمد ذات المصطلحات وقد ذكرت باحة حائط المبكى فيه باسمها العربي الإسلامي "باحة البراق" مع إضافة عبارة "باحة الحائط الغربي" بين هلالين.[9] في شهر أيار من عام 2017 اتخذت منظمة اليونيسكو قرارا يتعلق بالحرم الإبراهيمي في الخليل، وبقبر راحيل في الطريق إلى بيت لحم، استخدم هو الآخر الأسماء العربية الإسلامية للمكانين فقط (الحرم الإبراهيمي وقبر راحيل) إلى جانب الأسماء المعتمدة في اللغة الإنجليزية مع التأكيد على كون هذين الموقعين المقدسين ذوي أهمية دينية في اليهودية والمسيحية والإسلامية.[10]

في 16 نيسان، وفي 13 تشرين الأول من العام 2016 صوتت اللجنة التنفيذية لمنظمة اليونيسكو إلى جانب جملة قرارات من بينها ما يدين إسرائيل على ممارساتها في قضايا مختلفة ترتبط بجبل الهيكل. وذكرت تلك القرارات جبل الهيكل والحائط الغربي باسميهما الإسلاميين دون ذكر "جبل الهيكل" (Temple Mount) وقدسيته لدى اليهود، على الرغم من التأكيد على أن الموقع هو مكان مقدس لدى الديانات الموحدة الثلاث. القضية المركزية الإشكالية في هذا القرار، والتي ترسخ التمييز، هي أن القرار لا يربط أبدا بين الشعب

اليهودي وجبل الهيكل، ويكتفي بذكره كموقع تراثي فلسطيني فقط، وهو في الواقع ينفي العلاقة بين اليهود وجبل الهيكل ويكتفي بالربط بينه وبين المسلمين والشعب الفلسطيني. كما جاء في الإعلان (UNESCO, 2016a):

> *"Affirming the importance of the Old City of Jerusalem and its Walls for the three monotheistic religions, also affirming that nothing in the current decision, which aims, inter alia, at the safeguarding of the cultural heritage of Palestine and the distinctive character of East Jerusalem ... reaffirms, in this regard, the obligation of Israel to respect the integrity, authenticity and cultural heritage of Al-Aqsa Mosque/Al-Haram Al-Sharif, as reflected in the historic status quo, as a Muslim holy site of worship."*[11]

يأتي تخفيف حدة الصياغة، وإضافة الاعتراف بأهمية المكان بالنسبة للديانات الثلاث، نتيجة النقاش السياسي الذي دار وراء الكواليس. وقد صودق على القرار بأغلبية 24 دولة، منها جميع الدول الإسلامية التي شاركت في عملية التصويت، بينما اعترضت عليه ست دول، فيما امتنعت عن التصويت 27 دولة أخرى. تلقت منظمة اليونيسكو عددا هائلا من الرسائل والتوجهات من جهات وشخصيات تندد بالقرار، وكانت الضجة التي أتبعت التصريح المنحاز قادت السكرتيرة العامة للمنظمة إلى إطلاق تصريح تقول فيه إن القرار كان منحازا وغير مقبول أبدا. وفي المؤتمر الـ 40 للمنظمة، الذي عُقد في مدينة إسطنبول، صرحت السكرتيرة العامة للمنظمة أن إنكار العلاقة بين الديانة اليهودية وجبل الهيكل يزعزع مصداقية منظمة اليونيسكو ويمس بالإعلان عن البلدة القديمة كموقع تراث عالمي.[12]

✦ ✦ ✦

تعتبر قرارات منظمة اليونيسكو جزءا يسيرا من ظاهرة شائعة في العالم الإسلامي عموما، ولدى المسلمين الفلسطينيين خصوصا. ومن الأدلة على ذلك ما نشره عضو الكنيست الإسرائيلي من أصول بدوية، النائب طلب أبو عرار (من كتلة "العربية الموحدة"، التي تضم الحركة الإسلامية الجنوبية، التي تعتبر معتدلة) على صفحته على شبكة الفيس بوك، في أعقاب تصريح منظمة اليونيسكو آنف الذكر، حيث كتب أن "القرار يؤكد المؤكد منذ زمن، وهو عدم وجود أي علاقة دينية وتاريخية بين اليهود والمسجد، ويؤكد القرار التزوير التاريخي ومحاولة تهويد الأماكن المقدسة ويجب على إسرائيل البحث عن الهيكل في مكان آخر".[13]

أبو عرار ليس وحيدا. فكثيرون في العالم الإسلامي ينكرون علاقة اليهود بجبل الهيكل، وهم ينكرون أنه كان في هذا المكان ذات يوم معبد يهودي. ويمكننا إيجاد مثل هذه التصريحات اليوم في كل مكان يعبر فيه المسلمون عن رأيهم العلني بشأن هذه المسألة.

ويمكننا إيجاد مثال آخر يجسد ظاهرة إنكار العلاقة اليهودية بجبل الهيكل في التقرير الذي أعده الصحفي داني كوشمارو لبرنامج "أستوديو الجمعة" في القناة الإسرائيلية الأولى، حيث وجه كوشمارو السؤال التالي إلى مواطنين مسلمين من سكان مدينة القدس: هل كان هناك، ذات مرة، معبد يهودي في جبل الهيكل؟ وقد أجاب المشاركون في التقرير بالسلب. وتضمن التقرير المذكور توجيه السؤال ذاته إلى عضو الكنيست أحمد طيبي (من الحركة العربية للتغيير)، وهو مسلم غير متدين، ورفض الطيبي إبداء موقف يعترف بالوجود اليهودي التاريخي في جبل الهيكل.

وينتشر هذا التوجه في القنوات الإعلامية الأخرى، ولا سيما في السلطة الفلسطينية وفي غيرها من الدول الإسلامية. فقد نشر فيلم كرتوني فلسطيني[14] حصد ملايين المشاهدات في اليوتيوب تظهر فيه امرأة فلسطينية ترغب في الصلاة في المسجد الأقصى. وفي خضم النقاش مع الجندي الإسرائيلي الذي حاول منعها من العبور تقول له: "ألست يهوديا؟ إن كنت كذلك، ما الذي جاء بك، كيهودي، إلى هنا، إلى المسجد الأقصى المبارك؟". لسان حال هذه المرأة هو القول: ليس لليهود أي علاقة بهذا المكان. لقد استُخدم هذا الفيلم، بمضامينه، كمصدر إيحاء للكثيرين من الأطفال الفلسطينيين الذين قاموا بتحميله قبل أهاليهم.[15] وقد نشر فيلم فلسطيني آخر حظي بشعبية عالية يظهر فيه أيضا طفل يقول للجندي الذي يريد منعه من دخول الحرم الشريف، لأنه لم يبلغ بعد من العمر خمسين عاما كما تنص القيود المفروضة آنذاك: "أنا مسلم! من حقي الصلاة في الأقصى! وأنت، ما الذي جاء بك إلى هنا أيها اليهودي؟"[16] وهنا أيضا نجد إنكارا لعلاقة اليهود بجبل الهيكل.

تجدر الإشارة إلى أنه عندما يستخدم المتحدثون العرب مصطلح "الأقصى" فإنهم يعنون به الموقع كله، وهو الموقع الذي يسميه اليهود "جبل الهيكل"، وفي اللغة الإنجليزية "The Temple Mount". كما نسمع كلاما مشابها من كبار رجال الدين الفلسطينيين المسلمين. فهذا الشيخ عكرمة صبري، مفتي القدس والسلطة الفلسطينية السابق، يقول في إحدى المناسبات: "نحن نقول دائما إن الأقصى هو للمسلمين وليس لليهود أي حق فيه".[17]

كما نجد إنكارا آخر لدى المسلمين من مواطني إسرائيل، ولا سيما من أتباع الحركة الإسلامية الإسرائيلية. ويتضمن كتاب "الحرم الشريف في الخطاب العام العربي الفلسطيني في إسرائيل"[18]، لمؤلفه نمرود لوز، أمثلة كثيرة لتصريحات أدلت بها شخصيات عربية فلسطينية إسرائيلية تنكر حق. اليهود في المكان وعلاقتهم به.. فهذا الشيخ رائد. صلاح مثلا يقول في مناسبة سنة 2002:

> المسجد الأقصى[19] هو ملك إسلامي، عربي، فلسطيني، وليس لأحد سواهم، أيا كان، أي حق فيه، ولا سيما اليهود الذين لا حق لهم فيه أبدا، حتى أبد الآبدين. ومن يوافق على أن لهم حقا على حجر هناك أو على آثار، أو أي شيء آخر، فهو خائن... ونحن نقول لكل من يحاول زعزعة هذه المواقف: لن تنجحوا، فالمسجد الأقصى هو لنا وحدنا وليس لأي منكم أنتم اليهود أي جزء منه... ليس هناك فلسطيني أو عربي أو مسلم... يمكن أن يسمح لنفسه بالتخلي عن أي جزء أو حجر أو حائط أو ممر أو ساحة أو قبة أو أي مبنى في المسجد الأقصى المبارك، لا من الداخل ولا من الخارج، لا تحت الأرض ولا فوقها.[20]

عاد الشيخ رائد صلاح وتحدث بهذه الروح عدة مرات، ومن على كل منبر أتيح له. ويقوم كلامه بالأساس على إنكار التاريخ اليهودي في المكان، وبضمن ذلك إنكار وجود الهيكل اليهودي في الموقع.[21]

كان لوز قد أجرى مقابلة مع الكثيرين من القادة الفلسطينيين الإسرائيليين حول موضوع الأقصى (جبل الهيكل)، وهو يورد كلام عضو الكنيست السابق، عبد المالك دهامشة، الذي يدعي أنه لا توجد أية أدلة وشهادات تاريخية تشير إلى وجود هيكل يهودي في المكان، ويقول إن ما كشفت عنه أعمال الحفريات جنوب جبل الهيكل يعود إلى الفترة الأموية فقط.[22] وهناك شخصيات عربية إسرائيلية أخرى، تعتبر معتدلة، تنكر هي الأخرى أية صلة تاريخية دينية بين اليهود وموقع جبل الهيكل. فها هو شوقي خطيب، عضو الجبهة الديموقراطية للسلام والمساواة، الذي أشغل منصب رئيس لجنة المتابعة العليا لقضايا المواطنين العرب، وهي الجسم السياسي الأعلى الذي يمثل العرب في إسرائيل، يقول في مقابلة أجراها معه لوز: "لم أتعمق في البحث والدراسة، ولكن هناك من يقول إنكم بنيتم هذه الدراسة [حول قدسية جبل الهيكل لليهود] على الكذب". أما عضو الكنيست السابق، محمد بركة، الذي أشغل منصب رئيس كتلة الجبهة الديمقراطية في الكنيست فقد رأى أن أهمية جبل الهيكل بالنسبة لليهود لم تُطرح إلا بعد عام 1967، وليس هناك أي دليل على وجود معبد يهودي على جبل الهيكل.[23]

كما ذكر، فإن مثل هذه الادعاءات يتكرر صباح مساء ويبدو أن هناك إجماعا واسعا في العالم الإسلامي حول الموقف القائل إنه لا علاقة تاريخية ودينية تربط بين اليهود وجبل الهيكل.

ظاهرة الإنكار والتنكر للعلاقة اليهودية بجبل الهيكل هي ظاهرة جديدة نسبيا بدأت مع بدايات الصراع اليهودي العربي على أرض إسرائيل. وهي تتنافى مع المصادر الإسلامية الموثقة باللغة العربية منذ العصور الوسطى، كما تتنافى مع بعض الكتب الفكرية التي وضعها مفكرون عرب في العصر الحديث.

ربما لم يكن هذا الكتاب الذي بين أيدينا ليرى النور لولا ظاهرة الإنكار. فقد شارك كاتب هذه السطور إسحق رايتر- وهو واحد من مؤلفي الكتاب الاثنين- خلال العقود الثلاثة الأخيرة، في عشرات اللقاءات الأكاديمية المختلفة بين الإسرائيليين والعرب ضمن قنوات دبلوماسية خلفية وغير معلنة. وقد تبين له في هذه اللقاءات، مرارا وتكرارا، أن الفلسطينيين والمسلمين في الأردن ومصر وأماكن أخرى على قناعة بأن قدسية موقع جبل الهيكل لدى اليهود، ووجود الهيكل الأول والهيكل الثاني في هذا المكان، هما اختراع حديث وضعه الإسرائيليون لغايات سياسية وقومية تخدم الحركة الصهيونية ودولة إسرائيل. ليس هذا وحسب، فقد اتضح أن الكثيرين. من. الشخصيات العامة. وكبار الأكاديميين العرب لا يعترفون على الإطلاق بمصادرهم التاريخية التي كتبت باللغة العربية في العصور الوسطى وفي العصر الحديث. وهي المصادر التي تتحدث على الدوام عن الهيكل اليهودي في القدس وعن تاريخ بني إسرائيل واليهود في القدس وفي أرض إسرائيل/فلسطين.

في سنة 2015 تلقيت أنا إسحق رايتر طلبا من السيد مئير كراوس، مدير معهد القدس للدراسات الإسرائيلية (المعروف اليوم باسم معهد القدس لبحث السياسات)، بالمشاركة في لقاء تشارك فيه مجموعة فلسطينية كان المعهد يجري معها حوارا حول مسألة مستقبل القدس، حيث طلب مني إلقاء محاضرة أمامهم حول المصادر والمراجع العربية التي تتناول التاريخ اليهودي للقدس. وتعتبر المحاضرة، التي جرى تدوينها لاحقا، الأساس الذي يقوم عليه هذا البحث. لقد أرفقت محاضرتي تلك أمام مجموعة الشخصيات الفلسطينية بصور من المصادر العربية القديمة، ومن مصادر قريبة من عصرنا الحديث. وفوجئ المستمعون كثيرا وأكدت ردود فعلهم أنهم لم يسبق أن اطلعوا على هذه النصوص، مع أننا نتحدث عن مصادر ومراجع تاريخية إسلامية وعربية قديمة معروفة... وكان ذلك الموقف محفزا لولادة هذه الدراسة.

دفير ديمنت، المؤلف المشارك لهذا الكتاب، انضم بادئ الأمر كمتخصص في إطار دراسته في قسم الإسلام والشرق الأوسط في مركز "شاليم" الأكاديمي، وكان مساعد بحث في معهد ترومان في الجامعة العبرية ضمن مشروع كان الأساس لكتابة هذا الكتاب. وسرعان ما اتسع هذا التعاون وكان الهدف منه كتابة كتاب مخصص كله لهذه القضايا، يقوم في جزء منه على إصدارات سابقة لإسحق رايتر، فيما يقوم الجزء الآخر منه على نتاج دراسة معمقة وشاملة للمصادر والمراجع، بهدف إتمام هذا الإصدار.

بالإضافة إلى البحث الأكاديمي، فإن لهذا الكتاب غاية أخرى وهي توفير المعلومات المتعلقة بالتقاليد الإسلامية القديمة المتعلقة بجبل الهيكل، لتكون متاحة أولا للمسلمين الذين لا يعرفون مصادرهم ومراجعهم، ولقطاعات أخرى واسعة ثانيا. ولهذا السبب يصدر هذا الكتاب بثلاث لغات: العربية والإنجليزية والعبرية. لم تكن تصريحات الجهات الدولية المختلفة، التي تؤكد التاريخ الإسلامي والأسماء الإسلامية للأماكن المقدسة في القدس،

وبضمنها قرارات منظمة اليونيسكو، لتصدر لو أن المعلومات التي يتضمنها هذا الكتاب كانت متاحة للجمهور الواسع. ويأمل المؤلفان أن تساهم هذه المعلومات في نشر صورة تاريخية أكثر دقة وتوازنا من تلك المعتمدة في العالم الإسلامي في عصرنا الحاضر.

يجدر التأكيد على أن المصادر والمراجع المقتبسة في هذا الكتاب لا تستعرض تاريخ الهيكل الأول والهيكل الثاني، وتاريخ بني إسرائيل في الديار المقدسة وحسب، بل تؤكد حقيقة أن الإسلام يقدس القدس وموقع جبل الهيكل (بالعربية- المسجد الأقصى، أو الحرم الشريف) ولا سيما بسبب قداستهما القديمة لدى اليهود، وذلك انطلاقا من مفهوم عقائدي إسلامي يعتبر الإسلام امتدادا لديانة إبراهيم الحنيف الموحدة، وأن الشخصيات المذكورة في التوراة وفي العهد الجديد، التي ورد معظمها في القرآن الكريم وفي الحديث الشريف، هي جزء من التاريخ الإسلامي القديم. ونحن نرى أن كتب التاريخ الإسلامية التي تقتبس مصادر ومراجع تتعلق بالتاريخ اليهودي للقدس وجبل الهيكل تهدف إلى جعل الإسلام مدماكا شرعيا آخر في عملية تاريخية من التطور والقداسة التوحيدية. وبعبارة أخرى فإن العلاقة اليهودية بجبل الهيكل تمنح الإسلام شرعية ليكون على ما يدعيه اليوم- امتدادا للديانة التوحيدية وأنبيائها السابقين وكون النبي محمد (ص) خاتم الأنبياء.

ومن هنا فإن للإسلام مصلحة كبرى في إبراز مرجعياته ومصادره اليهودية والمسيحية وليس إنكارها. إن المسلمين المعاصرين الذين ينكرون تلك المرجعيات والمصادر يسيئون من حيث لا يدرون إلى شرعيتهم أنفسهم في أن يكونوا جزءا من نسيج إنساني في امتداد رسالة سيدنا إبراهيم الحنيف. وهم يفعلون ذلك، كما سيتبين للقارئ في الفصل الثاني من هذا الكتاب، لغاية سياسية وقومية- دينية هي إقرار الحصرية على المسجد الأقصى\ جبل الهيكل وشطب حق اليهود في أي صلة بجبل الهيكل، كالحق العالمي في حرية الوصول إلى الأماكن المقدسة.

✦ ✦ ✦

يستعرض هذا الكتاب ويحلل المصادر والمراجع الإسلامية السابقة وعلاقتها بالهيكلين الأول والثاني وبالوجود اليهودي في القدس عموما، وفي جبل الهيكل خصوصا. بالإضافة إلى ذلك يتناول الكتاب المصادر والمراجع العربية الإسلامية المعاصرة، مع التأكيد على تلك التي كتبها أكاديميون ومفكرون. أحد الأسئلة المركزية التي يتناولها هذا الكتاب هو العلاقة والصلة بين المراجع والمصادر العربية والقديمة والمراجع والمصادر الحديثة المعاصرة. وسنحاول الإجابة عن السؤال: كيف يتعاطى المؤرخون والمفكرون العرب المعاصرون مع المراجع والمصادر القديمة، وما هو تفسيرهم للفجوة بين المراجع والمصادر القديمة التي تعترف بالعلاقة اليهودية بجبل الهيكل، والخطاب الراهن الذي غالبا ما ينكر تلك العلاقة.

يتضمن الكتاب ثلاثة فلصول. أما **الفصل الأول** فيعرض المصادر والمراجع الإسلامية القديمة التي تتناول جبل الهيكل والقدس، ابتداء من القرن التاسع للميلاد حتى عصرنا الحاضر. تلك المصادر والمراجع مختلفة الأنواع، فمنها الحديث الشريف، ومنها التاريخ الجغرافي الإسلامي، ومنها تفسير القرآن، وأدب الرحلات، وغير ذلك.

لن نغالي ونقول إننا في هذا الفصل نكتشف عوالم جديدة، فقد تناول هذه المراجع والمصادر عدد من الباحثين من أبرزهم إسحق حسون وعوفر لفنة كفري وعميكام إلعاد وغيرهم. وقد تمحورت مؤلفاتهم حول الحديث الشريف وبشكل خاص حول "فضائل القدس" أو "فضائل بيت المقدس" وهو موضوع سنتناوله لاحقا بشكل أوسع. وتجدر الإشارة إلى أنه على الرغم من أن المؤلفات الأولى التي وصلتنا تعود إلى القرن التاسع وما بعده، بل إن بعض المؤلفات قد جرى تأليفه في القرنين الأول والثاني للهجرة (السابع والثامن للميلاد).[24] وكان حسون ولفنة كفري قد قاما بطباعة مخطوطات هامة من الأدبيات العربية.[25] ومع ذلك يبدو أنه لم يظهر حتى اليوم عمل شامل يفحص مختلف المؤلفات الإسلامية حول مسألة اليهود والحرم الشريف/جبل الهيكل. ولذلك فإن كتابنا هذا يوفر صورة شاملة للرواية التي ظلت معتمدة طوال مئات السنين في كل ما يتعلق بالحرم الشريف/جبل الهيكل. وثمة إسهام آخر لهذا الكتاب وهو تحديد المصادر والمراجع التوراتية اليهودية التي كانت مصدر إيحاء للتقاليد الإسلامية، والمقارنة بينها.

شهد أدب فضائل القدس في الإسلام، الذي يعتبر أحد الألوان الأدبية في موضوع بحثنا هذا، ازدهارا بارزا في الفترات التي برزت فيها الحاجة السياسية لتعزيز المكانة الدينية للمدن المقدسة. أو الأربطة الإسلامية. كانت القدس واحدة من تلك المدن.[26] تعتبر هذه المؤلفات من أهم المراجع والمصادر المتعلقة بالقدس في نظر الإسلام لأنها تتضمن الكثير من المعلومات التي تتناول أهمية الصلاة في المسجد الأقصى، وأهميته عند الله، والفريضة الدينية للمسلمين بالحج إلى القدس. ومع ذلك فإن بعض المعلومات التي تتضمنها تلك المؤلفات مصدرها يهود اعتنقوا الإسلام، ونخص بالذكر اثنين منهم: كعب بن إسحق المكنى "كعب الأحبار"[27] ووهب بن مُنبّه. كان الاثنان من أهم رجالات الدين اليهود في عصرهما ولما اعتنقا الإسلام قدما معلومات كثيرة حول موضوع القدس، ولا سيما المعلومات التي تتناول القدس وبيت المقدس في فترة الهيكلين الأول والثاني. وتصنف تلك المعلومات أحيانا، في الخطاب الإسلامي، كـ"إسرائيليات"، أي المعلومات التي تتناول بني إسرائيل. أما إسهامنا في توسيع نطاق النقاش حول المراجع والمصادر القديمة من الأنواع الأدبية الأخرى فيهدف إلى توضيح مدى تقبل تلك المعلومات كجزء عضوي من الرواية الإسلامية حول موضوع القدس وجبل الهيكل.

يعرض **الجزء الثاني** من هذا الكتاب مصادر إسلامية معاصرة تتناول مسألة العلاقة اليهودية بجبل الهيكل. وهنا أيضا نقوم بعرض وتحليل مراجع من أنواع مختلفة: الأبحاث

والدراسات الأكاديمية، منشورات رجال الدين، الباحثون والمؤرخون والكتب المطروحة على الجمهور الواسع. وتسعى تلك المؤلفات إلى طرح قاعدة ومرجعيات قوية حول مسألة الحضور اليهودي القديم في جبل الهيكل والعلاقة المترتبة على ذلك.

المصادر الحديثة لم تحظ، هي الأخرى، بالبحث الشامل، فكتاب إسحق رايتر "من القدس إلى مكة وبالعكس"[28] يتضمن اقتباسات وتحليلات لمصادر معاصرة (بما فيها المقابلات التي أجراها نمرود لوز والتي سبق ذكرها) وقد أضيفت منذ ذلك الحين مصادر جديدة وهامة تلقي مزيدا من الضوء على واقع إنكار علاقة اليهود بجبل الهيكل.

يتمحور هذا الكتاب حول مسألة علاقة اليهود بالحرم الشريف/جبل الهيكل بموجب المصادر الإسلامية. مسألة العلاقة تختلف عن مسألة الحق. حتى المصادر التي تعترف بعلاقة اليهود بجبل الهيكل لا توافق بالضرورة على أن لليهود حقا ما في استخدام المكان أو في التواجد فيه. ونحن نستعرض في هذا الفصل مصادر تفصل بين العلاقة والحق، ومصادر أخرى تشوش الحد الفاصل بين الاثنين.

يتضمن **الفصل الثالث** تحليلا للعلاقة بين المصادر الإسلامية المعاصرة المتضمنة في الفصل الثاني، والمصادر القديمة المقتبسة في الفصل الأول. ويهدف هذا التحليل إلى دراسة أسباب التناقض بين نوعي المصادر وسبل تعاطي المؤلفين المعاصرين مع حقيقة كون المصادر القديمة تتناقض في الواقع مع ادعائهم. ونحن نقوم بدارسة مسألة ما إذا كان المؤلفون المعاصرون يتجاهلون كليا المصادر القديمة ويحاولون شطبها، أم إنهم يتعاملون معها بتفسير جديد يحاول في الواقع إفراغها من مضمونها.

طريقة البحث

سعينا في هذا الكتاب إلى الجمع بين القارئ والمصادر نفسها لكي يتسنى له الإحساس بروح النصوص المكتوبة وتمييز الفرق بين المصدر والآخر وبين الفترة والأخرى. لم نرد المس بتواصل الأشياء وبالتحليل الزمني للمصادر، ولذلك جاءت الاقتباسات دون تصنيف إلى أبواب ومواضيع فرعية. وهكذا يمكن للقارئ أن يجد في بعض الاقتباسات أكثر من موضوع واحد في سياقات مختلفة. حاولنا التزام أسلوب طرح ما يقوله المؤلفون بحيث يمكن الوقوف على الادعاءات وعلى الأسلوب الذي يلقي الضوء أحيانا على أهداف الكاتب وغاياته.

خلافا للمصادر القديمة فإن المؤلفين من العصر الحديث يصرحون جهارا بالأسباب والأهداف التي دفعتهم إلى كتابة مؤلفاتهم. ويستخدم بعضهم لغة أكثر انضباطا، فيما يبدو البعض الآخر أكثر فظاظة وعدوانية تجاه الرواية اليهودية.

في الوقت الذي يشيع فيه استخدام عبارة "بيت المقدس" كاسم لمدينة القدس في عصرنا الحاضر فإن المصادر القديمة تستخدم هذا الاسم أحيانا للإشارة إلى بيت المقدس اليهودي نفسه. ولهذا السبب طرحنا مصادر تتحدث عن "بيت المقدس" حتى وإن لم يكن

الهدف الواضح والصريح هو بيت المقدس(بيت هاميقداش، أيّ بيت الهيكل) اليهودي. سياق الأحداث والمعلومات التي تسبقها وتتلوها يدل على أن هذا هو القصد كما يبدو. إلى جانب ذلك حاولنا الإشارة بالأساس إلى تعابير أكثر صراحة مثل "مسجد بيت المقدس"، أو "مسجد القدس"، وغير ذلك، مما يدل بصريح العبارة على مكان عبادة عيني. حتى المصادر التي تتحدث عن "الصخرة" فقد تناولنا تلك التي تتحدث عن الصخرة الموجودة تحت قبة الصخرة في الحرم الشريف /جبل الهيكل، المسماة في المصادر اليهودية "حجر التأسيس " التي كان الهيكلان يقومان عليها.

1. المصادر الإسلامية القديمة

طبيعة المصادر

المصادر الإسلامية القديمة الواردة في هذا الفصل تظهر في الأدبيات الكلاسيكية التي تعود إلى العصور الوسطى (من القرن التاسع إلى القرن الخامس عشر) كروايات أو قصص متناقلة تتطرق عادة إلى أقارب ومعاصري النبي محمد (ص)، والتي تنوقلت في البداية شفهيا بين الناس ثم جرى تدوينها لاحقا (الحديث). اخترنا اقتباس تلك المصادر حسب أحداث الفترة التي تتناولها، وليس حسب موعد تأليفها، وذلك لأن المصادر المتأخرة تقتبس مصادر أقدم. يرى الكثيرون من الباحثين أن الحديث- وهو جملة الأقوال المنسوبة إلى النبي محمد (ص) أو إلى أبناء عصره التي تنوقلت بين الناس ثم جرى تدوينها- تم تأليفها في القرن الثامن، بعد حوالي مائة عام من وفاة النبي محمد (ص). وعادة ما تظهر تلك الأحاديث في المؤلفات التي تعود إلى القرن التاسع فما بعد.

تم عرض المصادر في هذا الفصل بموجب الأحداث التاريخية التي تتعلق بها بشكل يطرح تطرق المصادر للتسلسل التاريخي لتاريخ جبل الهيكل في الفترة العبرية القديمة: الهيكل الأول، بناؤه وخرابه، الهيكل الثاني، بناؤه وخرابه. ثم يجري عرض المراجع الإسلامية التي تتناول جبل الهيكل أو تذكره دون أن تنسبه إلى فترة معينة. كما يتضمن هذا الفصل مراجع تتحدث عن القدس في فترة الفتح الإسلامي المنسوب للخليفة الراشدي الثاني عمر بن الخطاب.[29] وتتطرق هذه المراجع إلى السياق التاريخي اليهودي لجبل الهيكل قبل وصول الإسلام، ويمكن أن نستشف منها أن سبب بناء المسجد الأقصى في المكان الذي بُني فيه- موقع جبل الهيكل- نابع من الرغبة الإسلامية في الاستمرارية التوحيدية لقدسية المكان بعند بني إسرائيل.

يرد ذكر جبل الهيكل في سياقه اليهودي القديم في أنواع أدبية إسلامية مختلفة أبرزها أدب فضائل القدس، كما يرد في كتب تأريخية إسلامية، وفي كتب تفسير القرآن، وفي النصوص الأدبية وفي كتب الجغرافيا. إن وجود هذه الرواياتفي عدد متنوع من الألوان الأدبية هو دليل على أن المعلومات المتعلقة بعلاقة اليهود بجبل الهيكل كانت شائعة جدا في الثقافة الإسلامية في العصور الوسطى وحتى العصر الحديث.

يعود أول ما وصلنا من ذكر لبيت المقدس إلى مصادر إسلامية تعود إلى القرن التاسع الميلادي، فالمؤرخ الإسلامي محمد بن جرير الطبري[30]، الذي عاش في القرنين التاسع والعاشر، يستند إلى مصادر قديمة تعود على ما يبدو إلى القرن الثامن، وربما إلى القرن السابع الميلادي. يبدو أن بدء استخدام المراجع الإسلامية، التي تتحدث عن بيت المقدس اليهودي في المكان الذي توجد فيه اليوم قبة الصخرة، يعود إلى أيام الخلافة الأموية، وبخاصة فترة

الخليفة عبد الملك بن مروان الذي يُنسب إليه بناء قبة الصخرة (استنادا إلى نقش يحمل عام 691\2) والخليفة الوليد بن عبد الملك، الذي يُنسب إليه بناء المسجد الأقصى كمبنى ثابت (وهناك مصادر تشير إلى أن المسجد الأقصى بني قبل ذلك وأن راهبا نصرانيا اسمه آركولف زار القدس وذكر سنة 670 ميلادية وجود مسجد زمني في المكان مبني بالخشب.

في الفترة الأموية- نهاية القرن السابع بدأ إستعمال التفسير القائل إن المسجد الأقصى المذكور في القرآن موجود في القدس، في مكان معروف في الثقافة اليهودية والمسيحية على أنه مكان بيت المقدس أو جبل الهيكل. في هذه الفترة جرى تأليف أدب فضائل القدس وبضمنه "حديث شدّ الرحال " المنسوب إلى النبي محمد (ص) الذي ينص على وجوب الحجيج إلى ثلاثة مساجد: المسجد الحرام في مكة، والمسجد النبوي في المدينة والمسجد الأقصى.

يحتفظ الأدب العربي بمراجع أقدم، ولذلك واصل المؤلفون العرب والمسلمون على الدوام اقتباس مراجعهم القديمة. ومن هنا فإن المراجع التي اعتمد عليها الطبري مثلا، في القرن العاشر، تظهر لدى مؤلفين من القرنين الرابع عشر والخامس عشر وفي كتب صدرت بعد ذلك وحتى عصرنا الحاضر. فالمرجع الوارد باسم أحد المؤلفين، كالطبري مثلا، يظهر في كثير من الحالات في "فضائل القدس والخليل والشام" لابن المرجى (القرن الحادي عشر) ولدى المؤرخ المقدسي مجيرالدين الحنبلي[31] من القرن الخامس عشر، وهكذا.

تؤكد كثرة المراجع المقتبسة هنا وتنوعها أن قصة العلاقة اليهودية لجبل الهيكل كانت معتمدة وشائعة في أرجاء العالم الإسلامي طوال فترة الحكم الإسلامي للقدس وحتى العصر الحديث، وحتى سنة 1967 تحديدا، حيث انتقل جبل الهيكل وشرقي القدس إلى الحكم الإسرائيلي. ويجدر التأكيد على أننا اكتفينا هنا بعرض عدد من المصادر بغية تسليط الضوء عليها بيد أنه ينبغي على القارئ أن يعلم أن هناك مصادر أخرى كثيرة مشابهة لم تعرض في هذا الكتاب.

بناء الهيكل الأول

الفترة التي تحظى بأوسع وأغنى تغطية عند المصادر الاسلامية، في كل ما يتعلق بالعلاقة بين بني إسرائيل ومكان بيت المقدس، هي فترة داود وسليمان، أيام بناء الهيكل الأول. تحكي المصادر الإسلامية كيف ولماذا اختار داود بناء الهيكل في المكان الذي بني فيه بالذات- "الصخرة". فالصخرة التي يرد ذكرها في المصادر تربط موقع بناء بيت المقدس بموقع جبل الهيكل- المكان الذي بنيت فيه قبة الصخرة في القرن السابع. يقول المؤرخ الإسلامي الشهير، محمد بن جرير الطبري، الذي عاش في القرن العاشر الميلادي، والذي وضع تفسيرا بالغ الأهمية للقرآن الكريم، في كتابه التاريخي الكبير "تاريخ الرسل والملك":[32]

وَقِيلَ فِي بِنَاءِ دَاوُدَ ذَلِكَ الْمَسْجِدِ ما حَدَّثَنَا مُحَمَّد بن سهل بن عسكر، قَالَ: حَدَّثَنِي إسماعيل بن عبد الكريم، قال: حدثني عبد الصمد بن معقل: أنه سمع وهب بن منبه يقول: إن داود أراد أن يعلم عدد بني إسرائيل كم هم؟ فبعث لذلك عرفاء ونقباء، وأمرهم أن يرفعوا إليه ما بلغ عددهم، فعتب الله عليه ذلك، وقال: قد علمت أني وعدت إبراهيم أن أبارك فيه وفي ذريته حتى أجعلهم كعدد نجوم السماء، وأجعلهم لا يحصى عددهم، فأردت أن تعلم عدد ما قلت: إنه لا يحصى عددهم، فاختاروا بين أن أبتليكم بالجوع ثلاث سنين، أو أسلط عليكم العدو ثلاثة أشهر، أو الموت ثلاثة أيام! فاستشار داود في ذلك بني إسرائيل فقالوا: ما لنا بالجوع ثلاث سنين صبر، ولا بالعدو ثلاثة أشهر، فليس لهم بقية، فإن كان لا بد فالموت بيده لا بيد غيره فذكر وهب بن منبه أنه مات منهم في ساعة من نهار ألوف كبيرة، لا يدرى ما عددهم، فلما رأى ذلك داود، شق عليه ما بلغه من كثرة الموت، فتبتل إلى الله ودعاه فقال: يا رب، أنا آكل الحماض وبنو إسرائيل يضرسون![33] أنا طلبت ذلك فأمرت به بني إسرائيل، فما كان من شيء فبي واعف عن بني إسرائيل فاستجاب الله له ورفع عنهم الموت، فرأى داود الملائكة سالين سيوفهم يغمدونها، يرتقون في سلم من ذهب من الصخرة إلى السماء، فقال داود: هذا مكان ينبغي أن يبنى فيه مسجد.[34]

هذه الرواية التي يعرضها الطبري على أن الرب يجازي داود على أفعاله تعتمد إلى حد كبير على الرواية اليهودية مع تغييرات طفيفة. يمكن الوقوف على التشابه بين الروايتين من خلال الاطلاع على القصة كما تظهر في التوراة، في الآيات 1-28 من سفر "أخبار الأيام الأول"، الإصحاح الحادي والعشرين:

1 ووقف الشيطان ضد إسرائيل وأغوى داود ليحصي إسرائيل. 2 فقال داود ليوآب ولرؤساء الشعب اذهبوا عدوا إسرائيل من بئر سبع إلى دان وأتوا إلي فأعلم عددهم. 3 فقال يوآب ليزد الرب على شعبه أمثالهم مئة ضعف. أليسوا جميعا يا سيدي الملك عبيدا لسيدي. لماذا يطلب هذا سيدي. لماذا يكون سبب إثم لإسرائيل. 4 فاشتد كلام الملك على يوآب. فخرج يوآب وطاف في كل إسرائيل ثم جاء إلى أورشليم. 5 فدفع يوآب جملة عدد الشعب إلى داود فكان كل إسرائيل ألف ألف ومئة ألف رجل مستلي السيف ويهوذا أربع مئة وسبعين ألف رجل مستلي السيف 6 وأما لاوي وبنيامين فلم يعدهم معهم لأن كلام الملك كان مكروها لدى يوآب. 7 وقبح في عيني الله هذا الأمر فضرب إسرائيل. 8 فقال داود لله لقد أخطأت جدا حيث عملت هذا الأمر والآن أزل إثم عبدك

لأني سفهت جدا 9 فكلم الرب جاد رائي داود وقال 10 اذهب. وكلم داود قائلا هكذا. قال الرب ثلاثة أنا عارض عليك فاختر لنفسك واحدا منها فافعله بك. 11 فجاء جاد إلى داود وقال له هكذا قال الرب اقبل لنفسك 12 إما ثلاث سنين جوع أو ثلاثة أشهر هلاك أمام مضايقيك وسيف أعدائك يدركك أو ثلاثة أيام يكون فيها سيف الرب ووبا في الأرض وملاك الرب يعثو في كل تخوم إسرائيل. فانظر الآن ماذا أرد جوابا لمرسلي. 13 فقال داود لجاد قد ضاق بي الأمر جدا. دعني أسقط في يد الرب لأن مراحمه كثيرة ولا أسقط في يد إنسان. 14 فجعل الرب وبا في إسرائيل فسقط من إسرائيل سبعون ألف رجل. 15 وأرسل الله ملاكا على أورشليم لإهلاكها وفيما هو يهلك رأى الرب فندم على الشر وقال للملاك المهلك كفى الآن رد يدك. وكان ملاك الرب واقفا عند بيدر أرنان اليبوسي 16 ورفع داود عينيه فرأى ملاك الرب واقفا بين الأرض والسماء وسيفه مسلول بيده وممدود على أورشليم فسقط داود والشيوخ على وجوههم مكتسين بالمسوح. 17 وقال داود لله ألست أنا هو الذي أمر بإحصاء الشعب. وأنا هو الذي أخطأ وأساء وأما هؤلاء الخراف فماذا عملوا. فأيها الرب إلهي لتكن يدك علي وعلى بيت أبي لا على شعبك لضربهم. 18 فكلم ملاك الرب جاد أن يقول لداود أن يصعد داود ليقيم مذبحا للرب في بيدر أرنان اليبوسي. 19 فصعد داود حسب كلام جاد الذي تكلم به باسم الرب. 20 فالتفت أرنان فرأى الملاك. وبنوه الأربعة معه اختبأوا. وكان أرنان يدرس حنطة. 21 وجاء داود إلى أرنان وتطلع أرنان فرأى داود وخرج من البيدر وسجد لداود على وجهه إلى الأرض. 22 فقال داود لأرنان أعطني مكان البيدر فأبني فيه مذبحا للرب. بفضة كاملة أعطني إياه فتكف الضربة عن الشعب. 23 فقال أرنان لداود خذه لنفسك وليفعل سيدي الملك ما يحسن في عينيه. انظر قد أعطيت البقر للمحرقة والنوارج للوقود والحنطة للتقدمة. الجميع أعطيت. 24 فقال الملك داود لأرنان لا. بل شراء اشتريه بفضة كاملة لأني لا آخذ مالك للرب فأصعد محرقة مجانية. 25 ودفع داود لأرنان عن المكان ذهبا وزنه ست مئة شاقل. 26 وبنى داود هناك مذبحا للرب وأصعد محرقات وذبائح سلامة ودعا الرب فأجابه بنار من السماء على مذبح المحرقة 27 وأمر الرب الملاك فرد سيفه إلى غمده. 28 في ذلك الوقت لما رأى داود أن الرب قد أجابه في بيدر أرنان اليبوسي ذبح هناك.

كما ذكر فإن ربط مكان بناء بيت المقدس بمكان جبل الهيكل في الرواية التي يعرضها المؤرخ الإسلامي الطبري يأتي من خلال "الصخرة"- المكان الذي بنى فيه الخليفة الأموي عبد

الملك بن مروان قبة الصخرة سنة 691\2، والتي تعتبر قبل الموقع المقدس الذي يطلق عليه المسلمون اسم "الأقصى" (مع الإشارة إلى أن مصادر إسلامية قديمة أطلقت على الموقع كله اسم "الأقصى"، على خلاف مبنى المسجد الواقع في الطرف الجنوبي للموقع)، أو "الحرم الشريف". هذه الرواية، كما الروايات الأخرى الواردة في المصادر الإسلامية، ترى في قصة بناء بيت المقدس **فوق الصخرة** جزءا من التاريخ الإسلامي. ليس هذا وحسب، بل إن الرواية الإسلامية المنسوبة إلى العلامة مالك بن أنس، الذي عاش في القرن الثامن الميلادي، والذي يعتبر مؤسس المذهب المالكي، تقول إن الصخرة في القدس هي من الجنة وهي حبل الصرة بالنسبة للبلاد. وفي الواقع أن هذه الرواية تربط بين الصخرة والرواية اليهودية التي تتحدث عن "حجر التأسيس ".[35] وهناك روايات أخرى كثيرة تربط بين الصخرة والمعتقدات المتعلقة بالآخرة وبمحاسبة الخلق فيها وبمكان بعث الأموات.[36]

يرى بعض الباحثين الغربيين أن هناك ثمة علاقة مباشرة بين المكان المقدس للمسلمين في القدس- باحات الأقصى- وبين الخبر الذي راج أيام الفتح الإسلامي بأن بيت المقدس موجود في موقع الصخرة التي في مركز الباحات. ليس هذا وحسب بل يرى البعض أن أبناء الديانات السماوية الثلاث تحدثوا في العصور الوسطى عن إمكانية إحياء موقع الهيكل في هذا المكان.

وكتب أندرياس كابلوني أن المسلمين الذين فتحوا القدس كانوا على علم بحقيقة أن الجزء الشرقي من المدينة كان يعتبر منطقة الهيكل.[37] يستشهد كابلوني بالعديد من الروايات التي يمكننا تلخيصها في الكلمات التالية: المسلمون الذين احتلوا القدس ، وخاصة المروانيون الأمويون ، سعوا إلى إعادة بناء الهيكل اليهودي ومن ثم قاموا ببناء مسجد هناك. يُنعكس الهيكل في الاحاديث الإسلامية وأيضًا في العمارة الخاصة بقبة الصخرة وفي العبادة والطقوس حولها.[38]

من جهته يرى الأستاذ عميكام إلعاد أن الخليفة الأموي عبد الملك بن مروان عندما كان يبني قبة الصخرة رأى في نفسه مسيحا من سلالة داود يعيد بناء هيكل سليمان.[39] وكان إلعاد قد حلل الرأيين اللذين كانا رائجين في السابق، بشأن سبب قيام عبد الملك بن مروان ببناء قبة الصخرة، ورأى أن التفسيرين لقدسية القدس في الإسلام- التفسير الذي يقول إن الهدف هو أن تكون مركزا بديلا لمكة، والتفسير الذي يقول إن الهدف هو منافسة كنائس القدس (وبموجب المؤرخ الإسلامي الذي عاش في القرن العاشر الميلادي- المقدسي، فإن الهدف هو منافسة كنائس دمشق أيضا) التي كانت الصلبان بارزة على رؤوسها- قد يجتمعان معا وأنه ليس بالضرورة اختيار واحد منهما. ليس هذا وحسب، بل إن التفسيرين مجتمعين يشكلان دافعا قويا للغاية للاستثمار في هذا المشروع الرنان الكبير.[40]

وتضيف ميلكا ليفي- روبين تفسيرا ثالثا هو التنافس السياسي المشحون بين الخلافة الإسلامية والإمبراطورية البيزنطية، الذي لعبت فيه كل من مدينة القدس الإسلامية ومدينة

القسطنطينية المسيحية دورا هاما. وقام هذا التنافس بالأساس على قبة الصخرة باعتبارها وريثة الهيكل المهان في القدس من جهة، والقسطنطينية المعتدة بنفسها، التي ادعت أنها هي "القدس الجديدة"، والتي تقع في وسطها الكنيسة الفريدة التي تطلعت إلى أن تحل محل هيكل سليمان- وهي كنيسة أيا صوفيا التي بناها القيصر البيزنطي جستنيانوس قبل بناء قبة الصخرة بحوالي 150 عاما.[41] وبموجب الرؤيا الإسلامية كان ينبغي لبيت المقدس التغلب على القسطنطينية، كما كان ينبغي للمعبد الذي أعيد بناؤه من جديد في القدس أن يحل محل أيا صوفيا.

ترى ليفي- روبين أن عبد الملك بن مروان كان يرغب في أن يكون سليمان الجديد من خلال بناء معبد يضاهي كنيسة أيا صوفيا، بل ربما يفوقها ويفوق مدينتها التي تجرأت وتطلعت إلى أن تحتل عرش الرب.

ليس مستبعدا أن تكون الدوافع الثلاثة معا هي التي دفعت إلى بناء قبة الصخرة. المهم بالنسبة لنا هنا هو أن الصخرة في المكان المعروف في الإسلام كـ"الأقصى" (ومن ثم "الحرم الشريف")، والمعروف في التاريخ اليهودي المسيحي كـ"جبل الهيكل"، ارتبطت بمكان الهيكلين اليهوديين وبخاصة بموقع هيكل سليمان. تبنى الإسلام الروايات اليهودية والمسيحية في هذا الشأن، ولم يحاول في العصور الوسطى إخفاء حقيقة كون قبة الصخرة ترمز إلى امتداد هيكل سليمان، لا بل يمكن القول إن الإسلام اعتز بهذه الحقيقة. لقد بيّن عميكام إلعاد وآخرون أن العادات والطقوس التي كانت تُجرى حول قبة الصخرة وداخلها، إبان الحكم الأموي، كانت شبيهة بتلك التي كانت تُجرى في الهيكل اليهودي، الأمر الذي يعزز وظيفة قبة الصخرة في التعبير عن الاستمرارية في رسالة التوحيد.

وهناك رواية إسلامية يقتبسها ابن المرجى في كتابه حول فضائل القدس، وهي منسوبة إلى كتاب مقدس قديم (التوراة أو العهد الجديد)، هي أشبه بنبوءة تقول إن عبد الملك هو الذي سوف يقوم في المستقبل ببناء قبة الصخرة، وإن الصخرة هي الهيكل، وإن عبد الملك يتبع طريق الملك داود ملك بني إسرائيل:

> الخرساني بسنده عن كعب قال: أصاب كعب الأحبار مكتوباً في بعض الكتب: أبشروا شلائم، وهي بيت المقدس والصخرة، فقال لها: الهيكل، أبعث إليك عبدي عبد الملك يبنيك ويزخرفك، ولا أردنّ إلى بيت المقدس ملكها الأول، ولأكللنه بالذهب والفضة والمرجان، ولأبعثن إليه خلقي، ولأضعن على الصخرة عرشي، وأنا الله الربّ، وداود ملك بني إسرائيل.[42]

وفي صيغة أخرى لهذه الرواية، التي يقتبسها الواسطي، تأتي عبارة "مكتوب في التوراة" بدلا من عبارة "في أحد الكتب المقدسة".[43] وهناك رواية مختلفة بعض الاختلاف يقتبسها كتاب يعود إلى القرن الـ 13:

أبعث إليك عبدي عبد الملك يبنيك ويزخرفك ولأردنّ إليك بيت المقدس ملكك الأول لأكللن الهياكل بالذهب والفضة واللؤلؤ والمرجان ولأضعن عرشي عليك كما كان إنني أنا لا اله الا انا وحدي لا شريك لي.[44] ليس هذا وحسب، فقد بيّن عميكام إلعاد أن الروايات الإسلامية تقول إن ترميم موقع الصخرة (الهيكل) تم بإرادة إسلامية في تسوية الحسابات بين اليهود والنصارى، لأن الرومان والنصارى هم السبب في خراب الهيكل وتحويله إلى مكبات نفايات.[45]

استنادا إلى هذه الروايات، التي يبدو أنها كتبت في العصر الأموي (661-750)، وربما بعد بناء قبة الصخرة، فإن الخليفة الراشدي الثاني، عمر بن الخطاب، قام بنفسه (في حدود العام 636) بإزالة القمامة والروث الذي نثره المسيحيون في موقع الهيكل- الصخرة، وذلك كخطوة انتقامية من البيزنطيين النصارى.[46] ويمكن الإضافة أن عبد الملك بن مروان يرى في الإسلام مكملا لليهودية ولذلك يأخذ المسلمون على عاتقهم الانتقام لليهود من النصارى.

ولنعد إلى الصخرة. هناك مصدر آخر يذكر الصخرة كوحدة تربط المكان المقدس ببني إسرائيل، وهو كتاب "فضائل القدس" لمؤلفه أبو بكر الواسطي (مطلع القرن الـ 11).

ويقول الواسطي في كتابه:

حدثنا عمر نا أبي نا الوليد نا إسحاق بن إبراهيم نا عبيد الله عن إسرائيل عن عبد الأعلى عن سعيد عن ابن عباس قال: إنما الصخرة التي كانت ببيت المقدس آية لبني إسرائيل، كان لهم طست فيه سلسلة في وسط الطست ثم يقرّبون [قربانهم] فما تُقبّل منهم أخذ وما لم يُتقبل منهم أُلصق إلى الأرض، ولبسوا المسوح إلى مثلها.[47]

يُشار إلى أن قبة السلسلة المحاذية لقبة الصخرة بنيت قبل قبة الصخرة، وهي المبنى المعماري الأقدم في باحة الحرم.[48] وقد ارتبطت روايات كثيرة بقبة السلسلة.

وعودة إلى السبب الذي حال دون قيام داود ببناء الهيكل وإلقاء هذه المهمة على ابنه سليمان. يذكر الطبري رواية أخرى تبين ذلك السبب إذ يقول:

فأراد داود أن يأخذ في بنائه، فأوحى الله إليه أن هذا بيت مقدس، وإنك قد صبغت يديك في الدماء، فلست ببانيه، ولكن ابن لك أملكه بعدك أسميه سليمان، أسلمه من الدماء.[49]

هذه الرواية، التي تبين هي الأخرى لماذا لم يتمكن داود من بناء الهيكل وكيف ألقيت المهمة على ابنه سليمان الذي يقتبسه الطبري، تعتمد على الرواية اليهودية المقدمة في سفر "أخبار الأيام":

5 وقال داود إن سليمان ابني صغير وغض والبيت الذي يبنى للرب يكون عظيما جدا في الاسم والمجد في جميع الأراضي فأنا أهيئ له. فهيأ داود كثيرا قبل وفاته 6 ودعا سليمان ابنه وأوصاه أن يبني بيتا للرب إله إسرائيل. 7 وقال داود لسليمان يا ابني قد كان في قلبي أن أبني بيتا لاسم الرب إلهي. 8 فكان إلي كلام الرب قائلا قد سفكت دماء كثيرا وعملت حروبا عظيمة فلا تبني بيتا لاسمي لأنك سفكت دماء كثيرة على الأرض أمامي. 9 هوذا يولد لك ابن يكون صاحب راحة وأريحه من جميع أعدائه حواليه لأن اسمه يكون سليمان. فأجعل سلاما وسكينة في إسرائيل في أيامه. 10 هو يبني بيتا لاسمي وهو يكون لي ابنا وأنا له أبا وأثبت كرسي ملكه على إسرائيل إلى الأبد. 11 الآن يا ابني ليكن الرب معك فتفلح وتبني بيت الرب إلهك كما تكلم عنك. 12إنما يعطيك الرب فطنة وفهما ويوصيك بإسرائيل لحفظ شريعة الرب إلهك. 13 حينئذ تفلح إذا تحفظت لعمل الفرائض والأحكام التي أمر بها الرب موسى لأجل إسرائيل. تشدد وتشجع لا تخف ولا ترتعب. 14 هأنذا في مذلتي هيأت لبيت الرب ذهبا مئة ألف وزنه وفضة ألف ألف وزنه ونحاسا وحديدا بلا وزن لأنه كثير. وقد هيأت خشبا وحجارة فتزيد عليها. 15 وعندك كثيرون من عاملي الشغل نحاتين وبنائين ونجارين وكل حكيم في كل عمل. 16 الذهب والفضة والنحاس والحديد ليس لها عدد. قم واعمل وليكن الرب معك. 17 وأمر داود جميع رؤساء إسرائيل أن يساعدوا سليمان ابنه.[50]

كما يبين الطبري متى بدأ سليمان ببناء الهيكل:

كَانَ جَمِيعُ عُمْرِ سُلَيْمَانَ بْنِ دَاوُدَ فِيمَا ذُكِرَ نَيِّفًا وَخَمْسِينَ سَنَةً، وَفِي سَنَةِ أَرْبَعٍ مِنْ مُلْكِهِ ابْتَدَأَ بِبِنَاءِ بَيْتِ الْمَقْدِسِ فِيمَا ذُكِرَ.[51]

هناك رواية أخرى مختلفة بعض الاختلاف يسوقها المؤرخ الطبري حول الحوار بين داود والرب، وتظهر في الكتاب المذكور أعلاه للواسطي (بداية القرن الـ 11):

> عبلة عن أبي الزاهرية عن رافع بن عميرة قال: سمعت رسول الله [صلى] الله عليه وسلم يقول: قال الله عز وجل لداود: يا داود، ابن لي في الأرض بيتاً، فبنى داود بيتاً لنفسه قبل البيت الذي أمره به، فأوحى الله إليه يا داود ابتنيتَ بيتك قبل بيتي قال: أي ربّ هكذا قلت فيما قضيت: "مَنْ مَلَكَ استأثر"، ثم أخذ في بناء المسجد فلما تم السور سقط ثلاثاً، فشكا ذلك إلى الله فأوحى الله إليه: إنه لا يصلح أن تبني لي بيتاً. قال: أي ربّ، ولِمَ؟ قال: لِما جرى على يديك من الدماء. قال: أي ربّ، أوَلَم يكن ذلك في هواك ومحبتك؟[52] قال: بلى ولكنهم عبادي وأنا أرحمهم. فشق ذلك عليه فأوحى الله إليه: لا تحزن فإني سأقضي بناءه على يدي ابنك سليمان. فلما مات داود أخذ سليمان في بنائه.[53]
>
> وسيظهر موضوع سفك الدماء في مراجع أخرى وهو يكتسب أهمية خاصة. يجدر الالتفات في هذه الروايات إلى كلمة "مسجد" وهي أكثر عينية وتحديدا من عبارة "بيت المقدس" التي تشير في بعض الأحيان إلى مدينة القدس برمتها.

بموجب الروايات الإسلامية لم يكن داود وحده الذي واجه صعوبات في بناء الهيكل، فحتى عندما قام سليمان باستكمال بنائه واجه هو الآخر صعوبات يستعرضها الواسطي في كتابه:

> ... فقال له: هي بقنطار، فقال سليمان: قد استوجبتها. فقال له صاحب الأرض: هي خير أو ذاك؟ قال: لا بل هي خير، قال فإنه قد بدا لي، قال: أوليس قد أوجبتها؟ قال: بلى ولكنّ البَيعيْن بالخيار ما لم يتفرقا. -- قال ابن المبارك، هذا أصل الخيار-- قال فلم يزل يراده، ويقول له مثل قوله الأول، حتى استوجبها منه بسبعة قناطير. فبناه سلمان حتى فرغ منه. وتغلقت أبوابه. فعالجها سليمان أن يفتحها، فلن تنفتح حتى قال في دعائه: بصلوات أبي داود ألا تفتحت الأبواب ففتحت الأبواب.[54]

هذه القصة التي يقتبسها الواسطي مأخوذة على ما يبدو من التلمود البابلي الذي جاء فيه:

> قال الحاخام (راف) يهودا قال الحاخام عندما أراد سليمان إدخال تابوت العهد تابوت العهدالمقدس إلى الهيكل التحمت الأبواب ببعضها البعض، قال

سليمان أربعا وعشرين ترنيمة ولم يُستجب له، ثم عاد وقال: لتفتح الأبواب ولم يُستجب له، لأن الرب قال "لا تخيب عبدك داود" فاستجيب له في الحال، وفي تلك الأثناء تحول مبغضو داود بيضة وجههم لأنهم علموا أن الرب غفر له ذنبه [قيامه بأخذ بات شيبع زوجة أوريا الحطي كزوجة له كما ورد في سفر صموئيل في الإصحاح 11-12].[55]

يقدم الواسطي روايات أخرى تبين الصعوبات التي واجهها داود عندما همّ ببناء الهيكل:

حدثنا عمر قال نا أبي نا الوليد نا المسيّب بن واضح نا ابن المبارك عن عثمان بن عطاء عن أبيه عن سعيد بن المسيب قال: لما أمر الله داود أن يبني مسجد بيت المقدس قال يا رب وأين أبنيه؟ قال حيث ترى المَلَك شاهراً سيفه. قال: فرآه في ذلك المكان، فأخذ داود فأسس قواعده، ورفع حائطه.[56]

هذه الرواية الإسلامية ترى أن سبب منع داود من بناء الهيكل هو امتناعه عن دفع ثمن الأرض المخصصة لبنائه:

فلما ارتفع انهدم، فقال داود: يا رب، أمرتني أن أبني لك بيتا، فلما ارتفع هدمته. فقال: يا داود، إنما جعلتك خليفي[57] في خَلقي، لِمَ أخذته من صاحبه بغير ثمن؟ إنه يبنيه رجل من ولدك.[58]

وتواصل الرواية فتبين أنه عندما صعد سليمان بن داود إلى عرش الملك صحح خطأ والده داود:

... فلما كان سليمان ساوم صاحب الأرض... فقال له: هي بقنطار،[59] فقال سليمان: قد استوجبتها. فقال له صاحب الأرض: هي خير أو ذاك؟ قال: لا بل هي خير، قال فإنه قد بدا لي، قال: أوليس قد أوجبتها؟ قال: بلى ولكنّ البَيّعيْن بالخيار ما لم يتفرقا. -- قال ابن المبارك، هذا أصل الخيار-- قال فلم يزل يراده، ويقول له مثل قوله الأول، حتى استوجبها منه بسبعة قناطير.

يظهر تفسير مسألة الملائكة والسيف لاحقا في كتاب الواسطي الذي يقول:

حدثنا عمر قال نا أبي نا الوليد نا أحمد بن الحسن ومحمد بن حماد قالا نا إسماعيل بن عبد الكريم حدثني عبد الصمد بن معقل أنه سمع وهب بن منبّه يقول: إنّ داود صلى الله عليه وسلم أراد أن يعلم عدد بني إسرائيل كم هم، فبعث نقباء وعرفاء وأمرهم أن يرفعوا إليه ما بلغ عددهم فعتب الله عز وجل عليه لذلك وقال: قد علمت أني وعدتُ إبراهيم أن أبارك فيه وفي ذريته حتى أجعلهم كعدد الذر وأجعلهم لا يُحصى عددهم فأردت أن تعلم عددهم، إنهم لا يُحصى عددهم، فاختاروا بين أن أبتليكم بالجوع ثلاث سنين، أو أسلط عليكم العدو ثلاثة أشهر، أو الموت ثلاثة أيام. فأعاد ذلك داود على بني إسرائيل، فقالوا : ما لنا بالجوع ثلاث سنين صبر، ولا بالعدو ثلاثة أشهر، فليس لهم بقية، فإن كان لا بد، فالموت بيده لا بيد غيره. فذكر وهب أنه مات [من]هم في ساعة ألوف كثيرة ما يدرى عددهم.[60]

اختار داود عقاب الوباء ثلاثة أيام. ولما رأى الموتى الكثيرين رفع دعاءه إلى الرب:

فلما رأى ذلك داود شق عليه ما بلغه من كثرة الموت، فسأل الله ودعاه فقال: [يا ر]ب، أنا آكل الحامض وبنو إسرائيل تَضْرَس؟[61] أنا طلبت ذلك، وأمرت به بني إسرائيل، فما كان من [ش]يء فبي، واعف عن بني إسرائيل. فاستجاب الله عز وجل له، ورفع عنهم الموت، فرأى داود عليه السلام الملائكة سالّين سيوفهم يغمدونها، يرفعون في سلم من ذهب من الصخرة إلى السماء. فقال داود: هذا مكان ينبغي أن يُبنى فيه لله مسجد أو تَكْرِمَة.[62]

هذه الرواية توفر سياقا ملائما للقصة وتجعل موضع بناء الهيكل، أي مكان عبادة الرب، على الصخرة التي في القدس.

ابن المرجى (القرن الـ 11) يقتبس هو الآخر هذه الرواية,[63] وهو يعرض إلى جانبها رواية أخرى تفسر سبب قيام سليمان، في نهاية المطاف، وليس داود، ببناء الهيكل:

...الذي بنى عليه بيت المقدس وهو يومئذ صعيد. فنادى: يا رب، إنك أمرتنا بالصدقة وأنت تحب المتصدقين، فتصدق علينا برحمتك، اللهم إنك أمرتنا أن نعتق الرقاب، وأنت تحب من يعتق الرقاب، فنسألك برحمتك أن تعتقنا اليوم. اللهم، وقد أمرتنا أن لا نرد السائل إذا وقف على أبوابنا وأنت تحب من لا يرد السائل، فجئنا سائلين فلا تردنا. ثم خروا سجداً من حيث انفجر الصبح، فسلط الله عليهم الطاعون إلى أن زالت الشمس، ثم رفعه عنهم، ثم أوحى الله تعالى

إلى داود ارفعوا رؤوسكم فقد شفعتك فيهم، فرفع داود رأسه ثم نادى ارفعوا رؤوسكم فرفعوا رؤوسهم، وقد مات منهم مائة ألف وسبعون ألف أصابهم الطاعون وهم سجود، فنظروا إلى ملائكة يمشون بينهم بأيديهم الخناجر، فرفع الله عنهم الطاعون، ثم عمد داود وارتقى الصخرة وطلب نومه إلى الليل رافعاً يديه يحدث لله شكراً، ثم إنه جمعهم بعد ذلك فخطبهم وقال: إن الله تعالى قد رحمكم وعفا عنكم، فأحدثوا لله تعالى شكراً بقدر ما أبلاكم. قالوا: مرنا نفعل. قال: إني لا أعلم أمراً أبلغ في شكركم من بناء مسجد على هذا الصعيد الذي رحمكم الله عليه فنبنيه مسجداً يعبد الله عز وجل فيه وتقدسوه فيه أنتم ومن بعدكم. قالوا: نفعل، وسأل داود ربه فأذن له وأقبلوا على بناء بيت المقدس وباشره داود عليه السلام بنفسه ينقل الصخر على عاتقه ويضعه بيده في مواضعه. فلما رفع داود حائطه قامة رجل أو بسطة رجل، أوحى الله تعالى إليه: إني قد قبلت توبتكم ورضيت عملكم في هذا المسجد فارفعوا أيديكم فإني أريد أن أورثه رجلاً يكون من بعدكم أورثه عمله واجعل له اسمه وصوته وسناءه ومجده وشرفه، وأريد أن أشرف هذا المسجد وأرفع ذكره وأقدسه وأطهّره حتى يبلغ من طهره أنه لا تشرع فيه يد سفكت دماً وسأجعل يا داود ذلك على يدي رجل من صلبك أسلمه من الدماء، سميته سليمان لأن هذه بقعة شرفتها وقدستها بآبائك وخلقتها لقدسي وباركت لأهلها في الزيت والقمح، لا تزال يدي عليها ممدودة بالبركة.[64]

تكمن أهمية هذه الرواية، بالإضافة إلى ربطها بين موقع بناء الهيكل وموقع الملائكة، في العظمة التي تنسبها الرواية الإسلامية لهيكل سليمان. وتبرز أهمية ذلك من خلال ادعاءات المصادر الإسلامية المعاصرة بأن سليمان بنى مبنى عبادة شخصيا وصغيرا وليس معبدا عظيما فارها. وتظهر في نهاية كلام ابن المرجى، مرة أخرى، إشكالية سفك الدم في سياق بناء معبد للرب. وهكذا هو الحال عند الواسطي، في رواية مختلفة بعض الشيء من الحوار بين داود والرب تظهر لاحقا في كتابه، حيث يفسر موقف الرب من سفك الدماء:

عبلة عن أبي الزاهرية عن رافع بن عميرة قال: سمعت رسول الله [صلى] الله عليه وسلم يقول: قال الله عز وجل لداود: يا داود، ابن لي في الأرض بيتاً، فبنى داود بيتاً لنفسه قبل البيت الذي أمره به، فأوحى الله إليه يا داود ابتنيتَ بيتك قبل بيتي قال: أي ربّ هكذا قلت فيما قضيت: "مَنْ مَلَكَ استأثر"، ثم أخذ في بناء المسجد فلما تم السور سقط ثلاثاً، فشكا ذلك إلى الله فأوحى الله إليه: إنه لا يصلح أن تبني لي بيتاً. قال: أي ربّ، ولِمَ؟ قال: لِما جرى على يديك

من الدماء. قال: أي ربّ، أوَلَم يكن ذلك في هواك ومحبتك؟[65] قال: بلى ولكنهم عبادي وأنا أرحمهم. فشق ذلك عليه فأوحى الله إليه: لا تحزن فإني سأقضي بناءه على يدي ابنك سليمان. فلما مات داود أخذ سليمان في بنائه، فما تم قرب القرابين وذبح الذبائح وجمع بني إسرائيل فأوحى الله إليه: قد أرى سرورك ببنيان بيتي فسلني أعطك. قال: أسألك ثلاث خصال...[66]

ثمة أهمية خاصة للمسألة الواردة من خلال هذه الروايات التي تذكر كلها سفك الدماء كسبب لعدم بناء داود للهيكل الأول: سفك الدماء هو مسألة فيها إشكالية، حتى عندما يكون لغايات صحيحة وسليمة. لا يوجد هنا نقد موجه لداود لأنه حارب أعداءه، ولكنه لم يكن ملائما لبناء بيت للرب. ومرة أخرى يجدر الالتفات في هذه الروايات إلى مصطلح "مسجد"، الذي يدل بما لا يقبل التأويل على بناء داود وسليمان معبدا للرب في موقع الصخرة المقدسة في القدس.

تظهر هذه الروايات لدى مؤرخين مسلمين آخرين بالإضافة إلى المؤرخ الطبري وأدبيات "فضائل القدس"، "فضائل بيت المقدس"). فقد كتب ابن خلدون[67] (في القرن الـ 14)، في كتابه الشهير والكبير "مقدمات في علم التاريخ"، أن سليمان هو الذي بنى الهيكل في السنة الرابعة من ملكه. وقال في ذلك:

ثم قام بالملك من بعده من بني إسرائيل ابنه سليمان صلوات الله عليه وهو ابن اثنتين وعشرين سنة، فاستفحل ملكه وغالب الأمم، وضرب الجزية على جميع ملوك الشام مثل فلسطين وعمون وكنعان ومؤاب وأدوم والأرمن، وأصهر إليه لملوك من كل ناحية ببناتهم، وكان ممن تزوّج بنت فرعون مصر. وكان وزيره يؤاب بن نيثرا وهو ابن أخت داود اسمها صوريا، وكان وزيرا لداود فلما ولي سليمان استوزره فقام بدولته ثم قتله بعد ذلك، واستوزر يشوع بن شيداح، ولأربع سنين من ملكه شرع في بيت المقدس بعهد أبيه إليه بذلك، فلم يزل إلى آخر دولته بعد ان هدم مدينة انطاكية وبنى مدينة تدمر في البرية وبعث إلى ملك صور ليعينه في قطع الخشب من لبنان، وأجرى على الفعلة فيه في كل عام عشرين ألف كرّ من الطعام ومثلها من الزيت ومثلها من الخمر. وكان الفعلة في لبنان سبعين ألفا ولنحت الحجارة ثمانين ألفا وخدمة المناولة سبعون ألفا، وكان الوكلاء والعرفاء على ذلك العمل ثلاثة آلاف وثلاث مائة رجل.

ثم بنى الهيكل وجعل ارتفاعه مائة ذراع في طول ستين وعرض عشرين. وجعل بدائرة كله أروقة وفوقها مناظر، وجعل بدائر البيت ابريدا من خارج،

> ونمقه وجعل الظهر مقوّرا ليودع فيه تابوت العهد. وصفّح البيت من داخله وسقفه بالذهب، وصنع في البيت كروبيين من الخشب مصفحتين بالذهب وهما تمثالان للملائكة الكروبيين، وجعل للبيت أبوابا من خشب الصنوبر، ونقش عليها تماثيل من الكروبيين والنرجس والنخل والسوسن وغشاها كلها بالذهب. وأتمّ بناء الهيكل في سبع سنين، وجعل لها بابا من ذهب.[68]

يقوم الوصف الدقيق والبهيج للهيكل على روايات يهودية كما هو مبين في سفر الملوك الأول، الإصحاح السادس، الآيات 1-38، بشأن الهيكل الذي بناه سليمان:

> 1وكان في سنة الأربع مئة والثمانين لخروج بني إسرائيل من أرض مصر في السنة الرابعة لملك سليمان على إسرائيل في شهر زيو وهو الشهر الثاني أنه بنى البيت للرب. 2 والبيت الذي بناه الملك سليمان للرب طوله ستون ذراعا وعرضه عشرون ذراعا وسمكه ثلاثون ذراعا. 3 والرواق قدام هيكل البيت طوله عشرون ذراعا حسب عرض البيت وعرضه عشر أذرع قدام البيت. 4 وعمل للبيت كوى مسقوفة مشبكة. 5 وبنى مع حائط البيت طباقا حواليه مع حيطان البيت حول الهيكل والمحراب وعمل غرفات في مستديرها. 6 فالطبقة السفلى عرضها خمس أذرع والوسطى عرضها ست أذرع والثالثة عرضها سبع أذرع لأنه جعل للبيت حواليه من خارج أخصاما لئلا تتمكن الجوائز في حيطان البيت. 7 والبيت في بنائه بني بحجارة صحيحة مقتلعة ولم يسمع في البيت عند بنائه منحت ولا معول ولا أداة من حديد. 8 وكان باب الغرفة الوسطى في جانب البيت الأيمن وكانوا يصعدون بدرج معطف إلى الوسطى ومن الوسطى إلى الثالثة. 9 فبنى البيت وأكمله وسقف البيت بألواح وجوائز من الأرز. 10 وبنى الغرفات على البيت كله سمكها خمس أذرع وتمكنت في البيت بخشب أرز 11 وكان كلام الرب إلى سليمان قائلا 12 هذا البيت الذي أنت بانيه إن سلكت في فرائضي وعملت أحكامي وحفظت كل وصاياي للسلوك بها فإني أقيم معك كلامي الذي تكلمت به إلى داود أبيك. 13 وأسكن في وسط بني إسرائيل ولا أترك شعبي إسرائيل 14 فبنى سليمان البيت وأكمله. 15 وبنى حيطان البيت من داخل بأضلاع أرز من أرض البيت إلى حيطان السقف وغشاه من داخل بخشب وفرش أرض البيت بأخشاب سرو. 16 وبنى عشرين ذراعا من مؤخر البيت بأضلاع أرز من الأرض إلى الحيطان. وبنى داخله لأجل المحراب أي قدس الأقداس. 17 وأربعون ذراعا كانت البيت أي الهيكل الذي أمامه. 18 وأرز البيت من داخل كان منقورا على شكل قثاء وبراعم زهور. الجميع أرز. لم يكن

يرى حجر. 19 وهيأ محرابا في وسط البيت من داخل ليضع هناك تابوت عهد
الرب. 20 ولأجل المحراب عشرون ذراعا طولا وعشرون ذراعا عرضا وعشرون
ذراعا سمكا. وغشاه بذهب خالص. وغشى المذبح بأرز. 21 وغشى سليمان
البيت من داخل بذهب خالص. وسد بسلاسل ذهب قدام المحراب. وغشاه
بذهب. 22 وجميع البيت غشاه بذهب إلى تمام كل البيت وكل المذبح الذي
للمحراب غشاه بذهب. 23 وعمل في المحراب كروبين من خشب الزيتون علو
الواحد عشر أذرع. 24 وخمس أذرع جناح الكروب الواحد وخمس أذرع جناح
الكروب الآخر. عشر أذرع من طرف جناحيه إلى طرف جناحه. 25 وعشر أذرع
الكروب الآخر. قياس واحد وشكل واحد للكروبين. 26 علو الكروب الواحد
عشر أذرع وكذا الكروب الآخر. 27 وجعل الكروبين في وسط البيت الداخلي
وبسطوا أجنحة الكروبين فمس جناح الواحد الحائط وجناح الكروب الآخر
مس الحائط الآخر وكانت أجنحتهما في وسط البيت يمس أحدهما الآخر. 28
وغشى الكروبين بذهب. 29 وجميع حيطان البيت في مستديرها رسمها نقشا
بنقر كروبيم ونخيل وبراعم زهور من داخل ومن خارج. 30 وغشى أرض البيت
بذهب من داخل ومن خارج. 31 وعمل لباب المحراب مصراعين من خشب
الزيتون. الساكف والقائمتان مخمسة. 32 والمصراعان من خشب الزيتون. ورسم
عليهما نقش كروبيم ونخيل وبراعم زهور وغشاهما بذهب ورصع الكروبيم
والنخيل بذهب. 33 وكذلك عمل لمدخل الهيكل قوائم من خشب الزيتون
مربعة 34 ومصراعين من خشب السرو. المصراع الواحد دفتان تنطويان
والمصراع الآخر دفتان تنطويان. 35 ونحت كروبيم ونخيلا وبراعم زهور
وغشاها بذهب مطرق على المنقوش. 36 وبنى الدار الداخلية ثلاثة صفوف
منحوتة وصفا من جوائز الأرز. 37 في السنة الرابعة أسس بيت الرب في شهر
زيو. 38 وفي السنة الحادية عشرة في شهر بول وهو الشهر الثامن أكمل البيت
في جميع أموره وأحكامه. فبناه في سبع سنين.

وجاء في سفر الملوك الأول، الإصحاح الثامن، الآيات 1-11:

1 حينئذ جمع سليمان شيوخ إسرائيل وكل رؤوس الأسباط رؤساء الآباء من بني
إسرائيل إلى الملك سليمان في أورشليم لإصعاد تابوت عهد الرب من مدينة
داود. هي صهيون. 2 فاجتمع إلى الملك سليمان جميع رجال إسرائيل في العيد
في شهر إيثانيم. هو الشهر السابع. 3 وجاء جميع شيوخ إسرائيل وحمل الكهنة
التابوت 4 وأصعدوا تابوت الرب وخيمة الاجتماع مع جميع آنية القدس التي

> في الخيمة فأصعدها الكهنة واللاويون. 5 والملك سليمان وكل جماعة إسرائيل المجتمعين إليه معه أمام التابوت كانوا يذبحون من الغنم والبقر ما لا يحصى ولا يعد من الكثرة. 6 وأدخل الكهنة تابوت عهد الرب إلى مكانه في محراب البيت في قدس الأقداس إلى تحت جناحي الكروبين. 7 لأن الكروبين بسطا أجنحتهما على موضع التابوت وظلل الكروبان التابوت وعصيه من فوق. 8 وجذبوا العصي فتراءت رؤوس العصي من القدس أمام المحراب ولم تر خارجا وهي هناك إلى هذا اليوم. 9 لم يكن في التابوت إلا لوحا الحجر اللذان وضعهما موسى هناك في حوريب حين عاهد الرب بني إسرائيل عند خروجهم من أرض مصر. 10 وكان لما خرج الكهنة من القدس أن السحاب ملأ بيت الرب. 11 ولم يستطع الكهنة أن يقفوا للخدمة بسبب السحاب لأن مجد الرب ملأ بيت الرب.

وبالعودة إلى ابن خلدون الذي وصف الهيكل بوضوح باستخدامه كلمة "الهيكل" التي لا معنى لها سوى المعبد. وهو يصف الهيكل كمبنى كبير عظيم. وفيما يلي ما قاله عندما انتهى سليمان من بناء الهيكل:

> وبعث إلى تابوت العهد من صهيون قرية داود إلى البيت الّذي بناه له، فحمله رؤساء الأسباط والكهنونية على كواهلهم حتى وضعوه تحت أجنحة التمثالين للكروبيين بالمسجد.[69] وكان في التابوت اللوحان من الحجارة اللذين صنعهما موسى عليه السلام بدل الألواح المنكسرة، وحملوا مع تابوت العهد قبة القربان وأوعيتها إلى المسجد.[70]

هناك مؤرخان مسلمان آخران يذكران الهيكل الذي بناه داود في القدس، وهما مجير الدين العليمي المقدسي ومحمد بن شهاب الدين السيوطي، وكلاهما وضعا مؤلفاتهما في القرن الخامس عشر. يذكر مجيرالدين الملاك الذي يمسك بسيف كرمز من الرب يشير به إلى المكان الذي يجب بناء الهيكل فيه:

> وَرُوِيَ أن الله تَعَالَى لما أَمر دَاوُد عَلَيْهِ السَّلَام أَن يَبْنِي مَسْجِد بَيت الْمُقَدّس قَالَ يَا رب وَأَيْنَ أبنيه؟ قَالَ حَيْثُ ترى الْملك شاهراً سَيْفه قَالَ فَرَآهُ دَاوُد فِي ذَلِك الْمَكَان فَأَسَّسَ قَوَاعِده...[71]

يعرض مجير الدين رواية أخرى تقول إن داود شرع في بناء الهيكل ولكن الرب أوقفه عن إتمامه:

عَن رَافع بن عميرَة قَالَ سَمِعت رَسُول الله صلى الله عَلَيْهِ وَسلم يَقُول قَالَ الله تبَارك وَتَعَالَى لداود يَا دَاوُد ابْن لي بَيْتا فِي الأَرْض فَبنى دَاوُد بَيْتا لنَفسِهِ قبل الْبَيْت الَّذِي أمره الله تَعَالَى بِهِ فَأوحى الله تَعَالَى إِلَيْهِ يَا دَاوُد بنيت بَيْتك قبل بَيْتِي؟ قَالَ أَي رب هَكَذَا قلت فِيمَا قضيت من ملك اسْتَأْثر ثمَّ أَخذ فِي بِنَاء الْمَسْجِد - يَعْنِي بَيت الْمُقَدّس..[72]

تجدر الإشارة إلى أن مصطلح "بيت المقدس" في هذه الرواية يعني مكان العبادة، أي الهيكل، وليس القدس كلها كما نجد في نصوص أخرى. وفي سياق كلامه يعرض مجير الدين روايات أخرى بهذه الروح والرواية المتعلقة بداود الذي يبني الهيكل بيديه:

فاقبلوا عل عمل مَسْجِد بَيت الْمُقَدّس وباشر دَاوُد الْعَمَل بِنَفسِهِ وَجعل ينْقل الْحجر عل عَاتِقه ويضعه بِيَدِهِ فِي مَوْضِعه وَمَعَهُ أَحبَار بني إِسْرَائِيل...[73]

كما تُعرض هذه الرواية لدى السويطي[74] (القرن الـ 15) الذي يشير في سياق كلامه إلى أن داود مات قبل أن يستكمل بناء الهيكل:

وقال "غير" ابن إسحاق أصاب بني إسرائيل طاعون في زمن داود -عليه السلام- وهو داود بن أبشا من ذرية يهود بن يعقوب فخرج بهم إلى موضع بيت المقدس[75] يدعون اللَّه تعالى ويسألون كشف البلاء عنهم، فاستجاب اللَّه لهم فاتخذوا ذلك الموضع مسجدا[76] وذلك لإحدى عشرة سنة خلت من ملكه، وتوفي قبل أن يتم بناؤه فأوصى إلى سليمان -عليه السلام- فبناه فى ثماني سنين...[77]

تشير هذه الروايات إلى أن داود شرع في بناء الهيكل ولكنه لم يستكمل بناءه، وأن سليمان هو الذي استكمل بناء الهيكل الأول.

يعرض مجير الدين رواية أخرى مثيرة للاهتمام تبين ما حدث عندما انتهى سليمان من بناء مدينة القدس وشرع في بناء بيت المقدس (المسجد). وتحاول هذه الرواية تحميل الروايات اليهودية "دليلا" ظاهريا على أن المصادر اليهودية تنبأت من قبل بظهور النبي محمد (ص) ورسالة الإسلام التي جاء بها:

> فَلَمَّا فرغ من بِنَاء الْمَدِين ابْتَدَأَ فِي بِنَاء الْمَسْجِد فَلم يثبت الْبناء فَأمر بهدمه ثمَّ حفر الأَرْض حَتَّى بلغ المَاء فأسسه عل المَاء وألقوا فِيهِ الْحِجَارَة فَكَانَ المَاء يلفظها فَدَعَا سُلَيْمَان عَلَيْهِ السَّلَام الْحُكَمَاء الْأَحْبَار وَرَئِيسهمْ آصف بن برخيا واستشارهم فَقَالُوا إِنَّا نرى أَن نتَّخذ قلالا من نُحَاس ثمَّ نملأها حِجَارَة ثمَّ نكتب عَلَيْهَا الْكتاب الَّذِي فِي خاتمك ثمَّ نلقي القلال فِي المَاء وَكَانَ الْكتاب الَّذِي على الْخَاتم لَا إِلَه إِلَّا الله وَحده لَا شريك لَهُ مُحَمَّد عَبده وَرَسُوله فَفَعَلُوا فثبتت القلال...[78]

تكتسب هذه الرواية أهميتها الخاصة من كونها تعرض بتصرف الرواية الواردة في التلمود البابلي:

> بينما كان داود يحفر أسس الهيكل فاضت الهوز وكادت تغرق العالم. قال داود: هل يُسمح بكتابة اسم [الاسم الصريح للرب] على قطعة صلصال وإلقائها في الهوة لكي تبقى في مكانها؟ ولم يكن هناك من يقول له شيئا. فقال داود: كل من يعرف هذا الشيء ولا يقوله سيختنق! خطر ببال أحيتوفيل فقال: في مسألة إحلال السلام بين الرجل وزوجته سمحت التوراة بشطب الاسم الصريح ولذلك فإنه بغية جلب السلام للعالم كله يُسمح بشطب الاسم الصريح قال أحيتوفيل لداود: مسموح. فكتب على الصلصال ورماه في الهوة فهبطت الهوة وتوقفت في مكانها.[79]

يقول المصدر اليهودي إن داود كتب اسم ربه، أما الرواية الإسلامية، التي يقتبسها مجير الدين، فتستبدل اسم رب داود بالـ شهادة، التي تعني اسم رب محمد- الله والنبي محمد (ص).

كما تكثر المصادر الإسلامية من مديح الهيكل الذي بناه سليمان. فالواسطي (مطلع القرن الـ 11) يعرض رواية تبين ذلك في كتابه "فضائل القدس":

> ...فلما ابتناه وزيّنه كما أحب من الذهب والفضة والأبواب الموثقة صنع له مائة سكرة من الذهب في كل سكرة عشرة أرطال[80] وأولج فيه تابوت موسى وهارون وأنزل الله عز وجل عليه الغمام وصلى سليمان صلى الله عليه وسلم فيه ودعا ربه فقال "يا ربّ، أمرتني ببناء هذا البيت الشريف، يا ربّ فلتكن يدك عليه الليل والنهار، وكل من جاءك يبتغي منك الفضل، والمغفرة، والنّصر والتوبة والرزق، فاستجب له، من قريب أو بعيد". فاستجاب له ربه عز وجل

وقال قد استجبت لك دعاءك يا سليمان وغفرت لمن أتى هذا البيت لا يعنيه إلا الصلاة فيه.

حدثنا عيسى بن عبيد الله نا علي نا محمد بن إبراهيم نا محمد بن النعمان نا سليمان بن عبد الرحمن نا الوليد بن محمد قال سمعت عطاء الخراساني يقول: لمّا فرغ سليمان بن داود عليهما السلام من بناء بيت المقدس أنبت الله عز وجل له شجرتين عند باب الرحمة إحداهما تنبت الذهب والأخرى تنبت الفضة فكان كل يوم ينتزع من كل واحدة مائتي رطل ذهب وفضة ففرش المسجد بلاطة ذهب وبلاطة فضة فلما جاء بختنصر خربه واحتمل منه ثمانين عجلة ذهب وفضة فطرحه برومية.[81]

كما يعرض مجير الدين (القرن الـ 15) هو الآخر روايات تمتدح ذات الهيكل حيث يقول:

وَلما فرغ سُلَيْمَان عَلَيْهِ السَّلَام من بِنَاء بَيت الْمُقَدّس انبت الله شجرتين عِنْد بَاب الرَّحِم إحْدَاهمَا تنْبت الذَّهَب وَالْأُخْرَى تنْبت الْفضة فَكَانَ فِي كل يَوْم ينْزع من كل وَاحِدَة مِائَتي رَطْل ذَهَبا وَفِضة وفرش الْمَسْجِد بلاطه من ذهب وبلاطه من فضَّة فَلم يكن يَوْمئِذٍ فِي الأَرْض بَيت أبهى وَلَا أنور من ذَلِك الْمَسْجِد كَانَ يضيء فِي الظُّلم كَالْقَمَرِ لَيْلَة الْبَدْر وَكَانَت صَخْرَة بَيت الْمُقَدّس أَيَّام سُلَيْمَان عَلَيْهِ السَّلَام ارتفاعها اثْنَي عشر ذِرَاعا وَكَانَ الذِّرَاع ذِرَاع الْأمان ذِرَاعا وشبراً وقبضة وَكَانَ ارْتِفَاع الْقبَّة الَّتِي عَلَيْهَا ثَمَانِيَة عشر ميلًا وَرُوِيَ اثْنَي عشر ميلًا وَفَوق الْقبَّة غزال من ذهب بَين عَيْنَيْهِ درة أَو ياقوتة حَمْرَاء تغزل نسَاء البلقاء على ضوئها بِاللَّيْلِ - وَهِي فَوق مرحلَتَيْنِ من الْقُدس - وَكَانَ أهل عمواس يَسْتَظِلُّونَ بِظِل الْقبَّة إِذا طلعت الشَّمْس من الْمشرق.[82]

وأما بالنسبة لمدينة القدس نفسها فيقول:

وكانت مدين بيت المقدس في زمن نبني إسرائيل عظيمة البناء متسعة العمران وكانت أكبر من مصر ومن بغداد عل ما يوصف فيقال أن العمارة والمنازل كانت متصلة من جهة القبلة إلى القرية المعروفة يومئذ بدير السنة ومن جهة الشرق إلى جبل طور زيتا واستمرت العمارة بطور زيتا إلي حين الفتح العمري ومن جهة الغرب إلى ماء ملا ومن جهة الشمال إلى القرية التي بها قبر النبي شمويل (صلى الله عليه وسلم).[83]

هناك رواية مثيرة، مع أن فيها إشكالية من حيث التسلسل الزمني، وهي تظهر لدى الواسطي، هي قصة حادثة ابني هارون اللذين عوقبا لأنهما لم يتصرفا بما يليق بالمكان المقدس. ويعود أصل القصة إلى حكاية خطيئة ابني هارون الكاهن، نداف وأفيهو، اللذين قدما قربانا بخورا ليس بموجب مقتضيات الشريعة في معبد بناه بنو إسرائيل في الصحراء قبل دخولهم إلى أرض إسرائيل كما هو مبين في سفر اللاويين، الإصحاح العاشر. وتنسب الرواية الإسلامية هذه الحادثة إلى المعبد الموجود على "الصخرة" في القدس:

> وكان ولد أهارون صلى الله عليه يجيئون إلى الصخرة ويسمّونها الهيكل بالعبرانية، وكانت تنزل عليهم عين زيت من السماء فتدور في القناديل فتملؤها من غير أن تمسّ. وكانت تنزل عليهم نار من السماء على الصخرة فتدور في مثال سبع على جبل طور زيتاً ثم تمتد حتى تدخل من باب الرحمة ثم تصير على الصخرة فيقول ولد هارون: "باروخ أتا أدونايه" تفسيره تبارك الرحمن لا إله إلا هو. فغفلوا ذات ليلة عن الوقت الذي كانت تنزل النار فيه فنزلت وليس هم حضور، ثم ارتفعت النار فجاؤوا فقال الكبير للصغير يا أخي قد كتبت الخطيئة ليس ينجينا من بني إسرائيل إن تركنا هذا البيت بلا نور ولا سراج. فقال الصغير للكبير حتى نأخذ من نار الدنيا فنسرج القناديل لأن لا يبقى هذا البيت الليلة بلا نور ولا سراج. فأخذا من نار الدنيا وأسرجا فنزلت عليهما النار في ذلك الوقت فأحرقت النار، نارُ السماء، نار الدنيا وأحرقت ولدي هارون. قال فناجى نبي ذلك الزمان [ربه]، قال: يا ربّ أحرقت ولدي هارون وقد علمت مكانهما. قال فأوحى الله عز وجل إليه: إني هكذا أفعل بأوليائي إذا عصوني، فكيف بأعدائي.[84]

كما يقول الواسطي إن بني إسرائيل كانوا يأتون إلى الهيكل للتغفير عن ذنوبهم:

> قال، وكان في زمان بني إسرائيل إذا أذنب أحدهم الذنب كتب على جبينه خط وعلة عتبة بابه: ألا إن فلاناً قد أذنب في ليلة كذا وكذا، فيبعدونه ويزجرونه فيأتي إلى باب التوبة وهو الباب الذي عند محراب مريم الذي كان يأتيها رزقها منه فيبكي فيه ويتضرع ويقيم حيناً، فإن تاب الله عليه محا ذلك عن جبينه فيعرفه بنو إسرائيل، وإن لم يتب عليه أبعدوه وزجروه.[85]

هناك روايات عديدة تمدح سليمان باني الهيكل وتتحدث بالمناسبة عن وجود الهيكل الأول، ومنها الرواية التي يسوقها الواسطي عن زهد سليمان:

أخبرنا عيسى أنا علي نا محمد [محمد بن النعمان قال نا] سليمان نا الحوشبي عن بكر بن خنيس قال: كان سليمان بن داود عليه السلام إذا دخل مسجد بيت المقدس وهو ملك الأرض يقلب بصره [ليرى] أين مجلس المساكين من العمي والخرس والمجذومين، فيدع جميع الناس وينطلق فيجلس في المجلس معهم متواضعاً لا يرفع طرفه إلى السماء، ثم يقول مسكني مع المساكين.[86]

يعرض مجير الدين رواية أخرى تحكي عن صلاة سليمان لما فرغ من بناء الهيكل:

وَلما فرغ سُلَيْمَان من بِنَاء بَيت الْمُقَدّس سَأَل الله ثَلَاثًا سَأَلَهُ حكما يُوَافق حكمه،[87] وَسَأَلَهُ ملكا لَا يَنْبَغِي لأحد من بعده وَسَأَلَهُ أَن لَا يَأْتِي هَذَا الْمَسْجِد أحد لَا يُرِيد إِلَّا الصَّلَاة فِيهِ إِلَّا خرج من ذنُوبه كَيَوْم وَلدته أمه وَلِهَذَا كَانَ عبد الله ابْن عمر رَضِي الله عَنْهُمَا يَأْتِي بَيت الْمُقَدّس فَيصَلي رَكْعَتَيْنِ ثمَّ يخرج وَلَا يشرب فِيهِ كَأَنَّهُ يطْلب دَعْوَة سُلَيْمَان وَرُوِيَ عَن النَّبِي صلى الله عَلَيْهِ وَسلم إِنَّه قَالَ إِن سُلَيْمَان ابْن دَاوُد "ع" سَأَلَ ربه ثَلَاثًا فَأعْطَاهُ اثْنَتَيْنِ وَنحن نرجو أَن يكون قد أعطَاهُ الثَّالِثَة.[88]

خراب الهيكل الأول

حكي المؤرخون المسلمون ما يلي عن خراب الهيكل الأول:

يعرض الطبري (القرن العاشر) روايات عديدة، بل مختلفة، حول تسلسل الأحداث المتعلقة بخراب الهيكل، ابتداء من قدوم سنحاريب وجيوشه حتى وصول بختنصر ملك بابل إلى مملكة يهودا:

ثم ملك أمرهم من بعده يوياحين بن يوياقيم، فغزاه بختنصر، فأسره وأشخصه إلى بابل بعد ثلاثة أشهر من ملكه وملك مكانه متنيا عمه وسماه صديقيا فخالفه، فغزاه فظفر به، فأوثقه وحمله إلى بابل بعد أن ذبح ولده بين يديه، وسمل عينيه وخرب المدينة والهيكل، وسبى بني إسرائيل، وحملهم إلى بابل، فمكثوا بها إلى أن ردهم إلى بيت المقدس كيرش بن جاماسب...[89]

وكان بختنصر في زمانه، وكان أصبهبذ ما بين الأهواز إلى أرض الروم من غربي دجلة، فشخص حتى أتى دمشق، فصالحه أهلها ووجه قائدا له، فأتى بيت

المقدس فصالح ملك بني إسرائيل، وهو رجل من ولد داود، وأخذ منه رهائن وانصرف فلما بلغ طبرية وثبت بنو إسرائيل على ملكهم فقتلوه، وقالوا: راهنت أهل بابل وخذلتنا! واستعدوا للقتال، فكتب قائد بختنصر إليه بما كان، فكتب إليه يأمره أن يقيم بموضعه حتى يوافيه، وأن يضرب أعناق الرهائن الذين معه، فسار بختنصر حتى أتى بيت المقدس، فأخذ المدينة عنوة، فقتل المقاتلة، وسبى الذرية.[90]

وبعد ذلك يعود فيكتب:

فلما صار بختنصر ببابل خالفه صدقيا، فغزاه بختنصر ثانية فظفر به، وأخرب المدينة والهيكل، وأوثق صدقيا، وحمله إلى بابل بعد أن ذبح ولده، وسمل عينيه فمكث بنو إسرائيل ببابل إلى أن رجعوا إلى بيت المقدس.[91]

يعيد كلام الطبري إلى الأذهان، وبقوة، القصة التوراتية الواردة في سفر الملوك الثاني، الإصحاح الـ 25:

1 وفي السنة التاسعة لملكه في الشهر العاشر في عاشر الشهر جاء نبوخذناصر ملك بابل هو وكل جيشه على أورشليم ونزل عليها وبنوا عليها أبراجا حولها. 2 ودخلت المدينة تحت الحصار إلى السنة الحادية عشرة للملك صدقيا. 3 في تاسع الشهر اشتد الجوع في المدينة ولم يكن خبز لشعب الأرض. 4 فثغرت المدينة وهرب جميع رجال القتال ليلا من طريق الباب بين السورين اللذين نحو جنة الملك. وكان الكلدانيون حول المدينة مستديرين. فذهبوا في طريق البرية. 5 فتبعت جيوش الكلدانيين الملك فأدركوه في برية أريحا وتفرقت جميع جيوشه عنه. 6 فأخذوا الملك وأصعدوه إلى ملك بابل إلى ربلة وكلموه بالقضاء عليه. 7 وقتلوا بني صدقيا أمام عينيه. وقلعوا عيني صدقيا وقيدوه بسلسلتين من نحاس وجاءوا به إلى بابل 8 وفي الشهر الخامس في سابع الشهر وهي السنة التاسعة عشرة للملك نبوخذناصر ملك بابل جاء نبوزرادان رئيس الشرط عبد ملك بابل إلى أورشليم. 9 وأحرق بيت الرب وبيت الملك وكل بيوت أورشليم وكل بيوت العظماء أحرقها بالنار. 10 وجميع أسوار أورشليم مستديرا هدمها كل جيوش الكلدانيين الذين مع رئيس الشرط. 11 وبقية الشعب الذين بقوا في المدينة والهاربون الذين هربوا إلى ملك بابل وبقية الجمهور سباهم نبوزرادان رئيس الشرط. 12 ولكن رئيس الشرط أبقى من مساكين الأرض كرامين وفلاحين.

13 وأعمدة النحاس التي في بيت الرب والقواعد وبحر النحاس الذي في بيت الرب كسرها الكلدانيون وحملوا نحاسها إلى بابل. 14 والقدور والرفوش والمقاص والصحون وجميع آنية النحاس التي كانوا يخدمون بها أخذوها 15 والمجامر والمناضح. ما كان من ذهب فالذهب وما كان من فضة فالفضة أخذها رئيس الشرط. 16 والعمودان والبحر الواحد والقواعد التي عملها سليمان لبيت الرب لم يكن وزن لنحاس كل هذه الأدوات. 17 ثماني عشرة ذراعا ارتفاع العمود الواحد وعليه تاج من نحاس وارتفاع التاج ثلاث أذرع والشبكة والرمانات التي على التاج مستديرة جميعها من نحاس. وكان للعمود الثاني مثل هذه على الشبكة 18 وأخذ رئيس الشرط سرايا الكاهن الرئيس وصفنيا الكاهن الثاني وحارسي الباب الثلاثة. 19 ومن المدينة أخذ خصيا واحدا كان وكيلا على رجال الحرب وخمسة رجال من الذين ينظرون وجه الملك الذين وجدوا في المدينة وكاتب رئيس الجند الذي كان يجمع شعب الأرض وستين رجلا من شعب الأرض الموجودين في المدينة 20 وأخذهم نبوزرادان رئيس الشرط وسار بهم إلى ملك بابل إلى ربلة. 21 فضربهم ملك بابل وقتلهم في ربلة في ارض حماة. فسبي يهوذا من أرضه 22 وأما الشعب الذي بقي في أرض يهوذا الذين أبقاهم نبوخذناصر ملك بابل فوكل عليهم جدليا بن أخيقام بن شافان. 23 ولما سمع جميع رؤساء الجيوش هم ورجالهم أن ملك بابل قد وكل جدليا أتوا إلى جدليا إلى المصفاة وهم إسماعيل بن نثنيا ويوحنان بن قاريح وسرايا بن تنحومث النطوفاتي ويازنيا ابن المعكي هم ورجالهم. 24 وحلف جدليا لهم ولرجالهم وقال لهم لا تخافوا من عبيد الكلدانيين. اسكنوا الأرض وتعبدوا لملك بابل فيكون لكم خير.

يحكي ابن خلدون هو الآخر عن الخراب فيقول:

وحاصر بيت المقدس وبنى عليها المدر للحصار، وأقام ثلاث سنين واشتدّ الحصار بهم، فخرجوا هاربين منها إلى الصحراء واتبعهم العساكر من الكلدانيين وأدركوهم في أريحا، فقبض على ملكهم صدقيا هو وأتى به أسيرا فسمل عينيه. وقال الطبري: وذبح ولده بمرأى منه، ثم اعتقله ببابل إلى أن مات. ولحق بعض من بني إسرائيل بالحجاز فأقاموا مع العرب، وكان لعهده من الأنبياء ارميا وحبقون وباروح. وبعث بخت نصّر قائده نبو زراذون، بنون مفتوحة وباء موحدة مضمومة تجلب واوا بعدها زاي وراء مفتوحة تجلب ألفا وذال

مضمومة تجلب واوا بعدها نون، بعثه إلى مدينة القدس، وكانوا يدعونها مدينة يروشالم, فخرّبها وخرّب الهيكل وكسر عمد الصفر التي نصبها سليمان..

يُسهب مجير الدين كثيرا في قصة أخبار أيام بني إسرائيل بعد موت سليمان[92] حيث يقول:

وَبعث الْجَيْش مَعَ وزيره واسْمه نبوز رذان - بِفَتْح النُّون وَضم الْبَاء الْمُوَحدَة وَسُكُون الْوَاو وَفتح الزَّاي وَالرَّاء الْمُهْملَة وَسُكُون الْألف وَفتح الذَّال الْمُعْجَمَة وَسُكُون الْألف وَبعدهَا نون - إِلَى حِصَار صدقيا بالقدس فَسَار الْوَزير بالجيش وحاصر صدقيا مُدَّة سنتَيْن وَنصف أولهَا عَاشر تموز من السّنة التَّاسِعَة لملك صدقيا أَسِيراً وَأخذ مَعَه جملَة كَثِيرَة من بني إِسْرَائِيل واحرق الْقُدس وَخَرَّبَهُ وَطرح فِيهِ الْجِيَف وَهدم الْبَيْت الَّذِي بناه سُلَيْمَان وَأحرقهُ وَاحْتمل مِنْهُ ثَمَانِينَ عجلة ذَهَبا وَفِضة...[93]

هناك رواية هامة يتضمنها كتاب عيون الأثر[94] لمؤلفه العالم المصري محمد بن عبد الناس (القرن الرابع عشر)، وتقول إن المسلمين الأوائل كانوا يعلمون بعلاقة اليهود بالصخرة على جبل الهيكل حتى أيام الهيكل الأول وبعد خرابه:

وَرُوِّينَا مِنْ طَرِيقِ أَبِي دَاوُدَ فِي كِتَابِ (النَّاسِخِ وَالْمَنْسُوخِ) لَهُ قَالَ: حَدَّثَنَا أَحْمَد بْنُ صَالِحٍ، ثَنَا عَنْبَسَةُ عَنْ يُونُسَ عَنِ ابْنِ شِهَابٍ قَالَ: كَانَ سُلَيْمَانُ بْنُ عَبْدِ الْمَلِكِ لا يُعَظِّمُ إيلياءَ [5] كَمَا يُعَظِّمُهَا أَهْلُ الْبَيْتِ، قَالَ: فَسِرْتُ مَعَهُ وَهُوَ وَلِي عَهْدٍ، قَالَ: وَمَعَهُ خَالِدُ بْنُ يَزِيدَ بْنِ مُعَاوِيَةَ، قَالَ سُلَيْمَانُ وَهُوَ جَالِسٌ فِيهَا: وَاللَّهِ إِنَّ فِي هَذِهِ الْقِبْلَةِ الَّتِي صَلَّى إِلَيْهَا الْمُسْلِمُونَ وَالنَّصَارَى لَعَجَبًا، قَالَ: خَالِدُ بْنُ يَزِيدَ: أَمَا وَاللَّهِ إِنِّي لأَقْرَأُ الْكِتَابَ الَّذِي أَنْزَلَهُ اللَّهُ عَلَى مُحَمَّد صَلَّى اللَّهُ عَلَيْهِ وَسَلَّمَ، وَأَقْرَأُ التَّوْرَاةَ، فَلَمْ تَجِدْهَا الْيَهُودُ فِي الْكِتَابِ الَّذِي أَنْزَلَ اللَّهُ عَلَيْهِمْ، وَلَكِنَّ تَابُوتَ السكينة كان عَلَى الصَّخْرَةِ، فَلَمَّا غَضِبَ اللَّهُ عَلَى بَنِي إِسْرَائِيلَ رَفَعَهُ، فَكَانَتْ صَلاتُهُمْ إِلَى الصَّخْرَةِ عَلَى مُشَاوَرَةٍ مِنْهُمْ.[95]

تعتبر هذه الرواية بالغة الأهمية ليس لأنها تتضمن اعترافا من مصدر إسلامي بوجود تابوت العهد المقدس على حجر السقيا في جبل الهيكل وحسب، بل لأنها تشير إلى أن الروايات الإسلامية تعترف بأن اليهود واصلوا الصلاة والمحافظة على علاقتهم بهذا المكان حتى بعد زوال تابوت العهد المقدس منه في أعقاب خراب الهيكل.

بناء الهيكل الثاني

قبل الحديث عما تقوله المصادر الإسلامية القديمةبشأن عودة يهود بابل إلى القدس، وبشأن بناء الهيكل الثاني، سوف نعرض خلاصة المصادر اليهودية بشأن تاريخهم منذ نزحوا إلى بابل، بعد خراب الهيكل الأول، وحتى عودتهم إلى أرض إسرائيل والقدس وبناء الهيكل الثاني. يرد هذا التاريخ مفصلا بإسهاب في أسفار التوارة: عزرا، نحميا وأخبار الأيام. أما أهم أحداثه فهو تصريح ملك فارس، كورش الكبير، بالسماح لليهود في بلاده، بعد أن احتل بابل، بالعودة إلى بلادهم وبناء الهيكل. وهكذا جاء في التوراة، في سفر عزرا، الإصحاح الأول، الآيات 1-8:

> 1 وفي السنة الأولى لكورش ملك فارس عند تمام كلام الرب بفم إرميا نبه الرب روح كورش ملك فارس فأطلق نداء في كل مملكته وبالكتابة أيضا قائلا 2 هكذا قال كورش ملك فارس. جميع ممالك الأرض دفعها لي الرب إله السماء وهو أوصاني أن أبني له بيتا في أورشليم التي في يهوذا. 3 من منكم من كل شعبه ليكن إلهه معه ويصعد إلى أورشليم التي في يهوذا فيبني بيت الرب إله إسرائيل. هو الإله الذي في أورشليم. 4 وكل من بقي في أحد الأماكن حيث هو متغرب فلينجده أهل مكانه بفضة وبذهب وبأمتعة وببهائم مع التبرع لبيت الرب الذي في أورشليم 5 فقام رؤوس آباء يهوذا وبنيامين والكهنة واللاويون مع كل من نبه الله روحه ليصعدوا ليبنوا بيت الرب الذي في أورشليم. 6 وكل الذين حولهم أعانوهم بآنية فضة وبذهب وبأمتعة وببهائم وبتحف فضلا عن كل ما تبرع به 7 والملك كورش أخرج آنية بيت الرب التي أخرجها نبوخذناصر من أورشليم وجعلها في بيت آلهته. 8 أخرجها كورش ملك فارس عن يد مثرداث الخازن وعدها لشيشبصر رئيس يهوذا.

وجاء لاحقا في سفر عزرا، الإصحاح الثالث، الآيات 1-8:

> 1 ولما استهل الشهر السابع وبنو إسرائيل في مدنهم اجتمع الشعب كرجل واحد إلى أورشليم. 2 وقام يشوع بن يوصاداق وإخوته الكهنة وزربابل بن شالتئيل وإخوته وبنوا مذبح إله إسرائيل ليصعدوا عليه محرقات كما هو مكتوب في شريعة موسى رجل الله 3 وأقاموا المذبح في مكانه لأنه كان عليهم رعب من شعوب الأراضي وأصعدوا عليه محرقات للرب محرقات الصباح والمساء. 4 وحفظوا عيد المظال كما هو مكتوب ومحرقة يوم فيوم بالعدد كالمرسوم أمر اليوم بيومه. 5 وبعد ذلك المحرقة الدائمة وللأهلة ولجميع مواسم

الرب المقدسة ولكل من تبرع بمتبرع للرب. 6 ابتدأوا من اليوم الأول من الشهر السابع يصعدون محرقات للرب وهيكل الرب لم يكن قد تأسس. 7 وأعطوا فضة للنحاتين والنجارين وماكلا ومشربا وزيتا للصيدونيين والصوريين ليأتوا بخشب أرز من لبنان إلى بحر يافا حسب إذن كورش ملك فارس لهم 8 وفي السنة الثانية من مجيئهم إلى بيت الله إلى أورشليم في الشهر الثاني شرع زربابل بن شالتئيل ويشوع بن يوصاداق وبقية إخوتهم الكهنة واللاويين وجميع القادمين من السبي إلى أورشليم وأقاموا اللاويين من ابن عشرين سنة فما فوق للمناظرة على عمل بيت الرب.

ونجد في سفر "أخبار الأيام الثاني"، الإصحاح السادس والثلاثين، الآيات 22-23، التي تختتم كتاب التوراة، تصريحا لكورش يدعو اليهود إلى العودة إلى بلادهم وإقامة الهيكل للرب فيها:

22 وفي السنة الأولى لكورش ملك فارس لأجل تكميل كلام الرب بفم إرميا نبه الرب روح كورش ملك فارس فأطلق نداء في كل مملكته وكذا بالكتابة قائلا 23 هكذا قال كورش ملك فارس إن الرب إله السماء قد أعطاني جميع ممالك الأرض وهو أوصاني أن أبني له بيتا في أورشليم التي في يهوذا. من منكم من جميع شعبه الرب إلهه معه وليصعد.

يصف سفر نحميا نضال اليهود في بلاد تواجدهم الأخرى حيث مُنعوا من استئناف بناء الهيكل وتعزيز القدس، ونجاح اليهود في مواجهة ذلك حتى بناء الهيكل الثاني في القدس، في المكان الذي كان يقوم فيه هيكل سليمان. وهكذا جاء في سفر نحميا، الإصحاح الثاني، الآية العاشرة:

ولما سمع سنبلط الحوروني وطوبيا العبد العموني ساءهما مساءة عظيمة لأنه جاء رجل يطلب خيرا لبني إسرائيل.

وجاء في سفر نحيما لاحقا:

1ولما سمع سنبلط وطوبيا والعرب والعمونيون والأشدوديون أن أسوار أورشليم قد رممت والثغر ابتدأت تسد غضبوا جدا.2 وتآمروا جميعهم معا أن يأتوا

ويحاربوا أورشليم ويعملوا بها ضررا. 3 فصلينا إلى إلهنا وأقمنا حراسا ضدهم نهارا وليلا بسببهم..[96]

وهكذا جاء في سفر نحيما، الإصحاح السادس، الآية 16:

16ولما سمع كل أعدائنا ورأى جميع الأمم الذين حوالينا سقطوا كثيرا في أعين أنفسهم وعلموا أنه من قبل إلهنا عمل هذا العمل.

وورد في سفر عزرا، الإصحاح الرابع، الآيات 1-6:

1 ولما سمع أعداء يهوذا وبنيامين أن بني السبي يبنون هيكلا للرب إله إسرائيل
2 تقدموا إلى زربابل ورؤوس الآباء وقالوا لهم نبني معكم لأننا نظيركم نطلب
إلهكم وله قد ذبحنا من أيام إسرحدون ملك آشور الذي أصعدنا إلى هنا. 3
فقال لهم زربابل ويشوع وبقية رؤوس آباء إسرائيل ليس لكم ولنا أن نبني بيتا
لإلهنا ولكننا نحن وحدنا نبني للرب إله إسرائيل كما أمرنا الملك كورش ملك
فارس. 4 وكان شعب الأرض يرخون أيدي شعب يهوذا ويذعرونهم عن البناء. 5
واستأجروا ضدهم مشيرين ليبطلوا مشورتهم كل أيام كورش ملك فارس وحتى
ملك داريوس ملك فارس 6 وفي ملك أحشويروش في ابتداء ملكه كتبوا شكوى
على سكان يهوذا وأورشليم.

كما ذكر فإن هذه هي الرواية اليهودية كما تظهر بشكل مفصل في أسفار التوراة. ولهذه الرواية أصداء في الروايات الإسلامية التي ينقلها المؤرخون المسلمون.

وفي الحقيقة أن المؤرخين الإسلاميين يطرحون بإسهاب قصة عودة اليهود لبلادهم وبناء القدس من جديد. يحكي الطبري، بعد سرده لقصة أخشويرش، مردخاي والملكة إستر في "سفر إستير"[97]، عن كورش الذي أرسل بني إسرائيل ليقيموا هيكلهم الثاني:

ولى بهمن أخشويرش الناحية، وأمره بالمسير إلى كراردشير، ففعل ذلك وحاربه، فقتله وقتل أكثر أصحابه، فتابع له بهمن الزيادة في العمل، وجمع له طوائف من البلاد، فلزم السوس، وجمع الأشراف، وأطعم الناس اللحم، وسقاهم الخمر، وملك بابل إلى ناحية الهند والحبشة وما يلي البحر، وعقد لمائة وعشرين قائدا في يوم واحد الألوية، وصير تحت يد كل قائد ألف رجل من أبطال الجند الذين يعدل الواحد منهم في الحرب بمائة رجل، وأوطن بابل، وأكثر المقام بالسوس،

وتزوج من سبي بني إسرائيل امرأة يقال لها أشتر ابنة أبي جاويل، كان رباها ابن عم لها يقال له مردخى، وكان أخاها من الرضاعة، لأن أم مردخى أرضعت أشتر، وكان السبب في تزوجه إياها قتله امرأة كانت له جليلة جميلة خطيرة، يقال لها وشتا، فأمرها بالبروز ليراها الناس، ليعرفوا جلالتها وجمالها، فامتنعت من ذلك فقتلها، فلما قتلها جزع لقتلها جزعا شديدا، فأشير عليه باعتراض نساء العالم، ففعل ذلك، وحببت إليه أشتر صنعا لبني إسرائيل، فتزعم النصارى أنها ولدت له عند مسيره إلى بابل ابنا فسماه كيرش، وأن ملك أخشويرش كان أربع عشرة سنة، وقد علمه مردخى، التوراة، ودخل في دين بني إسرائيل، وفهم عن دانيال النبي ع ومن كان معه حينئذ، مثل حننيا وميشايل وعازريا، فسألوه بأن يأذن لهم في الخروج إلى بيت المقدس فأبى وقال: لو كان معي منكم ألف نبي ما فارقني منكم واحد ما دمت حيا وولى دانيال القضاء، وجعل إليه جميع أمره، وأمره أن يخرج كل شيء في الخزائن مما كان بختنصر أخذه من بيت المقدس ويرده، وتقدم في بناء بيت المقدس، فبني وعمر في أيام كيرش بن أخشويرش...[98]

يتحدث ابن خلدون عن الصعوبات التي وضعها السامريون المحليون في وجه العائدين من بابل:

فمضوا إلى بيت المقدس وشرعوا في العمارة وشرع كورش وسعى عليهم في إبطال ذلك بعض أعدائهم من السامرة،[99] ولم يكن أمد السبعين التي وعدهم بها انقضى لأنّ الخراب كان لثمان عشرة من ملك بخت نصّر وكانت دولته خمسة وأربعين ومدّة ابنه وابن ابنه خمس وعشرون، فبقيت من السبعين ثمانية عشر التي نفدت من ملك بخت نصّر قبل الخراب، فمنعوا من العمارة بسعاية السامريّة إلى أن انقضت الثمان عشرة.

وجاءت دولة دارا من ملوك الفرس فأذن لهم في العمارة وعاد السامرة لسعايتهم في إبطال ذلك عند دارا، فأخبره أهل دولته أنّ كورش أذن لهم في ذلك فخلّى سبيلهم وعمّروا بيت المقدس في الثانية من ملك دارا الأوّل، وهو أرفخشد والكوهن يومئذ عزيز، وجدّد لهم التوراة بعد سنتين من رجوعهم إلى البيت.[100]

ما يلفت النظر هو استخدام كلمة "البيت" وحدها في السياق المذكور. ويمكن الاستنباط أن لـ "البيت" معنيين اثنين، الأول هو عودة بني إسرائيل من الشتات إلى ديارهم الأصلية،

والثاني هو اختصار اسم "بيت المقدس" والاكتفاء بتسميته بـ "البيت"، كما هو متبع اليوم تسمية جبل البيت (الهيكل) بهذا الاسم وليس "جبل بيت المقدس". ويحكي المؤرخ المقدسي مجير الدين عن ذلك، هو الآخر، بل يربط بين بناء (البيت) الهيكل الثاني ونبوءات العزاء للنبي إرميا:

> وَكَانَ قد أمره الله على لِسَان عَبده أرميا النَّبِي صلى الله عَلَيْهِ وَسلم أن يَبْنِي بَيت الْمُقَدّس فَفعل ذَلِك وأصعد إِلَيْهَا من بني إِسْرَائِيل أَرْبَعِينَ ألفا وقربوا القرابين عل رسومهم الأولى وَرجعت إِلَيْهِم دولتهم وَعظم محلهم عِنْد الْأُمَم قَالَ الله تَعَالَى (ثمَّ رددنا لكم الكرة عَلَيْهِم وأمددنا كم بأموال وبنين وجعلناكم أكثر نفيراً إن أَحْسَنْتُم لأنفسكم وَإِن أسأتم فلهَا) وَعَاد الْبَلَد أحسن مِمَّا كَانَ وَحكي بعض المؤرخين إن الله أوحى إِلَى اشعيا النَّبِي عَلَيْهِ السَّلَام أَن كورش يعمر بَيت الْمُقَدّس وَذكر لفظ اشعيا الَّذِي ذكره فِي الْفَصْل الثَّانِي وَالْعِشْرين من كِتَابه حِكَايَة عَن الله عز وَجل وَهُوَ أَن الْقَائِل لكورش رَاعيا الَّذِي يتمم جَمِيع محياي وَيَقُول لأورشليم عودي مبينَة ولهيكلها كن زخرفاً مزيناً هَكَذَا قَالَ الرب لمسبحة كورش الَّذِي أخذ بِيَمِينِهِ لتدبير الْأُمَم وينحي ظُهُور الْمُلُوك سائراً بِفَتْح الْأَبْوَاب أَمَامه وَلَا تغلق وأسهل لَك الوعر وأكسر أَبْوَاب النّحاس وأحبوك بالذخائر الَّتِي فِي الظُّلُمَات انْتهى وَلما عَادَتْ بَيت الْمُقَدّس تراجع إِلَيْهِ بَنو إِسْرَائِيل من الْعِرَاق وَغَيره وَكَانَت عمرته فِي أول سنة تسعين لابتداء ولَايَة بخت نصر وَلما رَجَعَ بَنو إِسْرَائِيل إِلَى الْمُقَدّس كَانَ من جُمْلَتهمْ عُزَيْر عَلَيْهِ السَّلَام وَكَانَ بالعراق وَقدم مَعَه من بني إِسْرَائِيل مَا يزِيد على أَلفَيْنِ من الْعلمَاء وَغَيرهم ورتب مَعَ عُزَيْر فِي الْقُدس مائَة وَعشْرين شَيخا من عُلَمَاء بني إِسْرَائِيل وَكَانَت التَّوْرَاة قد عدمت مِنْهُم إِذْ ذَاك فمثلها الله فِي صدر العزير ووضعها لبني إِسْرَائِيل يعرفونها بحلالها وحرامها فَأَخْبرهُ حبا شَدِيدا وَأصْلح العزير أمرهم وَأَقَام بَينهم عل ذَلِك ولبث مَعَ بني إِسْرَائِيل فِي الْقُدس يدبر أمرهم حَتَّى توفّي بعد مُضِيّ أَرْبَعِينَ...[101]

تجدر الإشارة إلى أنه يقتبس في كلامه نبوءة إشعيا لكورش أيضا ويقول إن بني إسرائيل عادوا إلى القدس ثانية:

> وَلما عَادَتْ بَيت الْمُقَدّس تراجع إِلَيْهِ بَنو إِسْرَائِيل من الْعِرَاق وَغَيره وَكَانَت عمرته فِي أول سنة تسعين لابتداء ولَايَة بخت نصر.[102]

كما يورد مجير الدين بإسهاب قصة الكاتب عزرا مع النازحين في بابل أيام عودة صهيون:

خراب الهيكل الثاني

إن مصدر المعلومات الذي نعتمده اليوم، بشأن حيثيات خراب الهيكل الثاني، هو مؤلفات يوسف بن متتياهو، الذي كان قائدا يهوديا إبان الثورة الكبرى التي سبقت خراب الهيكل الثاني، ثم قام بتدوين ذكرياته المتعلقة بتلك الأحداث. وتضاف إلى مؤلفاته هذه روايات يهودية كثيرة ذات طابع أسطوري أكثر منه تاريخيا، وهي متوفرة في مواضع كثيرة في أدبيات "الحكماء السابقين": روايات غيتين، سنهدرين، والموعد الصغير من التلمود البابلي مثلا، وفي مواضع أخرى مختلفة من الأدبيات الدينية الكثيرة. الشخصية المركزية في جميع هذه الروايات هي شخصية طِطوس، العسكري الروماني الذي قاد الجيوش، وهو الذي تسبب بخراب الهيكل الثاني. هكذا مثلا تذكره رواية غيتين، الصفحة 57، العمود الثاني:

> ...ذهب وأرسل طِطوس. "يقول اين آلِهَتُهُمُ الصخرة التي التجاوا اليها) (سفر التثنية اصحاح 32 اية 37) هذا طِطوس الشرير الذي شتم وسب للأعلى... ماذا فعل؟ أخذ الستار وصنع منه سلة كبيرة وجمع الآنية كلها التي في المعبد ووضعها فيها ثم وضعها في السفينة لكي يمدحوه في مدينته... ثم خرجت ثائحة وقالت له: أيها الشرير ابن الشرير ابن ابن عِيسُو الشرير...

يسرد يوسفوس فلبيوس التفاصيل سردا تاريخيا مفصلا بدقة، وسنورد هنا بعض الأسطر فقط تبين الأشياء، كما سترد لاحقا من المصادر الإسلامية القديمة. هكذا يقول فلبيوس في المجلد السادس من حروب اليهود:

> ... وفي خمس ساعات في اليوم حُشر اليهود في باحة بيت الرب الداخلية واعتصموا هناك. وعاد طِطوس إلى العاصمة وقرر مهاجمة الهيكل في فجر اليوم التالي على رأس جيوشه لكي يحتله...[103]
>
> ولما اشتعلت النار في الهيكل نهب الرومان كل شيء كان في متناول اليد ونفذوا مذبحة رهيبة بكل اليهود الذين تعرضوا لهم ولم يرحموا أحدا صغيرا كان أم كبيرا بل قتلوا العامة والكهنة وأعملوا سيوفهم في جميع الناس من حولهم ولم يلتفتوا إلى من توسل إليهم طالبا الرحمة بل ذبحوا الجميع بلا رحمة واختلطت أصوات النيران بأنين الشهداء وأتت النيران على جبل البيت (الهيكل) حتى بدا للناظرين أن المدينة كلها تحترق...[104]

وبعد أن فر الثوار نحو المدينة حيث احترق هيكل الرب وكل ما حوله رفع الرومان راياتهم إلى موقع الهيكل ولوحوا بها عند المدخل القبلي وصرخوا مهللين لططوس الحاكم المنتصر (الإمبراطور). وأوغل العساكر في نهب كل ما طالته أيديهم حتى صار الذهب في بلاد الشام بنصف السعر الذي كان له من قبل.[105]

وتحكي المصادر الإسلامية القديمة، هي الأخرى، عن خراب الهيكل الثاني على أيدي ططوس الروماني. فيقول الواسطي:

حذيفة بن اليمان عن النبي صلى الله عليه وسلم قال: غزا طاطري بن اسمانوس بني إسرائيل فسباهم وسبى حلي بيت المقدس وأحرقها بالنيران وحمل منها في البحر ألفاً وسبع مائة سفينة حلياً حتى أورده رومية. قال حذيفة فسمعت رسول الله [صلى الله] عليه وسلم يقول: ليستخرجن المهدي ذلك حتى يؤديه إلى بيت المقدس ثم يسير المهدي ومن معه حتى يأتوا مدينة يقال لها القاطع. وهي. على. البحر. الأخضر. المحدق بالدنيا ليس شيء خلفه إلا أمر الله عز وجل، طول تلك المدينة ألف ميل وعرضها خمس مائة ميل لها...[106]

أما الطبري, فنجد عنده وصفا موجزا لخراب الهيكل الثاني:

ثم ملك بعده أسفسيانوس أبو ططوس الذي وجهه إلى بيت المقدس عشر سنين ولمضي ثلاث سنين من ملكه وتمام أربعين سنة من وقت رفع عيسى ع وجه أسفسيانوس ابنه ططوس إلى بيت المقدس، حتى هدمه وقتل من قتل من بني إسرائيل غضبا للمسيح ثم ملك بعده ططوس بن اسفسيانوس، سنتين.[107]

أما مجير الدين فبعد أن يسهب كعادته في سرد قصص الإسكندر المقدوني وشمعون الصدّيق ويسوع النصراني وصعوده إلى السماء فإنه يأتي إلى أفعال ططوس الروماني:

لما جر مَا تقدم شَرحه من رفع الْمَسِيح إِلَى السَّمَاء اسْتمرّ بَيت الْمُقَدّس عَامِرًا بعده أَرْبَعِينَ سنة وتول عل بني إِسْرَائِيل جمَاعَة من الْمُلُوك وَاحِدًا بعد وَاحِد إِلَى أَن ملك طيطوس الرُّومِي وَكَانَ مَحل ملكه مَدِينَة روميا من بِلَاد الإفرنج فَفِي السّنة الأولى من ملكه قصد بَيت الْمُقَدّس وأوقع باليهود وقتلهم وأسرهم

> عَن أخرهم إِلَّا من اختفى وَخرب بَيت الْمُقَدّس ونهبه واحرق الهيكل وأحرق كتبهمْ وأخلى الْقُدس من بني إِسْرَائِيل...[108]

ويُسهب ابن خلدون، هو الآخر، في وصف المعاناة التي تعرض لها اليهود تحت الحصار الروماني، وهو يقول إن ذلك كان بسبب قسوة المتعصبين المتزمتين من اليهود (الذين يسميهم ابن خلدون بالخوارج) الذين لم يسمحوا لليهود بالخروج من المدينة على الرغم من أن الرومان سمحوا لهم بذلك. وهو يرى، خلافا للمصادر السابقة، أن ططوس لم يكن معنيا بإحراق المعبد وأن ذلك حصل خلافا لرأيه:

> ثم بيَّت الروم المدينة، وملكوا الأسوار عليهم، وقاتلوهم من الغد، فانهزموا إلى المسجد وقاتلوا في الحصن، وهدم طيطش البناء ما بين الأسوار إلى المسجد ليتسع المجال، ووقف ابن كربون يدعوهم إلى الطاعة فلم يجيبوا، وخرج جماعة من الكهنونية فأمنهم, ومنع الرؤساء بقيتهم. ثم باكرهم طيطش بالقتال من الغد فانهزموا إلى القدس، وملك الروم المسجد وصحنه، واتصلت الحرب أياماً وهدمت الأسوار كلها، وثلم سور الهيكل، وأحاط العساكر بالمدينة حتى مات أكثرهم، وفر كثير. ثم اقتحم عليهم الحصن، فملكه ونصب الأصنام في الهيكل، ومنع من تخريبه، ونكر رؤساء الروم ذلك، ودَسُّوا من أضرم النار في أبوابه وسقفه فاحترق، وألقى الكهنونة أنفسهم في النار جزعاً على دينهم ، وحزنوا، واختفى شِمعون ويوحَنَان في جبل صهيون.[109]

يطرح ابن المرجى رواية تربط بين خراب المعبد ونبوءة يسوع بشأن خراب الهيكل (الثاني، في عصره)، وهي النبوءة المعروفة من العهد الجديد (متى 24، 2: مرقس 13، 2: لوقا 21، 6):

> أخبرنا أبو مسلم قال أنا عمر قال أنا أبي قال نبا الوليد قال كتب إلينا أحمد بن عبد الوهاب قال نبا [أبو] المغيرة صفوان بن عمرو قال نبا شريح بن عبيد عن يزيد بن ميسرة قال: قال الحواريون للمسيح: يا مسيح الله، أنظر إلى بيت الله ما أحسنه، قال: أمين أمين، بحق أقول لكم، لا يترك الله تعالى من هذا المسجد حجراً قائماً على حجر إلا أهلك بذنوب أهله.[110]

هناك رواية أخرى لابن المرجى تحكي ما يلي

غزا طاطري بن اشمانوس بني إسرائيل فسباهم وسبى حلي بيت المقدس وأحرقها بالنيران وحمل منها في البحر ألفاً وتسع مائة سفينة حتى أوردها رومية. قال حذيفة: فسمعت رسول الله صلى الله عليه وسلم يقول: ليستخرجن ذلك المهدي حتى يورده إلى بيت المقدس.[111]

اعتراف المسلمين الذين فتحوا القدس بقدسية جبل الهيكل لدى بني إسرائيل

ثمة روايات كثيرة تقول إن المسلمين الأوائل اعترفوا بالعلاقة بين بني إسرائيل والقدس وجبل الهيكل. ويروي المؤرخ السيوطي قصة وصول الخليفة الراشدي الثاني، عمر بن الخطاب، إلى القدس وفتح جيشه لها:

لما ولي عمر بن الخطاب زار أهل الشام فنزل الجابية وأرسل رجلا من جديلة إلى بيت المقدس فافتتحها صلحا ثم جاء عمر -رضي اللّه عنه- ومعه كعب فقال له يا أبا إسحاق أتعرف موضع الصخرة؟ فقال: أذرع من الحائط الذي يلي وادي جهنم كذا وكذا ذراعًا ثم احفر فإنك تجدها قال وهي يومئذ مزبلة فحضروا فظهرت لهم فقال عمر لكعب أين ترى أن نجعل المسجد أو قال القبلة فقال اجعله خلف الصخرة فتجتمع القبلتان قبلة موسى وقبلة محمد -صلى اللّه عليه وسلم- فقال له عمر ضاهيت اليهودية يا أبا إسحاق خير المساجد مقدمها، وبنى في مقدم المسجد...[112]

تبرز هذه الرواية علاقة اليهود بجبل الهيكل، وكان هناك يهودي اعتنق الإسلام (كعب الأحبار) وصار مرشدا للخليفة عمر بن الخطاب في بحثه عن المعبد والصخرة. وفي ذات الوقت فإن الرواية تبين أن الإسلام حدد قبلة للصلاة تختلف عن قبلة اليهود في صلاتهم حيث يدير المسلمون خلال صلاتهم ظهورهم إلى هيكل اليهود على الرغم من اعتبار الإسلام نفسه مكملا للتوحيد الذي بدأت به الديانة اليهودية وأن الصخرة وقبة الصخرة ترمزان إلى هذه الاستمرارية.

تظهر هذه الرواية عند الطبري أيضا، الذي يضيف فيقول إن كعبا خلع نعليه لدى وصوله إلى موقع الصخرة كما تأمر الشريعة اليهودية عند دخول جبل الهيكل، وذلك اعترافا بقدسية المكان. لقد عاتبه الخليفة عمر بن الخطاب على ذلك لأنه يحترم المكان المقدس لدى أبناء الديانة الأخرى ويحافظ على عادات اليهود المتعلقة بقدسية جبل الهيكل:

لما شخص عمر من الجابية إلى إيلياء، فدنا من باب المسجد، قال: ارقبوا لي كعبا، فلما انفرق به الباب، قال: لبيك، اللهم لبيك، بما هو أحب إليك! ثم قصد

> المحراب، محراب داود ع، وذلك ليلا، فصلى فيه، ولم يلبث أن طلع الفجر، فأمر المؤذن بالإقامة، فتقدم فصلى بالناس، وقرأ بهم ص، وسجد فيها، ثم قام، وقرأ بهم في الثانية صدر بني إسرائيل، ثم ركع ثم انصرف، فقال: علي بكعب، فأتي به، فقال: أين ترى أن نجعل المصلى؟ فقال: إلى الصخرة، فقال: ضاهيت والله اليهودية يا كعب، وقد رأيتك وخلعك نعليك، فقال: أحببت أن أباشره بقدمي، فقال: قد رأيتك، بل نجعل قبلته صدره، كما جعل رسول الله ص قبله مساجدنا صدورها، اذهب إليك، فإنا لم نؤمر بالصخرة، ولكنا أمرنا بالكعبة، فجعل قبلته صدره، ثم قام من مصلاه إلى كناسة قد كانت الروم قد دفنت بها بيت المقدس في زمان بني إسرائيل، فلما صار إليهم أبرزوا بعضها، وتركوا سائرها...[113]

يتضح من خلال هذه الروايات أنه كان واضحا للخليفة الراشدي، عمر ابن الخطاب، أيضا أن الصخرة التي على جبل الهيكل هي مكان يولي اليهود وجوههم إليه في صلواتهم.

يقدم السيوطي رواية مثيرة للاهتمام تربط بين هيكل سليمان وقصة الإسراء والمعراج حيث أسري بالنبي محمد (ص) من مكة إلى القدس، ثم عرج إلى السماء. قصة فتح الخليفة عمر بن الخطاب للقدس:

> قدم عمر بن الخطاب -رضي اللَّه عنه- بيت المقدس وعسكر في طور زيتا ثم انحدر فدخل المسجد من باب النبي -صلى اللَّه عليه وسلم- فلما استوى فيه قائمًا نظر يمينًا وشمالًا ثم قال: هذا والذي لا إله إلا هو مسجد سليمان بن داود الذي أخبرنا رسول اللَّه -صلى اللَّه عليه وسلم- أنه أسري به إليه ثم أتى غربي المسجد فقال لي: نجعل لمسجد المسلمين ههنا مصلى يصلون فيه.[114]

وفيما بعد يكتب السيوطي قائلا:

> وعن سعيد بن عبد العزيز قال: لما فتح عمر بن الخطاب -رضي اللَّه عنه- بيت المقدس وجد على الصخرة زبلا كثيرا مما طرحته الروم غيظا لنبي بني إسرائيل فبسط عمر -رضي اللَّه عنه- رداءه وجعل يكنس ذلك الزبل وجعل المسلمون يكنسون معه.[115]

ويقدم الواسطي، هو الآخر، هذه الرواية[116] وروايات أخرى شبيهة:

> حدثنا عمر نا ابي الوليد نا عبيد الله بن عبيد بن عمران الطبراني نا منصور بن أبي مزاحم نا أبو عبيد الله معاوية بن عبد الله الأشعري عن عاصم بن رجاء ابن حيوة عن أبيه أن كعباً قدم إيلياء مرة من المرار فرشا حَبْراً من أحبار يهود بضعة عشر ديناراً على أن دله على الصخرة التي قام عليها سليمان أن داود حين فرغ من بناء المسجد وهي مما يلي ناحية باب الأسباط قال فقال كعب: قام سليمان بن داود على هذه الصخرة ثم استقبل القدس كله ودعا الله عز وجل ثلاث فأراه الله عز وجل تعجيل إجابته في دعوتين، وأرجو أن يستجيب في الآخرة.[117]
>
> حدثنا عمر نا أبي نا الوليد نا أبو عمير نا ضمرة عن ابن عطاء عن أبيه قال: كانت اليهود تسرج بيت المقدس فلما ولي عمر بن عبد العزيز أخرجهم.[118]

يجدر في هذا السياق طرح كلام الباحث شلومو دوف غويتين، الذي طرح احتمال إرسال اليهود خلال فترة الحكم الأموي (في القرنين 7-8) الزيت الذي كان يُستخدم للإضاءة في موقع جبل الهيكل الذي تواجد فيه المسجد.[119] وتربط هذه الروايات بين اليهود والصخرة، أي بينهم وبين جبل الهيكل، وليس بينهم وبين مدينة القدس فقط.

نتحول الآن إلى ألوان أدبية أخرى تتطرق إلى العلاقة بين اليهود وجبل الهيكل في سياقات مختلفة ومتنوعة.

تفسير القرآن:

> هناك **نوع** أدبي هام يمكن الاستفادة منه فيما يتعلق بالرواية الإسلامية التقليدية حول المعابد، وهو تفسير القرآن الكريم. يتطرق القرآن في عدة مواضع إلى أماكن ومصطلحات ارتبطت في العصر الأموي بالقدس وبموضع المكان المقدس فيها. يُستدل مما يقوله المفسرون أن كلامهم ينسجم مع ما تسوقه. المصادر المذكورة أعلاه. وتكتسب. تلك المراجع. أهمية خاصة. لأنها لا تتناول التاريخ، وتنقل الروايات ببراءة وما يقوله المفسرون يؤكد مدى عمق الرواية المتعلقة بهيكلي بني إسرائيل في نظر مفسري القرآن.

المصدر الأول الذي ينبغي تناوله هنا هو الآية الأولى من السورة السابعة عشرة في القرآن الكريم، سورة الإسراء:

> سُبحانَ الَّذي أَسرىٰ بِعَبدِهِ لَيلًا مِنَ المَسجِدِ الحَرامِ إِلَى المَسجِدِ الأَقصَى الَّذي بارَكنا حَولَهُ لِنُرِيَهُ مِن آياتِنا ۚ إِنَّهُ هُوَ السَّميعُ البَصيرُ.[120]

تكتسب هذه الآية أهمية كبرى لأنها تعتبر في نظر المسلمين، منذ العصر الأموي وحتى عصرنا الحاضر، المصدر الذي يذكر بشكل صريح المسجد الأقصى في القرآن الكريم وارتباطه بالقدس. ويرى المفسرون أن الآية تحكي عن إسراء النبي محمد (ص) من مكة إلى القدس ومعراجه من الصخرة التي في جبل الهيكل إلى السماء. ويتفق مفسرو القرآن على أن المسجد الأقصى هو ذلك المسجد الذي في القدس. بيد أننا يمكن أن نستشف من كلامهم شيئا آخر أيضا.

كتب المفسر محمد بن أحمد القرطبي[121] (الذي عاش في القرن الثالث عشر) عن "المسجد الأقصى" أنه "هو بيت المقدس".[122] هذا التعبير يدل على أن بيت المقدس يعني المسجد وهو ليس اسما شاملا لمدينة القدس وفي ذلك اعتراف بأن الأقصى بُني في موضع الهيكل العبري. وهو يتناول فيما بعد العلاقة بين المسجد في مكة والمسجد الأقصى ويعرض الرواية التي تقول:

> وَمَضَى فِي" آلِ عِمْرَانَ" أَنَّ أَوَّلَ مَسْجِدٍ وُضِعَ فِي الْأَرْضِ الْمَسْجِدُ الْحَرَامُ، ثُمَّ الْمَسْجِدُ الْأَقْصَى. وَأَنَّ بَيْنَهُمَا أَرْبَعِينَ عَامًا مِنْ حَدِيثِ أَبِي ذَرٍّ، وَبِنَاءُ سُلَيْمَانَ عَلَيْهِ السَّلَامُ الْمَسْجِدَ الْأَقْصَى وَدُعَاؤُهُ لَهُ مِنْ حَدِيثِ عَبْدِ اللَّهِ بْنِ عَمْرٍو وَوَجْهُ الْجَمْعِ فِي ذَلِكَ.[123]

وهو يلفت النظر إلى نقاش أطول أجراه حول هذا الموضوع في تفسيره للسورة الثالثة في القرآن الكريم حيث يقول هناك:

> وَعَنْ مُجَاهِدٍ قَالَ: تَفَاخَرَ الْمُسْلِمُونَ وَالْيَهُودُ فَقَالَتِ الْيَهُودُ: بَيْتُ الْمَقْدِسِ أَفْضَلُ وَأَعْظَمُ مِنَ الْكَعْبَةِ، لِأَنَّهُ مُهَاجَرُ الْأَنْبِيَاءِ وَفِي الْأَرْضِ الْمُقَدَّسَةِ. وَقَالَ الْمُسْلِمُونَ: بَلِ الْكَعْبَةُ أَفْضَلُ، فَأَنْزَلَ اللَّهُ هَذِهِ الْآيَةَ. وَقَدْ مَضَى فِي الْبَقَرَةِ بُنْيَانُ الْبَيْتِ وَأَوَّلُ مَنْ بَنَاهُ. قَالَ مُجَاهِدٌ: خَلَقَ اللَّهُ مَوْضِعَ هَذَا الْبَيْتِ قَبْلَ أَنْ يَخْلُقَ شَيْئًا مِنَ الْأَرْضِ بِأَلْفَيْ سَنَةٍ، وَأَنَّ قَوَاعِدَهُ لَفِي الْأَرْضِ السَّابِعَةِ السُّفْلَى. وَأَمَّا الْمَسْجِدُ الْأَقْصَى فَبَنَاهُ سُلَيْمَانُ عَلَيْهِ السَّلَامُ، كَمَا خَرَّجَهُ النَّسَائِيُّ بِإِسْنَادٍ صَحِيحٍ مِنْ حَدِيثِ عَبْدِ اللَّهِ بْنِ عَمْرٍو. وَعَنِ النَّبِيِّ صَلَّى اللَّهُ عَلَيْهِ وَسَلَّمَ: (أَنَّ سُلَيْمَانَ بْنَ دَاوُدَ عَلَيْهِ السَّلَامُ لَمَّا بَنَى بَيْتَ الْمَقْدِسِ سَأَلَ اللَّهَ خِلَالًا ثَلَاثَةً [سَأَلَ اللَّهَ عَزَّ وَجَلَّ] حُكْمًا يُصَادِفُ حُكْمَهُ فأوتيه، وسأل الله عز وجل ملكا لَا يَنْبَغِي لِأَحَدٍ

مِنْ بَعْدِهِ فَأُوتِيَهُ، وَسَأَلَ اللَّهَ عَزَّ وَجَلَّ حِينَ فَرَغَ مِنْ بِنَاءِ الْمَسْجِدِ أَلَّا يَأْتِيَهُ أَحَدٌ لَا يَنْهَزُهُ إِلَّا الصَّلَاةُ فِيهِ أَنْ يُخْرِجَهُ مِنْ خَطِيئَتِهِ كَيَوْمِ وَلَدَتْهُ أُمُّهُ فَأُوتِيَه...[124]

يتحدث مفسر القرآن إسماعيل بن كثير[125] (الذي عاش في القرن الرابع عشر) عن علاقة جميع الأنبياء بمكان المعبد:

مِنَ الْمَسْجِدِ الْحَرَامِ وَهُوَ مَسْجِدُ مَكَّةَ إِلَى الْمَسْجِدِ الْأَقْصَى وهو بيت المقدس الذي بإيلياء معدن الأنبياء من لدن إبراهيم الخليل عليه السلام، ولهذا جمعوا له هناك كُلُّهُمْ فَأَمَّهُمْ فِي مَحِلَّتِهِمْ وَدَارِهِمْ، فَدَلَّ عَلَى أَنَّهُ هُوَ الْإِمَامُ الْأَعْظَمُ، وَالرَّئِيسُ الْمُقَدَّمُ، صَلَوَاتُ اللَّهِ وَسَلَامُهُ عَلَيْهِ وَعَلَيْهِمْ أَجْمَعِينَ.[126]

عبارة "بيت المقدس الذي بإيلياء" (وهو الاسم الروماني والبيزنطي للقدس) يدل على أن الحديث يدور حول مكان الهيكل نفسه.

وفيما بعد نجد مفسرا آخر للقرآن الكريم، هو محمد الطاهر بن عاشور،[127] الذي عاش في القرن العشرين، يسير على درب سابقيه فيذكر أن المسجد المذكور في الآية الأولى من السورة 17 بناه سليمان:

وَالْمَسْجِدُ الْأَقْصَى هُوَ الْمَسْجِدُ الْمَعْرُوفُ بِبَيْتِ الْمَقْدِسِ الْكَائِنِ بِإِيلِيَاءَ، وَهُوَ الْمَسْجِدُ الَّذِي بَنَاهُ سُلَيْمَانُ- عَلَيْهِ الصَّلَاةُ وَالسَّلَامُ-.

وَالْأَقْصَى، أَيِ الْأَبْعَدُ. وَالْمُرَادُ بُعْدُهُ عَنْ مَكَّةَ، بِقَرِينَةِ جَعْلِهِ نِهَايَةَ الْإِسْرَاءِ مِنَ الْمَسْجِدِ الْحَرَامِ، وَهُوَ وَصْفٌ كَاشِفٌ اقْتَضَاهُ هُنَا زِيَادَةُ التَّنْبِيهِ عَلَى مُعْجِزَةِ هَذَا الْإِسْرَاءِ وَكَوْنُهُ خَارِقًا لِلْعَادَةِ لِكَوْنِهِ قَطَعَ مَسَافَةً طَوِيلَةً فِي بَعْضِ لَيْلَةٍ.[128]

هناك آية أخرى يجدر التمعن بها وهي الآية السابعة من السورة ذاتها، سورة الإسراء، التي يتحدث فيها الله عن العقاب الذي سيحل ببني إسرائيل إن هم ارتكبوا المعاصي، مثلما عوقبوا من قبل. وهذا نص الآية:

إِن أَحسَنتُم أَحسَنتُم لِأَنفُسِكُم ۖ وَإِن أَسَأتُم فَلَها ۚ فَإِذا جاءَ وَعدُ الآخِرَةِ لِيَسوءوا وُجوهَكُم وَلِيَدخُلُوا المَسجِدَ كَما دَخَلوهُ أَوَّلَ مَرَّةٍ وَلِيُتَبِّروا ما عَلَوا تَتبيرًا.[129]

يتحدث القرآن بشكل صريح عن المسجد (معبد) الذي كان لبني إسرائيل فدخله أعداؤهم وخرّبوه. فما هو ذلك المسجد وما هي قصة خرابه؟

> يتفق المفسرون في رأيهم على أن الحديث هو عن الهيكل الذي دخله البابليون بهدف تخريبه. وهم يسوقون قصة نبوزردان، وزير الجيش في بابل، الذي رأى دما يغلي في موضع الصخرة، وكان ذلك دم يحيى بن زكريا (يوحنا المعمدان) الذي قُتل بأمر من الملك (هيرودس أنتيبوس) ظلما وعدوانا[130]. ولكي يهدئ الدماء قام نبوزردان بذبح سبعين ألف شخص، من نساء وأطفال، في المكان ذاته، ولم تهدأ الدماء حتى جاء نبوزردان وقال: ألن تهدأ حتى أقتل جميع أبناء شعبك؟

هذه الرواية التي يقتبسها مفسرو القرآن تذكرنا بما جاء في التلمود البابلي في قصة غيتين، الصفحة 57، العمود الأول:

> قال الحاخام حيا بار أفين، قال الحاخام يهوشع بن كرحا حدثني عجوز من أهل القدس في هذا الغور قتل نبوزردان كبير الجزارين مائتين وأحد عشر ألفا وقتل من أهل القدس أربعة وتسعين ألفا على صخرة واحدة حتى سالت دماؤهم واختلطت بدماء زكريا (النبي) لتنفيذ ما ذكر (في يهوشع *4*) "ودماء تلحق دماء".

يستمر التلمود في وصف الحدث على غرار الرواية الإسلامية المذكورة أعلاه. من الواضح هناك أن المقصود هو الحدث الذي وقع أيام الهيكل الأول. ولذلك فإن مفسري القرآن يتناولون الإشكالية التاريخية للقصة، لأن يوحنا المعمدان (يحيى بن زكريا) ولد قبل عيسى عليه السلام وبعد الحقبة البابلية في البلاد بفترة طويلة. على أيه حال فإن هناك إجماعا على أن الحديث يدور حول قصة خراب الهيكل. وفي ذلك يسوق القرطبي رواية عن النبي محمد (ص):

> قَالَ حُذَيْفَةُ: قُلْتُ يَا رَسُولَ اللَّهِ، لَقَدْ كَانَ بَيْتُ الْمَقْدِسِ عِنْدَ اللَّهِ عَظِيمًا جَسِيمَ الْخَطَرِ عَظِيمَ الْقَدْرِ. فَقَالَ رَسُولُ اللَّهِ صَلَّى اللَّهُ عَلَيْهِ وَسَلَّمَ:" هُوَ مِنْ أَجَلِّ الْبُيُوتِ ابْتَنَاهُ اللَّهُ لِسُلَيْمَانَ بْنِ دَاوُدَ عَلَيْهِمَا السَّلَامُ مِنْ ذَهَبٍ وَفِضَّةٍ وَدُرٍّ وَيَاقُوتٍ وَزُمُرُّدٍ": وَذَلِكَ أَنَّ سُلَيْمَانَ بْنَ دَاوُدَ لَمَّا بَنَاهُ سَخَّرَ اللَّهُ لَهُ الْجِنَّ فَأَتَوْهُ بِالذَّهَبِ وَالْفِضَّةِ مِنَ الْمَعَادِنِ، وَأَتَوْهُ بِالْجَوَاهِرِ وَالْيَاقُوتِ وَالزُّمُرُّدِ، وَسَخَّرَ اللَّهُ تَعَالَى لَهُ الْجِنَّ حَتَّى بَنَوْهُ مِنْ هَذِهِ الْأَصْنَافِ. قَالَ حُذَيْفَةُ: فَقُلْتُ يَا رَسُولَ اللَّهِ، وَكَيْفَ أُخِذَتْ هَذِهِ الْأَشْيَاءُ مِنْ بَيْتِ الْمَقْدِسِ. فَقَالَ رَسُولُ اللَّهِ صَلَّى اللَّهُ عَلَيْهِ

وَسَلَّمَ:" إنَّ بَنِي إِسْرَائِيلَ لَمَّا عَصَوُا اللَّهَ وَقَتَلُوا الْأَنْبِيَاءَ سَلَّطَ اللَّهُ عَلَيْهِمْ بخت نصر وَهُوَ مِنَ الْمَجُوسِ وَكَانَ مُلْكُهُ سَبْعُمِائَةِ سَنَةٍ، وَهُوَ قَوْلُهُ:" فَإِذا جاءَ وَعْدُ أُولاهُما بَعَثْنا عَلَيْكُمْ عِباداً لَنا أُولِي بَأْسٍ شَدِيدٍ فَجاسُوا خِلالَ الدِّيارِ وَكانَ وَعْداً مَفْعُولًا" فَدَخَلُوا بَيْتَ الْمَقْدِسِ وَقَتَلُوا الرِّجَالَ وَسَبَوُا النِّسَاءَ وَالْأَطْفَالَ وَأَخَذُوا الْأَمْوَالَ وَجَمِيعَ مَا كَانَ فِي بَيْتِ الْمَقْدِسِ مِنْ هَذِهِ الْأَصْنَافِ فَاحْتَمَلُوهَا عَلَى سَبْعِينَ أَلْفًا وَمِائَةِ أَلْفِ عَجَلَةٍ حَتَّى أَوْدَعُوهَا أَرْضَ بَابِلَ، فَأَقَامُوا يَسْتَخْدِمُونَ بَنِي إِسْرَائِيلَ وَيَسْتَمْلِكُونَهُمْ بِالْخِزْيِ وَالْعِقَابِ وَالنَّكَالِ مِائَةَ عَامٍ، ثُمَّ إِنَّ اللَّهَ عَزَّ وَجَلَّ رَحِمَهُمْ فَأَوْحَى إِلَى مَلِكٍ مِنْ مُلُوكِ فَارِسَ أَنْ يَسِيرَ إِلَى الْمَجُوسِ فِي أَرْضِ بَابِلَ، وَأَنْ يَسْتَنْقِذَ مَنْ فِي أَيْدِيهِمْ مِنْ بَنِي إِسْرَائِيلَ، فَسَارَ إِلَيْهِمْ ذَلِكَ الْمَلِكُ حَتَّى دَخَلَ أَرْضَ بَابِلَ فَاسْتَنْقَذَ مَنْ بَقِيَ مِنْ بَنِي إِسْرَائِيلَ مِنْ أَيْدِي الْمَجُوسِ وَاسْتَنْقَذَ ذَلِكَ الْحُلِيَّ الَّذِي كَانَ فِي بَيْتِ الْمَقْدِسِ وَرَدَّهُ اللَّهُ إِلَيْهِ كَمَا كَانَ أَوَّلَ مَرَّةٍ وَقَالَ لَهُمْ: يَا بَنِي إِسْرَائِيلَ إِنْ عُدْتُمْ إِلَى الْمَعَاصِي عُدْنَا عَلَيْكُمْ بِالسَّبْيِ وَالْقَتْلِ، وَهُوَ قَوْلُهُ:" عَسى رَبُّكُمْ أَنْ يَرْحَمَكُمْ وَإِنْ عُدْتُمْ عُدْنا" فَلَمَّا رَجَعَتْ بَنُو إِسْرَائِيلَ إِلَى بَيْتِ الْمَقْدِسِ عَادُوا إِلَى الْمَعَاصِي فَسَلَّطَ اللَّهُ عَلَيْهِمْ مَلِكُ الرُّومِ قَيْصَرَ، وَهُوَ قَوْلُهُ:" فَإِذا جاءَ وَعْدُ الْآخِرَةِ لِيَسُوؤُا وُجُوهَكُمْ وَلِيَدْخُلُوا الْمَسْجِدَ كَما دَخَلُوهُ أَوَّلَ مَرَّةٍ وَلِيُتَبِّرُوا ما عَلَوْا تَتْبِيراً" فَغَزَاهُمْ فِي الْبَرِّ وَالْبَحْرِ فَسَبَاهُمْ وَقَتَلَهُمْ وَأَخَذَ أَمْوَالَهُمْ وَنِسَاءَهُمْ، وَأَخَذَ حُلِيَّ جَمِيعِ بَيْتِ الْمَقْدِسِ وَاحْتَمَلَهُ عَلَى سَبْعِينَ أَلْفًا وَمِائَةِ أَلْفِ عَجَلَةٍ حَتَّى أَوْدَعَهُ فِي كَنِيسَةِ الذَّهَبِ، فَهُوَ فِيهَا الْآنَ حَتَّى يَأْخُذَهُ الْمَهْدِيُّ فَيَرُدَّهُ إِلَى بَيْتِ الْمَقْدِسِ، وَهُوَ أَلْفُ سَفِينَةٍ وَسَبْعُمِائَةِ سَفِينَةٍ يُرْسَى بِهَا عَلَى يَافَا حَتَّى تُنْقَلَ إِلَى بَيْتِ الْمَقْدِسِ وَبِهَا يَجْمَعُ اللَّهُ الْأَوَّلِينَ وَالْآخِرِينَ ... وَذَكَرَ الْحَدِيثَ.[131]

لا يطيل ابن كثير في الكلام وهو يكتب عن هذا الموضوع ويكتفي بما يلي:

وَعَنْ سَعِيدِ بْنِ جُبَيْرٍ أَنَّهُ مَلِكُ الْمَوْصِلِ سِنْجَارِيبُ وَجُنُودُهُ. وَعَنْهُ أَيْضًا وَعَنْ غَيْرِهِ أَنَّهُ بُخْتُنَصَّرُ مَلِكُ بَابِلَ. وَقَدْ ذَكَرَ ابْنُ أَبِي حَاتِمٍ لَهُ قِصَّةً عَجِيبَةً فِي كَيْفِيَّةِ تَرَقِّيهِ من حال إلى حال إلى أنه مَلَكَ الْبِلَادَ، وَأَنَّهُ كَانَ فَقِيراً مُقْعَدًا ضَعِيفًا يَسْتَعْطِي النَّاسَ وَيَسْتَطْعِمُهُمْ، ثُمَّ آلَ بِهِ الْحَالُ إِلَى مَا آلَ، وَأَنَّهُ سَارَ إِلَى بِلَادِ بَيْتِ الْمَقْدِسِ فَقَتَلَ بِهَا خَلْقًا كَثِيراً مِنْ بَنِي إِسْرَائِيلَ، وَقَدْ رَوَى ابْنُ جَرِيرٍ فِي هَذَا الْمَكَانِ حَدِيثًا أَسْنَدَهُ عَنْ حُذَيْفَةَ مَرْفُوعًا مُطَوَّلًا، وَهُوَ حَدِيثٌ مَوْضُوعٌ لَا مَحَالَةَ، لَا يَسْتَرِيبُ فِي ذَلِكَ مَنْ عِنْدَهُ أَدْنَى مَعْرِفَةٍ بِالْحَدِيثِ، وَالْعَجَبُ كُلُّ الْعَجَبِ كَيْفَ رَاجَ عَلَيْهِ مع جلالة قدره وإمامته، وَقَدْ صَرَّحَ شَيْخُنَا الْحَافِظُ

الْعَلَّامَةُ أَبُو الْحَجَّاجِ الْمِزِّيُّ رَحِمَهُ اللَّهُ بِأَنَّهُ مَوْضُوعٌ مَكْذُوبٌ، وَكَتَبَ ذَلِكَ عَلَى حَاشِيَةِ الْكِتَابِ.

وَقَدْ وَرَدَتْ فِي هَذَا آثَارٌ كَثِيرَةٌ إِسْرَائِيلِيَّةٌ لَمْ أَرَ تَطْوِيلَ الْكِتَابِ بِذِكْرِهَا، لِأَنَّ مِنْهَا مَا هُوَ مَوْضُوعٌ ومن وَضْعِ بَعْضِ زَنَادِقَتِهِمْ، وَمِنْهَا مَا قَدْ يُحْتَمَلُ أَنْ يَكُونَ صَحِيحًا، وَنَحْنُ فِي غُنْيَةٍ عَنْهَا، ولله الحمد. وفيما قص الله عَلَيْنَا فِي كِتَابِهِ غُنْيَةٌ عَمَّا سِوَاهُ مِنْ بَقِيَّةِ الْكُتُبِ قَبْلَهُ، وَلَمْ يُحْوِجْنَا اللَّهُ وَلَا رسوله إليهم. وقد أخبر الله عنهم أنهم لما طغوا وبغوا، سَلَّطَ اللَّهُ عَلَيْهِمْ عَدُوَّهُمْ فَاسْتَبَاحَ بَيْضَتَهُمْ، وَسَلَكَ خِلَالَ بُيُوتِهِمْ، وَأَذَلَّهُمْ وَقَهَرَهُمْ جَزَاءً وِفَاقًا، وَمَا رَبُّكَ بِظَلَّامٍ لِلْعَبِيدِ، فَإِنَّهُمْ كَانُوا قَدْ تَمَرَّدُوا وَقَتَلُوا خَلْقًا مِنَ الْأَنْبِيَاءِ وَالْعُلَمَاءِ.

وَقَدْ رَوَى ابْنُ جَرِيرٍ: حَدَّثَنِي يُونُسُ بْنُ عَبْدِ الْأَعْلَى حدثنا ابْنُ وَهْبٍ، أَخْبَرَنِي سُلَيْمَانُ بْنِ بِلَالٍ عَنْ يَحْيَى بْنِ سَعِيدٍ قَالَ: سَمِعْتُ سَعِيدَ بْنَ الْمُسَيَّبِ يَقُولُ: ظَهَرَ بُخْتُنَصَّرُ عَلَى الشَّامِ، فَخَرَّبَ بَيْتَ الْمَقْدِسِ وَقَتَلَهُمْ، ثُمَّ أَتَى دِمَشْقَ فَوَجَدَ بِهَا دَمًا يَغْلِي عَلَى كِبًا، فَسَأَلَهُمْ، مَا هَذَا الدَّمُ؟ فَقَالُوا: أَدْرَكْنَا آبَاءَنَا عَلَى هَذَا، وَكُلَّمَا ظَهَرَ عَلَيْهِ الْكِبَا ظَهَرَ، قَالَ: فَقَتَلَ على ذلك الدم سَبْعِينَ أَلْفًا مِنَ الْمُسْلِمِينَ وَغَيْرِهِمْ، فَسَكَنَ، وَهَذَا صَحِيحٌ إِلَى سَعِيدِ بْنِ الْمُسَيَّبِ، وَهَذَا هُوَ الْمَشْهُورُ، وَأَنَّهُ قَتَلَ أَشْرَافَهُمْ وَعُلَمَاءَهُمْ حَتَّى إِنَّهُ لم يبق من يحفظ التوراة، وأخذ منهم خلقا كثيرا أَسْرَى مِنْ أَبْنَاءِ الْأَنْبِيَاءِ وَغَيْرِهِمْ، وَجَرَتْ أُمُورٌ وَكَوَائِنُ يَطُولُ ذِكْرُهَا، وَلَوْ وَجَدْنَا مَا هُوَ صَحِيحٌ أَوْ مَا يُقَارِبُهُ لَجَازَ كِتَابَتُهُ وَرِوَايَتُهُ، وَاللَّهُ أَعْلَمُ.[132]

ويتطرق ابن عاشور بشكل أوسع إلى خراب الهيكل الثاني علي يدي طيطوس:

وَبَيَانُ ذَلِكَ: أَنَّ الْيَهُودَ بَعْدَ أَنْ عَادُوا إِلَى أُورَشَلِيمَ وَجَدَّدُوا مُلْكَهُمْ وَمَسْجِدَهُمْ فِي زَمَنِ (دَارِيُوسَ) وَأُطْلِقَ لَهُمُ التَّصَرُّفُ فِي بِلَادِهِمُ الَّتِي غَلَبَهُمْ عَلَيْهَا الْبَابِلِيُّونَ وَكَانُوا تَحْتَ نُفُوذِ مَمْلَكَةِ فَارِسَ، فَمَكَثُوا عَلَى ذَلِكَ مِائَتَيْ سَنَةٍ مِنْ سَنَةِ 530 إِلَى سَنَةِ 330 قَبْلَ الْمَسِيحِ، ثُمَّ أَخَذَ مُلْكُهُمْ فِي الِانْحِلَالِ بِهُجُومِ الْبَطَالِسَةِ مُلُوكِ مِصْرَ عَلَى أُورَشَلِيمَ فَصَارُوا تَحْتَ سُلْطَانِهِمْ إِلَى سَنَةِ 166 قَبْلَ الْمَسِيحِ إِذْ قَامَ قَائِدٌ مِنْ إِسْرَائِيلَ اسْمُهُ (مِيثِيَا) وَكَانَ مِنَ اللَّاوِيِّينَ فَانْتَصَرَ لِلْيَهُودِ وَتَوَلَّى الْأَمْرَ عَلَيْهِمْ وَتَسَلْسَلَ الْمُلْكُ بَعْدَهُ فِي أَبْنَائِهِ فِي زَمَنٍ مَلِيءٍ بِالْفِتَنِ إِلَى سَنَةِ أَرْبَعِينَ قَبْلَ الْمَسِيحِ. دَخَلَتِ الْمَمْلَكَةُ تَحْتَ نُفُوذِ الرُّومَانِيِّينَ، وَأَقَامُوا عَلَيْهَا أُمَرَاءَ مِنَ الْيَهُودِ كَانَ أَشْهَرُهُمْ (هِيرُودُسَ) ثُمَّ تَمَرَّدُوا لِلْخُرُوجِ عَلَى الرومانيين، فَأَرْسَلَ قيصر رُومِيَّةَ

الْقَائِدَ (سِيسِيَانُوسَ) مَعَ ابْنِهِ الْقَائِدِ (طِيطُوسَ) بِالْجُيُوشِ فِي حُدُودِ سَنَةِ أَرْبَعِينَ بَعْدَ الْمَسِيحِ

فَخَرُبَتْ أُورْشَلِيمُ وَاحْتَرَقَ الْمَسْجِدُ، وَأَسَرَ (طِيطُوسُ) نَيِّفًا وَتِسْعِينَ أَلْفًا مِنَ الْيَهُودِ، وَقَتَلَ مِنَ الْيَهُودِ فِي تِلْكَ الْحُرُوبِ نَحْوَ أَلْفِ أَلْفٍ، ثُمَّ اسْتَعَادُوا الْمَدِينَةَ وَبَقِيَ مِنْهُمْ شِرْذِمَةٌ قَلِيلَةٌ بِهَا إِلَى أَنْ وَافَاهُمُ الْإِمْبِرَاطُورُ الرُّومَانِيُّ (أَدْرِيَانُوسُ) فَهَدَمَهَا وَخَرَّبَهَا وَرَمَى قَنَاطِيرَ الْمِلْحِ عَلَى أَرْضِهَا كَيْلَا تَعُودَ صَالِحَةً لِلزِّرَاعَةِ، وَذَلِكَ سَنَةَ 135 لِلْمَسِيحِ. وَبِذَلِكَ انْتَهَى أَمْرُ الْيَهُودِ وَانْقَرَضَ، وَتَفَرَّقُوا فِي الْأَرْضِ وَلَمْ تَخْرُجْ أُورْشَلِيمُ مِنْ حُكْمِ الرُّومَانِ إِلَّا حِينَ فَتَحَهَا الْمُسْلِمُونَ فِي زَمَنِ عُمَرَ بْنِ الْخطاب سنة 16 هـ صُلْحًا مَعَ أَهْلِهَا وَهِيَ تُسَمَّى يَوْمَئِذٍ (إِيلِيَاءُ).[133]

وردت في القرآن آية أخرى، في السورة الثانية، تصف شخصا يمر بالمدينة المدمرة ثم يرى كيف عادت إليها الحياة:

أَوْ كَالَّذِي مَرَّ عَلَىٰ قَرْيَةٍ وَهِيَ خَاوِيَةٌ عَلَىٰ عُرُوشِهَا قَالَ أَنَّىٰ يُحْيِي هَٰذِهِ اللَّهُ بَعْدَ مَوْتِهَا ۖ فَأَمَاتَهُ اللَّهُ مِائَةَ عَامٍ ثُمَّ بَعَثَهُ ۖ قَالَ كَمْ لَبِثْتَ ۖ قَالَ لَبِثْتُ يَوْمًا أَوْ بَعْضَ يَوْمٍ ۖ قَالَ بَل لَّبِثْتَ مِائَةَ عَامٍ فَانظُرْ إِلَىٰ طَعَامِكَ وَشَرَابِكَ لَمْ يَتَسَنَّهْ ۖ وَانظُرْ إِلَىٰ حِمَارِكَ وَلِنَجْعَلَكَ آيَةً لِّلنَّاسِ ۖ وَانظُرْ إِلَى الْعِظَامِ كَيْفَ نُنشِزُهَا ثُمَّ نَكْسُوهَا لَحْمًا ۚ فَلَمَّا تَبَيَّنَ لَهُ قَالَ أَعْلَمُ أَنَّ اللَّهَ عَلَىٰ كُلِّ شَيْءٍ قَدِيرٌ.[134]

هنا أيضا يرى مفسرو القرآن أن الحديث يدور حول مدينة القدس بعد خرابها، ويتحدثون عن هوية الشخص المذكور في الآية الكريمة. ويلخص ابن عاشور تفسيرهم بالقول:

وَالَّذِي مَرَّ عَلَى قَرْيَةٍ قِيلَ هُوَ أَرْمِيَا بْنُ حَلْقِيَا، وَقِيلَ هُوَ عُزَيْرُ بْنُ شَرْخِيَا (عِزْرَا بْنُ سَرَّيَا) . وَالْقَرْيَةُ بَيْتُ الْمَقْدِسِ فِي أَكْثَرِ الْأَقْوَالِ، وَالَّذِي يَظْهَرُ لِي أَنَّهُ حِزْقِيَالُ ابْنُ بُوزِي نَبِيءُ إِسْرَائِيلَ كَانَ مُعَاصِرًا لِأَرْمِيَا وَدَانْيَالَ وَكَانَ مِنْ جُمْلَةِ الَّذِينَ أَسَرَهُمْ بُخْتُنَصَّرُ إِلَى بَابِلَ فِي أَوَائِلِ الْقَرْنِ السَّادِسِ قَبْلَ الْمَسِيحِ، وَذَلِكَ أَنَّهُ لَمَّا رَأَى عَزْمَ بُخْتُنَصَّرَ عَلَى اسْتِئْصَالِ الْيَهُودِ وَجَمْعِهِ آثَارَ الْهَيْكَلِ لِيَأْتِيَ بِهَا إِلَى بَابِلَ، جَمَعَ كُتُبَ شَرِيعَةِ مُوسَى وَتَابُوتَ الْعَهْدِ وَعَصَا مُوسَى وَرَمَاهَا فِي بِئْرٍ فِي أُورْشَلِيمَ خَشْيَةَ أَنْ يَحْرِقَهَا بُخْتُنَصَّرُ.[135]

يقارن ابن عاشور في تفسيره بين الآية القرآنية ورؤيا حزقيال بشأن العظام اليابسة:[136]

> وَلَعَلَّهُ اتَّخَذَ عَلَامَةً يَعْرِفُهَا بِهَا وَجَعَلَهَا سِرًّا بَيْنَهُ وَبَيْنَ أَنْبِيَاءِ زَمَانِهِ وَوَرَثَتِهِمْ مِنَ الْأَنْبِيَاءِ. فَلَمَّا أُخْرِجَ إِلَى بَابِلَ بَقِيَ هُنَالِكَ وَكَتَبَ كِتَابًا فِي مَرَاءٍ رَآهَا وَحْيًا تَدُلُّ عَلَى مَصَائِبِ الْيَهُودِ وَمَا يُرْجَى لَهُمْ مِنَ الْخَلَاصِ، وَكَانَ آخِرُ مَا كَتَبَهُ فِي السَّنَةِ الْخَامِسَةِ وَالْعِشْرِينَ بَعْدَ سَبْيِ الْيَهُودِ، وَلَمْ يُعْرَفْ لَهُ خَبَرٌ بَعْدُ كَمَا وَرَدَ فِي تَارِيخِهِمْ، وَيُظَنُّ أَنَّهُ مَاتَ أَوْ قُتِلَ. وَمِنْ جُمْلَةِ مَا كَتَبَهُ «أَخْرَجَنِي رُوحُ الرَّبِّ وَأَنْزَلَنِي فِي وَسَطِ الْبُقْعَةِ وَهِيَ مَلْآنَةٌ عِظَامًا كَثِيرَةً وَأَمَرَّنِي عَلَيْهَا وَإِذَا تِلْكَ الْبُقْعَةُ يَابِسَةٌ فَقَالَ لِي: أَتَحْيَى هَذِهِ الْعِظَامُ؟ فَقُلْتُ: يَا سَيِّدِي الرَّبُّ أَنْتَ تَعْلَمُ. فَقَالَ لِي: تَنَبَّأْ عَلَى هَذِهِ الْعِظَامِ وَقُلْ لَهَا: أَيَّتُهَا الْعِظَامُ الْيَابِسَةُ اسْمَعِي كَلِمَةَ الرَّبِّ قَالَ هَا أَنَا ذَا أُدْخِلُ فِيكُمُ الرُّوحَ وَأَضَعُ عَلَيْكُمْ عَصَبًا وَأَكْسُوكُمْ لَحْمًا وَجِلْدًا. فَتَنَبَّأْتُ، كَمَا أَمَرَنِي فَتَقَارَبَتِ الْعِظَامُ كُلُّ عظم إِلَى عطمه، وَنَظَرْتُ وَإِذَا بِاللَّحْمِ وَالْعَصَبِ كَسَاهَا وَبُسِطَ الْجِلْدُ عَلَيْهَا مِنْ فَوْقُ وَدَخَلَ فِيهِمُ الرُّوحُ فَحَيُوا وَقَامُوا عَلَى أَقْدَامِهِمْ جَيْشٌ عَظِيمٌ جِدًّا» . وَلَمَّا كَانَتْ رُؤْيَا الْأَنْبِيَاءِ وَحْيًا فَلَا شَكَّ أَنَّ اللَّهَ لَمَّا أَعَادَ عُمْرَانَ أُورْشَلِيمَ فِي عَهْدِ عِزْرَا النَّبِيءِ فِي حُدُودِ سَنَةِ 450 قَبْلَ الْمَسِيحِ أَحْيَا النَّبِيءَ حِزْقِيَالَ- عَلَيْهِ السَّلَامُ- لِيَرَى مِصْدَاقَ نُبُوَّتِهِ، وَأَرَاهُ إِحْيَاءَ الْعِظَامِ، وَأَرَاهُ آيَةً فِي طَعَامِهِ وَشَرَابِهِ وَحِمَارِهِ- وَهَذِهِ مُخَاطَبَةٌ بَيْنَ الْخَالِقِ وَبَعْضِ أَصْفِيَائِهِ عَلَى طَرِيقِ الْمُعْجِزَةِ- وَجَعَلَ خَبَرَهُ آيَةً لِلنَّاسِ مِنْ أَهْلِ الْإِيمَانِ الَّذِينَ يُوقِنُونَ بِمَا أَخْبَرَهُمُ اللَّهُ تَعَالَى، أَوْ لِقَوْمٍ أَطْلَعَهُمُ اللَّهُ عَلَى ذَلِكَ مِنْ أَصْفِيَائِهِ، أَوْ لِأَهْلِ الْقَرْيَةِ الَّتِي كَانَ فِيهَا وَفُقِدَ مِنْ بَيْنِهِمْ فَجَاءَهُمْ بَعْدَ مِائَةِ سَنَةٍ وَتَحَقَّقَهُ مَنْ يَعْرِفُهُ بِصِفَاتِهِ، فَيَكُونُ قَوْلُهُ تَعَالَى: مَرَّ عَلَى قَرْيَةٍ إِشَارَةً إِلَى قَوْلِهِ: «أَخْرَجَنِي رُوحُ الرَّبِّ وَأَمَرَّنِي عَلَيْهَا» . فَقَوْلُهُ: قَالَ أَنَّى يُحْيِي هذِهِ اللَّهُ إِشَارَةٌ إِلَى قَوْلِهِ أَتَحْيَى هَذِهِ الْعِظَامُ فَقُلْتُ يَا سَيِّدِي أَنْتَ تَعْلَمُ لِأَنَّ كَلَامه هَذَا ينبىء بِاسْتِبْعَادِ إِحْيَائِهَا، وَيَكُونُ قَوْلُهُ تَعَالَى: فَأَمَاتَهُ اللَّهُ مِائَةَ عامٍ إِلَخ مِمَّا زَادَهُ الْقُرْآنُ مِنَ الْبَيَانِ عَلَى مَا فِي كُتُبِ الْيَهُودِ لِأَنَّهُمْ كَتَبُوهَا بَعْدَ مُرُورِ أَزْمِنَةٍ، وَيُظَنُّ مِنْ هُنَا أَنَّهُ مَاتَ فِي حُدُودِ سَنَةِ 560 قَبْلَ الْمَسِيحِ، وَكَانَ تَجْدِيدُ أُورْشَلِيمَ فِي حُدُودِ 458 فَتِلْكَ مِائَةُ سَنَةٍ تَقْرِيبًا.

إنه يرى أن هذه الرواية ليست سوى صيغة قرآنية لرؤيا حزقيال التوراتية وهو يجري مقارنات بين الآيات وينهي كلامه بما يلي:

> وَيَكُونُ قَوْلُهُ: وَانْظُرْ إِلَى الْعِظامِ كَيْفَ نُنْشِزُها ثُمَّ نَكْسُوها لَحْماً تَذْكِرَةً لَهُ بِتِلْكَ النُّبُوءَةِ وَهِيَ تَجْدِيدُ مَدِينَةِ إِسْرَائِيلَ.[137]

ابن عاشور هو مفسر للقرآن عاش في القرن العشرين، وهو مفسر محافظ وتقليدي يتناول في مؤلفه التفسير الديني البحث الخالي من العناصر الدعائية، ولذلك فهو يواصل نقل الرواية كما ترد في المصادر القديمة ولدى المفسرين الذين سبقوه. ومن اللافت أيضا أن ابن عاشور يرى أن بني إسرائيل هم يهود دولة إسرائيل، وذلك خلافا لبعض المؤلفين الإسلاميين المعاصرين الذين يدعون أن اليهود المعاصرين ليسوا في الحقيقة من نسل بني إسرائيل القدماء.

تقدم جميع هذه التفسيرات القصة الأساسية نفسها وذات الروايات التي تنتمي إليها المصادر القديمة. ويمكن القول إن مفسري القرآن وحدهم، بل القرآن نفسه أيضا، يحتوي إلى حد كبير تفاصيل تاريخية حول علاقة بني إسرائيل بالقدس وبمكان المعبد. إن ذكر المسجد\ المعبد اليهودي الذي في القدس وخرابه، المدينة الخربة والعظام اليابسة، تتعلق كلها بروايات معروفة ومعتمدة تحكي عن بني إسرائيل القاطنين في القدس وفي مركزها مكان العبادة، أي الهيكل.

المصادر الأدبية والجغرافية

إن حقيقة كون الهيكل اليهودي معروفا في المصادر الأدبية المختلفة تشير إلى مدى اتساع اعتراف الثقافة الإسلامية بالعلاقة اليهودية بجبل الهيكل، وإلى أن الإسلام هو في الحقيقة امتداد لرواية التوحيد التي بدأت في الديانة اليهودية.

كتب الرحالة وعالم الجغرافيا المقدسي الذي عاش في القرن العاشر، محمد بن أحمد شمس الدين المقدسي، كلاما يرى أن موضع المسجد الأقصى وقبة الصخرة يرتبطان بأسس بناء الملك داود:

> ...برك عظيمة بركة بني إسرائيل بركة سليمان بركة عياض عليها حمّاماتهم لها دواع من الأزقة، وفي المسجد عشرون جبًا متبخرة، وقل حارة إلاّ وفيها جُبٌّ مسبّل غير أن مياهها من الأزقة، وقد عمد إلى واد فجعل بركتان يجتمع إليهما السيول في الشتاء، وشق منها قناة إلى البلد تدخل وقت الربيع فتملأ صهاريج الجامع وغيرها. وأما المسجد الأقصى فهو على قرنة البلد الشرقي نحو القبلة، أساسه من عمل داود طول الحجر عشرة أذرع وأقل منقوشة موجّهة مؤلفة صلبة وقد بنى عليه عبد الملك بحجارة صغار حسان وشرفوه وكان أحسن من جامع دمشق، لكن جاءت زلزلة في دولة بني العباس، فطرحت المغطى إلا ما حول المحراب فلما بلغ الخليفة خبره قيل له: لا يفي بردّه إلى ما كان بيت مال

> المسلمين، فكتب إلى أمراء الأطراف وسائر القوّاد أن يبنى كلّ واحد منهم رواقاً فنبوه أوثق وأغلظ صناعة مما كان وبقيت...[138]

يكتسب كلام المقدسي أهمية بالغة لأنه من سكان القدس، ويمكن القول إنه يعرض العقيدة الرائجة في مدينته.

هناك كاتب آخر يدعى أحمد بن ربه الأندلسي (وهو شاعر وكاتب عاش في القرن العاشر ويُعرف باسم ابن عبد ربه) يعرض في كتابه "العقد الفريد"[139] عدة روايات حول علاقة أنبياء بني إسرائيل بموقع المسجد في القدس. وهو يكتب تحت عنوان بقايا الآثار التي خلفها الأنبياء عليهم السلام في بيت المقدس:

> وفي المسجد باب داود عليه الصلاة والسلام وباب سليمان بن داود عليهما الصلاة والسلام وباب حطة التي ذكرها الله تعالى في قوله تعالى: وَقُولُوا حِطَّةٌ، وهي قول لا إله إلا الله؛ فقالوا: حنطة، وهم يسخرون، فلعنهم الله بكفرهم؛ وباب محمد صلّى الله عليه وسلّم، وباب التوبة الذي تاب الله فيه على داود، وباب الرحمة التي ذكرها الله تعالى في كتابه: لَهُ بابٌ باطِنُهُ فِيهِ الرَّحْمَةُ وَظاهِرُهُ مِنْ قِبَلِهِ الْعَذابُ.
>
> يعني واد جهنم الذي بشرقي بيت المقدس، وأبواب الأسباط أسباط بني إسرائيل وهي ستة أبواب؛ وباب الوليد، وباب الهاشمي، وباب الخضر، وباب السكينة وفيه محراب مريم ابنة عمران رضي الله عنها، الذي كانت الملائكة تأتيها فيه بفاكهة الشتاء في الصيف وفاكهة الصيف في الشتاء؛ ومحراب زكريا الذي بشرته فيه الملائكة بيحيى وهو قائم يصلي في المحراب، ومحراب يعقوب، وكرسي سليمان صلوات الله عليه، الذي كان يدعو الله عليه، ومغارة إبراهيم خليل الرحمن عليه الصلاة والسلام التي كان يتخلى فيها للعبادة، والقبة التي عرج النبي صلّى الله عليه وسلّم منها إلى السماء، والقبة التي صلّى فيها النبي صلّى الله عليه وسلّم بالنبيين، والقبة التي كانت السلسة تهبط فيها زمان بني إسرائيل للقضاء بينهم، ومصلى جبريل عليه السلام، ومصلى الخضر عليه السلام.[140]

وفيما بعد يضيف قائلا:

> والأنبياء كلهم من بيت المقدس، والأبدال كلهم من بيت المقدس، وأوصى آدم وموسى ويوسف وجميع أنبياء بني إسرائيل صلوات الله عليهم أن يدفنوا ببيت المقدس.

العقد الفريد هو كتاب روايات ينتمي إلى ما يعرف بـ "الأدب"[141] وهو ليس بالضرورة كتابا علميا. ولكنه يحكي عن المعتقدات والروايات التي كانت شائعة في الرواية الإسلامية في القرن العاشر.

وقد سبقه كتاب آخر، ينتمي هو الآخر إلى "الأدب"، يحمل اسم "عيون الأخبار"[142]، لمؤلفه عبد الله بن قتيبة الدينوري[143]، الذي عاش في القرن التاسع، ويتضمن أحاديث وروايات أخرى تدل على علاقة أنبياء بني إسرائيل بموضع الهيكل. وتحكي إحدى تلك الروايات عن صلاة عزرا:[144]

> حدّثني عبد الرحمن بن عبد المنعم عن أُميّة عن وَهْب بن مُنَبِّه أنه قال: كان في مناجاة عُزَيْرٍ: اللهم إنك اخترْت من الأنعام الضائنة، ومن الطير الحمامة، ومن النبات الحُبْلة، ومن البيوت بكّة وإيلياء، ومن إيلياءَ بيت المقدس.

هناك مصدر آخر يجدر ذكره وهو كتاب عالم الجغرافيا الإدريسي الذي عاش في القرن الثاني عشر[145]. وعندما يأتي إلى وصف "بيت المقدس" يقول ما يلي:

> وعلى المقبرة المقدسة من القناديل المعلقة على المكان خاصة ثلاثة قناديل ذهب وإذا خرجت من هذه الكنيسة العظمى وقصدت شرقا ألفيت البيت المقدس الذي بناه سليمان بن داؤود عليه السلام وكان مسجدا محجوجا إليه في أيام دولة اليهود ثم انتزع من أيديهم وأخرجوا عنه إلى مدة الإسلام فكان معظما في ملك المسلمين وهو المسجد المعظم المسمى بالمسجد الأقصى عندهم وليس في الأرض كلها مسجد على قدره إلا المسجد الجامع الذي بقرطبة من ديار الأندلس...[146]

يتضح من المصادر أن كاتبا إسلاميا عاش في القرن الثاني عشر يرى أن بني إسرائيل هم اليهود المعاصرون.

كما يتضح أن عالم الجغرافيا أبو بكر الهمذاني،[147] الذي عاش في القرن العاشر، يحكي روايات وقصصا تتعلق ببيت المقدس، وجاء في إحدى تلك الروايات:

> وعن وهب بن منبه قال: أمر إسحاق ابنه يعقوب ألا ينكح امرأة من الكنعانيين، وأن ينكح من بنات خاله لابان، وكان مسكنه الفَدَان، فتوجّه إليه يعقوب فأدركه في بعض الطريق تعب، فبات متوسدا حجراً، فرأى فيما يرى النائم كأن سلّماً منصوباً إلى باب السماء عند رأسه، والملائكة تنزل منه وتعرج فيه، وأوحى الله عز وجل إليه أني أنا الله لا إله إلا أنا أنا إلهك وإله آبائك إبراهيم وإسماعيل وإسحق، وقد ورثّتك هذه الأرض المقدسة وذريتك من بعدك، وباركت فيك وفيهم، وجعلت فيكم الكتاب والحكم والنبوة، ثم أنا معك حتى أردّك إلى هذا المكان، فأجعله بيتاً تعبدني فيه وذريتك. فيقال: إن ذلك بيت المقدس، ومات عنه داود (عم) فلم يتم بناءه، وأتمّه سليمان. فأخرجه بُخْت نصَّر، فمرّ عليه شَعْيا فرآه خراباً فقال: {أَنَّى يُحْيِي هَذِهِ اللَّهُ بَعْدَ مَوْتِهَا فَأَمَاتَهُ اللَّهُ مِئَةَ عَامٍ ثُمَّ بَعَثَهُ}. وابتناه ملك من ملوك فار يقال له كوشك.[148]

هناك رواية أخرى يسوقها الهمذاني تتضمن تفاصيل مشابهة بشأن ابتداء الملك داود البناء واستكمال الملك سليمان له:

> وقال وهب بن منبه: لما أراد الله جلّ وعزَ أن يبني بيت المقدس ألقى على لسان داود فقال: يا ربّ ما هذا البيت؟ فأوحى الله عز وجل إليه: يا داود هذا محلّة رسلي. وأهل مناجاتي، وأقرب الأرض إلى فصل الفضاء يوم القيامة، ضمنتُ ألا يأتيه عبد كثرت ذنوبه. وخطاياه إلا غفرت له، ولا يستغفرني. إلا غفرت له وتبت عليه. قال: يا رب وارزقني أن آتيه. فأوحى الله عزّ وجلّ إليه: يا داود لا يخالط من التبست كفّاه بالدنيا. قال: يا رب أما قبلت توبتي وأعطيتني رضائي. فأوحى الله عزّ وجلّ إليه: أن البيت طاهر طهرته من الذنوب، وغسلته من الخطايا، فلذلك منعتك بناءَه حتى يُجْرى بناءه على يدي نبيّ من أنبيائي تقي الكفّين. وقد كان داود أسس أساس المسجد حتى ارتفعت الجُدُر، فأوحى الله جلّ وعزّ إليه يأمره أن يُمسك عن البناء، ويعلمه أن الذي يتولّى بناءه من بعده ابنه سليمان وأنه قد جعل له اسم ذلك البناء، وبشّره بما يعطي سليمان بعده من عظيم الملك، فلما أوحى الله جلّ وعزّ إلى داود بذلك أمسك عن البناء.[149]

وهناك رواية أخرى تحكي عن فرحة الملك سليمان عندما فرغ من بناء الهيكل:

فلما فرغ من بنائه، اتخذ سليمان ذلك اليوم عيداً في كل سنة، وجمع عظماء بني إسرائيل وأحبارهم فأعلمهم أنه بناه لله جل وعزّ، وأن كل شيءٍ فيه خالص لله، ثم قام على الصخرة رافعاً يديه إلى الله جلّ وعزّ وحمده ومجّده وقال: اللهم أنت قويتني على بناء هذا المسجد، وأعنتني عليه، وسخّرت لي الجن والشياطين والريح والطير، اللهم أوزعني شكر نعمتك عليّ وعبادتك، وأعني، وتوفني على ملّتك، ولا تُزغ قلبي بعد إذ هديتني، وهب لي ذلك، اللهم إني أسألك لمن دخل هذا المسجد خمس خصال فاستجبها لي يا إله العالمين...[150]

ويقول عن مقاييس الهيكل العجيبة:

ويقال: إن طول مسجد بيت المقدس ألف ذراع، وعرضه سبع مائة ذراع، وفيه أربعة آلاف خشبة، وسبع مائة عمود، وخمس مائة سلسلة نحاس، ويُسرج فيه كل ليلة ألف وستمائة قنديل، وفيه من الخدم مائة وأربعون خادماً، وفي كل شهر له مائة قسط زيت، وله من الحُصُر في كل سنة ثمان مائة ألف ذراع، وفيه خمسة وعشرون ألف حُبّ للماء، وفيه ستّة عشر تابوتاً للمصاحف المسَّبلة، وفيها مصاحف لا يستقلّها الرجل، وفيه أربع منابر للمطّوعة وواحد للمرتزقة، وله أربعة مياضئ، وعلى سطوح المسجد مكان الطين خمسة وأربعون ألف صحيفة...[151]

وهناك مصدر آخر هو مؤلف للإمام الحنبلي أحمد بن تيمية، الذي عاش في القرن الرابع عشر.[152] يُعرف عن ابن تيمية أنه قاوم بعناد شديد وبلا هوادة التيارات والأفكار الإسلامية التي تخالف آراءه وأفكاره، كما قاوم الروايات المشبوهة المتعلقة بقدسية الأماكن المختلفة التي كان المسلمون يحجون إليها، كقبور الأولياء والأماكن المنسوبة لحياة الأنبياء. وهو يشرح في كتابه "قاعدة في زيارة بيت المقدس"[153] الصحيح وغير الصحيح في نظره بالنسبة للقدس عموما، وبالنسبة لمنطقة المساجد خصوصا. وهو يؤكد أن المساجد وحدها لها صفة القداسة دون غيرها، وهي أيضا أقل مكانة من المساجد التي في مكة المكرمة والمدينة المنورة. أما علاقة الملك سليمان بالمكان فإنه يتقبلها بلا تحفظ، وهو يسوق رواية تتعلق بصلاة سليمان تقول:

وقد روي من حديث رواه الحاكم في صحيحه، أن سليمان عليه السلام سأل ربه ثلاثاً: ملكاً لا ينبغي لأحد. من. بعده، وسأله. حكماً يوافق. حكمه، وسأله. أنه. لا يؤم أحد هذا البيت لا يريد إلا الصلاة فيه إلا غفر له. ولهذا كان ابن عمر رضي

> الله عنه يأتي إليه فيصلي فيه، ولا يشرب فيه ماء لتصيبه دعوة سليمان لقوله "لا يريد إلا الصلاة فيه".[154]

وفيما بعد يوجه نقدا شديدا لمن يجلب إلى الأقصى غنماً أو بقراً ليذبحها ضحية، أو يمارس هناك شيئا من طقوس الحج، لأن تلك الطقوس تقتصر على مكة وحدها. وفي سياق ذلك يوجه نقدا لاذعا لمن يتوهم أن القرب من الصخرة هو قرب من الرب ويشرح الفرق بين بناء سليمان والبناء الذي بناه عمر بن الخطاب:

> من اتخذ الصخرة اليوم قبلة يصلي إليها فهو كافر مرتد يستتاب فإن تاب وإلا قتل مع أنها كانت قبلة لكن نسخ ذلك فكيف بمن يتخذها مكاناً يطاف به كما يطاف بالكعبة؟ والطواف بغير الكعبة لم يشرعه الله بحال، وكذلك من قصد أن يسوق إليها غنماً أو بقراً ليذبحها هناك، ويعتقد أن الأضحية فيها أفضل، وأن يحلق فيها شعره في العيد أو أن يسافر إليها ليعرف بها عشية عرفة. فهذه الأمور التي يشبه بها بيت المقدس في الوقوف والطواف والذبح والحلق من البدع والضلالات ومن فعل شيئاً من ذلك معتقداً أن هذا قربة إلى الله فإنه يستتاب فإن تاب وإلا قتل كما لو صلى إلى الصخرة معتقداً أن استقبالها في الصلاة قربة كاستقبال الكعبة. ولهذا بنى عمر بن الخطاب مصلى المسلمين في مقدم المسجد الأقصى. فإن المسجد الأقصى اسم لجميع المسجد الذي بناه سليمان عليه السلام. وقد صار بعض الناس يسمي الأقصى المصلى الذي بناه عمر بن الخطاب رضي الله عنه في مقدم والصلاة في هذا المصلى الذي بناه عمر للمسلمين أفضل من الصلاة في سائر المسجد.[155]

وهو يسوق في سياق ذلك الرواية المذكورة أعلاه عن عمر بن الخطاب وكعب الأحبار والنقاش حول مكان بناء المسجد. وفيما بعد يقول إن الحكماء والفقهاء لم يكونوا يقدسون الصخرة، حجر التأسيس، لأنها قبلة منسوخة، في إشارة منه إلى أن النبي محمدا (ص) غير قبلة الصلاة من القدس إلى مكة المكرمة. وهو يعترف في كلامه بقدسية القدس بالنسبة لليهود والنصارى:

> وأما أهل العلم من الصحابة والتابعين لهم بإحسان فلم يكونوا يعظمون الصخرة، فإنها قبلة منسوخة كما أن يوم السبت كان عيدا في شريعة موسى عليه السلام ثم نسخ في شريعة محمد صلى الله عليه وسلم بيوم الجمعة.

> فليس للمسلمين أن يخصوا يوم السبت ويوم الأحد بعبادة كما تفعل اليهود والنصارى. وكذلك الصخرة إنما يعظمها اليهود وبعض النصارى.[156]

يُستدل مما تقدم أن ابن تيمية يعترف بأن اليهود كانوا على مر التاريخ يقدسون ويصلون نحو الصخرة كما يعترف ابن تيمية بأن الملك سليمان بنى معبد في المكان.[157]

ابن تيمية هو مصدر إلهام هام بالنسبة للجماعات الإسلامية الراديكالية والسلفية ولذلك يكتسب هذا المصدر أهمية قصوى في عصرنا الحاضر.

خلاصة

يتناول الفصل الأول بالتحليل الرواية التاريخية التي تسوقها المصادر الإسلامية القديمة بالنسبة للعلاقة اليهودية القديمة بجبل الهيكل. ويتضح من مراجعة النصوص المختلفة أن العديد من المؤلفين، على اختلاف أنواعها الأدبية، يروون القصة ذاتها، مع اختلافات طفيفة، التي تشير إلى أن علاقة اليهود بجبل الهيكل مستوعَبة بقوة في الثقافة العربية والإسلامية في العصور الوسطى وفي العصر الحديث. القصة الرائدة من بين تلك القصص هي القصة التاريخية المعتمدة في الثقافتين اليهودية والمسيحية وهي تتكون من عدة مراحل متفق عليها بين الجميع: قيام الملك داود والملك سليمان ببناء الهيكل الأول في موضع الصخرة في جبل الهيكل في القدس. كان هذا المعبد ذا أهمية كبيرة بالنسبة لليهود وبُني بإتقان شديد وتُنسب له مكانة خاصة وقداسة قصوى. وتعرض هذا الهيكل للدمار والخراب على أيدي البابليين بزعامة بختنصر (كجزء من خراب مملكة يهودا). وبعد النزوح من بابل حصل النازحون من بني إسرائيل على إذن من كورش ملك فارس بالعودة إلى ديارهم وبناء الهيكل الثاني وهكذا فعلوا. تعرض الهيكل الثاني, للدمار والخراب على أيدي الرومان بزعامة ططوس، ثم نزح بنو إسرائيل من بلادهم مرة أخرى. وثمة روايات أخرى تؤكد أن أوائل المسلمين اعترفوا هم أيضا بالرواية اليهودية وبعلاقة اليهود بجبل الهيكل والصخرة.

خلاصة الأمر هي أن الرواية التاريخية الإسلامية تتبنى الرواية في الكتب المقدسة بشأن التاريخ المعتمد في الثقافتين اليهودية والمسيحية بشأن القدس وموقع جبل الهيكل. يتناول الفصل التالي بالتحليل مصادر إسلامية معاصرة تضع علامة سؤال على كل مركب من مركبات القصة التي ترويها المصادر الإسلامية القديمة.

2. المصادر الإسلامية المعاصرة

عرضنا في مقدمة الكتاب ظاهرة رائجة في الخطاب الفلسطيني وفي العالم الإسلامي بمجمله في عصرنا الحاضر بشأن نفي علاقة اليهود بجبل الهيكل. يعود تاريخ نفي أي علاقة بين اليهود وجبل الهيكل إلى تاريخ الصراع اليهودي العربي، وبالتحديد إلى عام 1967 عندما احتلت إسرائيل شرقي القدس. فحتى ذلك الوقت لم تظهر في الخطاب العربي الإسلامي أي تعابير أو صياغات تنفي علاقة اليهود التاريخية بموقع جبل الهيكل. وكما رأينا في الفصل السابق فإن المصادر القديمة تؤكد تلك العلاقة.

سوف نعرض في هذا الفصل مصادر مكتوبة لمفكرين ومؤلفين إسلاميين معاصرين يتنكر معظمهم لأي علاقة ممكنة بين موقع جبل الهيكل وبني إسرائيل والشعب اليهودي المعاصر. ولا يلتفت بعض هؤلاء المفكرين والمؤلفين البتة إلى المصادر الإسلامية القديمة التي تناولناها في الفصل الأول، في حين يحاول البعض الآخر منهم التعامل مع تلك المصادر والتعرض لها بادعاء أن المصادر العربية القديمة تقتبس روايات منحازة ليست ذات مصداقية. كما سنعرض المؤلفين المسلمين المعاصرين الذين خرجوا عن الإجماع واعترفوا بالتاريخ اليهودي لجبل الهيكل.

الكتب المعاصرة التي تنفي العلاقة بين اليهود وجبل الهيكل

المؤلفات الفكرية: الهيكل كمؤامرة صهيونية

ساهم سقوط شرقي القدس بأيدي إسرائيل سنة 1967، وترسيخ الطابع الديني للصراع العربي الإسرائيلي، في ظهور مؤلفات فكرية جدالية لمؤلفين عرب ومسلمين يتناولون هذه الإشكالية. هذه المؤلفات لا تقدم فكرا متناسقا، ومن أبرز تلك المؤلفات كتاب "القدس بين الحقيقة العربية والوهم الصهيوني"[158] من إعداد البروفيسور حسن عليان الأردني، وهو عبارة عن مجموعة محاضرات ألقيت في جامعة فيلادلفيا في عمان سنة 2001 ضمن مؤتمر يوم القدس الأردني، الذي نظمته "لجنة المؤتمر الإسلامي العام لشؤون القدس"، بالتعاون مع وزارة التربية والثقافة الأردنية. أما مؤلفو الكتاب فهم أناس يعنون بقضية القدس في الأردن، وأكاديميون وسياسيون.

يتناول محرر الكتاب، حسن عليان، بالتفصيل، في مقدمة كتابه، الغاية من إصدار الكتاب فيقول:

> لقد تعرضت مدينة القدس خلال تاريخها الطويل لموجات من الهجمات الخارجية، ولمحاولات إلباسها هوية لا تنتمي إليها، ولكنها جميعاً باءت

بالفشل. وكان آخر هذه الموجات غزوة الحركة الصهيونية في القرن العشرين، التي تبنتها دول الغرب الصناعية لإنشاء وطن قومي لليهود في فلسطين، لتظل لها الهيمنة السياسية والاقتصادية، ولتحول دون وحدة الأمة العربية، حتى تفرض إرادتها وشروطها وإملاءاتها...

وقد بين الباحثون أن الدولة العبرية أنشئت على قاعدة الوهم المزعوم بحقها التاريخي في فلسطين، وبؤرة هذا الوهم الادعاء التاريخي بوجود الهيكل، على الرغم من أن فكرة الهيكل ليست إلا من مخيلة الفكر الصهيوني وأوهامه، حتى تستطيع الحركة الصهيونية استقطاب يهود العالم إلى أرض الميعاد المدعاة.[159]

تتطرق هذه المقدمة إلى الفكرة القائلة إن الهيكل كان موجودا على جبل الهيكل كفكرة يهودية فقط، وهي ليست سوى وسيلة لخدمة الحركة الصهيونية تهدف إلى إضفاء البعد الديني على الصراع الذي تخوضه. كما تنظر هذه المقدمة إلى مسألة وجود هيكل يهودي على أنها كذبة، والجمع بين هذه الادعاءات والواقع الجيوسياسي الحديث يظهر هو الآخر بأشكال مختلفة في العديد من مؤلفات الأكاديميين الإسلاميين المعاصرين.

يشكل أحد المقالات التي يتضمنها الكتاب نموذجا آخر لهذه النظرية، وهو المقال الذي كتبه محمود عواد من "اللجنة الملكية الأردنية لشؤون القدس"،[160] إذ يكشف المؤلف في مقدمة مقاله عن نواياه فيقول: "طرح المخاطر التي يواجهها المسجد الأقصى ومتابعة الممارسات التي تقوم بها الجهات الرسمية والخاصة في إسرائيل سعيا إلى بناء الهيكل. ويتناول المؤلف في معرض طرحه للأمور مسألة الوجود التاريخي لمعبد يهودي على جبل الهيكل. ويستهل هو الآخر كلامه بالدافع الراهن الذي يدفعه إلى طرح هذه الأمور:

> نظراً لما شهده المسجد الأقصى من اعتداءات إسرائيلية متكررة منذ احتلاله عام 1967، ولما شهدناه قبيل إندلاع انتفاضة الأقصى وبعدها، من محاولات وضع ما يسمى "حجر الأساس للهيكل" المزعوم، وإصدار ما يسمى "المحكمة العليا" الإسرائيلية قراراً بالسماح بذلك، وما تناقلته الأنباء عن الانتهاء من إعداد التصاميم والمخططات اللازمة لبناء "كنيس" في ساحة المسجد الأقصى، فقد بات من الضروري، تتبع الحركات والخطط الإسرائيلية لإنشاء "الهيكل"، لمعرفة مدى جديتها في ذلك.[161]

بعد هذه المقدمة يُسهب المؤلف في تناول مجمل القضايا المرتبطة بمسألة "الهيكل المزعوم"، ابتداء من أصل كلمة "هيكل"، مرورا بمناقشة الأوصاف الواردة في كتب التوراة،

وانتهاء بالدراسات والأبحاث التي تتناول جيولوجيا جبل الهيكل وأنه من غير المعقول أنه بُني فيه مبنى كبير في العصور القديمة. وهو. يخلص من. ذلك. إلى نتيجة حتمية هي. أنه. لا أساس من الصحة للادعاء بالوجود التاريخي لمعبد يهودي على جبل الهيكل. ويضيف أن هذه الادعاءات بشأن الهيكل ليست سوى جزء من مجمل الجهود والمساعي الإسرائيلية والصهيونية للتسبب بخراب المسجد الأقصى سعيا إلى بناء الهيكل مكانه. وفي نهاية مقاله يطرح المؤلف موجزا لتصوراته والخلاصة المستفادة منها:

> إذا أخذنا في الحسبان أن كاتباً مثل د. إسحق رايتر في كتابه (هارهبيت، نقاط الاتفاق والاختلاف) الذي نشره مركز القدس للدراسات الإسرائيلية، والذي يعدّ مركزاً للفكر "اليساري"، وكاتباً آخر مثل د. دوري جولد مستشار شارون، في كتابه (القدس: الحل النهائي)، الذي نشره مركز يافي، ممثل الفكر اليميني فإننا نجد إصرار الفكر اليهودي على ضرورة أن تكون لإسرائيل "سيادة" على نحو ما في المسجد الأقصى...
>
> فإن ذلك يعني حقيقة مؤكدة واحدة، وهي أن اليهود المتدينين واليهود اليمينيين، بل وحتى بعض اليساريين العلمانيين، يسعون جادين للسيطرة على المسجد الأقصى، تمهيداً لإقامة "الهيكل" المزعوم في حرمه، للتخلص منه ومن قبة الصخرة المشرفة، وتطهيراً لجبل الهيكل، كما يزعمون، من هذه المباني الوثنية. وهم يربطون بين بناء "الهيكل"، ومجيء الماشياخ أي مسيحهم المنتظر ليخوض معركة هارمجدو التي تنذر بنهاية العالم، حيث يسيل الدم على مسافة (200) مائتي ميل ليبلغ ألجمة الخيل. لاعتقادهم أن مشياخ اليهود سوف يهزم كل حكام العالم، لتصبح لليهود الغلبة والانتصار على أمم الأرض، وليحكم الماشياخ ألف سنة أو عدة آلاف، مما يعني نهاية العالم التي "بشر" بها هال ليندسي.
>
> ونستنتج مما سبق، أن اليهود قد أخذوا فكرة "الهيكل" أو المعبد (أو المذبح) عن الكنعانيين وغيرهم من (العرب) المنتشرين في بلاد الشام والعراق ومصر، وأن التوراة لم تعين موضع الهيكل، ناهيك عن اعتقادهم تحديداً أنه في موقع الحرم القدسي الشريف الحالي، رغم أنه ليس هناك من دليل على أنه كان قائماً أصلاً. وإذا كان موجوداً ذات يوم، فإنه لا يزيد عن كونه مكاناً عادياً بسيطاً محته الرياح والسنون. ولم يكن بالتأكيد بالكيفية الواردة في التوراة أو في حديث المؤرخ اليهودي يوسيفوس.[162]

تعكس هذه الخلاصة طبيعة النقاش الذي يميز المقال كله. فاليهود متهمون كلهم، سواء كانوا من اليمين أو اليسار، من المتدينين أو العلمانيين، باتهامات مختلفة تصل أحيانا إلى استخدام نبرة معادية للسامية بدعوى أن اليهود يسعون إلى السيطرة على العالم برمته. وقد وضع المؤلف نصب عينيه أن يثبت أن لدى اليهود مخططا شاملا لتخريب المساجد التي في رحاب المسجد الأقصى، سعيا منهم إلى بناء الهيكل المزعوم كجزء من مسعى يهدف إلى إلى جلب نهاية العالم. هذا الأسلوب يميز الكثير من المؤلفات التي تتناول الموضوع، والتي تجمع بين عدة ادعاءات من أنواع مختلفة بهدف زعزعة النظرية اليهودية ولكن دون اعتماد البحث الدقيق لكل ادعاء. وفي هذا السياق يستخدم المؤلف التصريح الذي يرى أنه لا أساس من الصحة لوجود هيكل يهودي، دون أن يكلف نفسه عناء الالتفات إلى حقيقة أن المصادر الإسلامية القديمة تعترف بهذا الهيكل. كما يتناول المؤلف الأوصاف التوراتية للهيكل ويسخرها لغاياته الخاصة ولكنه يتجاهل المصادر الإسلامية القديمة.

مثال آخر هو المقال الذي يحمل عنوان "ما هو هيكل سليمان" لمؤلفه رائد سوسي،[163] ونشر في موقع الإنترنت "موضوع".[164] ويجدر الانتباه إلى الفرق بين مستهل المقال وخاتمته. وهنا أيضا يستهل المقال بمقدمة حول أهمية الموضوع.

> سُليمان بن داود عليهما السلام، هو نبيٌّ من أنبياء الله الصالحين، أتاهُ اللهُ حكمةً كبيرة، ومُلكاً عظيماً، وسخّر له الجنّ والريح والطير يطيعونه فيما يأمرهم، فهو الذي سمع نملة تَأْمُرُ جماعةَ النملِ أن يدخلوا في مساكنهم؛ حتى لا يحطمهم سليمان وجنوده، وهو الذي حاور الهُدهد لَمَّا جاءه بخبرِ ملكة تعبد الشمس من دون الله، وهي (ملكة سبأ، الملكة بلقيس)، وهو الذي أمر الجنيَّ أن يأتيه بعرشِ (بلقيس) بلمح البصر، وقد قامَ سليمان عليه السلام بعمارة البيت المقدس، وأقام سورا حول مدينة القدس، واستمر في ذلك سبع سنوات، وبعد انتهاءه من عمارة وإعادة تجديد بيت المقدس قام عليه السلام ببناء هيكل عظيم، (والهيكل هو مكان للتعبد فيه، تماما كالمسجد عند المسلمين أو الكنيسة عند المسيحيين)، وأتمَّ بناء هذا الهيكل بعد ثلاثةَ عشر عاماً، ويُعد هيكل سليمان نقطة محورية وساخنة في صراعِ المسلمين مع اليهود، حيث يعتقدُ اليهود أنَّ هذا الهيكل موجودٌ في مكانٍ ما بالقدس الشرقية، وتحديداً تحت المسجدِ الأقصى، بينما يعتقد المسلمون أنَّ البحث والتنقيب عن هذا الهيكل المزعوم ما هو إلاَّ مخطط يهودي لتدمير المسجد الأقصى، ولكي يتضح الأمر لنا، سوف نقوم فيما يلي بتتبع تاريخ هذا الهيكل، ثم نُوضِّح أسبابَ اعتقاد اليهود بوجودِ الهيكل أسفل المسجد الأقصى، وبعدها نوضح أسبابَ اعتقاد المسلمين بأنّه مخططٌ لهدمِ المسجد الأقصى.

من هنا يبدأ المقال باستعراض تاريخي موجز تحت عنوان "هيكل سليمان في التاريخ":

> لقد أتمَّ سُليمانُ عليه السلام بناء هيكل عظيم؛ لغرض التَّعَبُّدِ ولحفظِ الوصايا العشر فيه. في العام خمسمائةٍ وسبعةٍ وثمانين قبل الميلاد (587 ق.م)، حاصرَ نبوخذ نصر (ملك بابل) مدينة أورشليم (القدس) التي كانت عاصمة مملكة يهودا، واستمر هذا الحصار لمدة سنة كاملة؛ ذلك لأنَّهم تمردوا عليه وعصوه مرتين، فرفضوا أن يدفعوا الجزية له، كما واستعانوا بالمصريين لمحاربة البابليين، وبعد سنةٍ من الحصار دخل البابليون مدينة القدس، فَسَبُوا كلَّ من فيها بما فيهم الملك، وقاموا بحرق الهيكل.
>
> في العام خمسمائة وتسعة وثلاثين قبل الميلاد (539 ق.م)، أسقطَ ملكُ الفُرس (قوروش) البابليين، وسمحَ لليهود بالعودة إلى أورشليم، كما أعطى الإذن لهم بإعادة بناء هيكل سليمان، فأعطاهم المال الوفير، وأعطاهم كلَّ ما سُلبَ من الهيكل على عهد البابليين.
>
> في العام مائة وخمس وستون قبل الميلاد (165 ق.م)، قام الملك السلوقي (أنطيخوس الرابع) بتحويلِ هيكل اليهود إلى معبد لما يُسمى والعياذ بالله (الإله زيوس)، كما أرغمَ اليهود على اعتناق الوثنية؛ وذلك لمَّا علم أنهم سوف يتآمرون على حكمه.
>
> في عام ثلاثة وستين قبل الميلاد (63 ق.م)، دخل القائد (بومبي) أورشليم، وهو من قادة الرومان، فأعطى اليهود حُكماً ذاتياً، واستمرَ الحالُ على ذلك حتى العام الميلادي سبعين، وفيه تَمرَّدَ اليهودُ على الرومان، فقام القائد (تيتوس) بحرقِ الهيكل وقام بقتل عددٍ من اليهود، وقد كانت هذه آخر المرات التي تم حرق وهدم الهيكل فيها.

يعرض المقال حتى هنا التسلسل الملائم لروايات المصادر الإسلامية القديمة التي طرحت في الفصل الأول. وهو يتوجه من هنا إلى استعراض ما يعتبره المفهوم اليهودي تحت عنوان "رواية اليهود بشأن الهيكل المزعوم":

> لقد وصَفت التوراة عند اليهودِ هيكلَ سُليمان بأحلى الأوصاف، وأبهى العبارات، فهو مركزُ عبادتهم قديما، ورمز تاريخهم، وقد بناهُ الملك سليمان بسبعِ سنوات، مُستعينا بمائة وثمانين ألف عامل، وأنَّ الغزاة دمروه وأحرقوه طمعاً بما فيه من خيرات، وأنَّه أُعيد بناءه في فترة ستٍ وأربعين سنة أخرى في

> عهد ملك صالح، كما كتبوا في وصف محتوياته وأبوابه وأسواره وساحاته وأجزائه. ما هو الهيكل عند اليهود يدَّعي اليهود أنَّ هذا الهيكل قد بناه مَلِكُهُم سُليمان فوق جبل الهيكل أو جبل موريا، (وهو جبل بيت المقدس الذي يقع عليه المسجد الأقصى وقبة الصخرة)، كما يدّعي اليهود على غير حق أنَّ حائط البراق (وهو حائط المبكى بالنسبة لهم) هو من بقايا هذا الهيكل المزعوم، ويدَّعي بعض اليهود خصوصاً الأشكنازية منهم، أنّ هذا الهيكل تحت الحرم القدسي، كما يعتقد بعضهم أنَّ الهيكل قد بُنِيَ على جبلِ جرزيم بنابلس، ويرى بعض المؤرخين اليهود أن هذا الهيكل لا أساس لوجوده وأنه محضُ خُرافات.

يتمكّن سوسي الخلافات بين اليهود بشأن مكان الهيكل، بيد أنه يتجاهل المصادر الإسلامية القديمة.

وبالنسبة للتاريخ يرى المؤلف أن اليهود منقسمون على أنفسهم في هذه المسألة، ولكنه عندما يتحدث عن تطلعات اليهود ومساعيهم لإعادة بناء الهيكل يعتمد التعميم فيقول:

> صومُ اليهود يوماً في السنة، معتبرين أنّ هذا اليوم هو اليوم الذي هُدِمَ فيه الهيكل. يقومُ اليهود بِتَكْسِير الكأس في طقوس الزواج، لكي يتذكروا هَدْم الهيكل. كما ويعتقد اليهود أنَّ بناء الهيكل سيتم بعد ظهور بقرة حمراء، لا عيبَ فيها، فتُحرقُ بعد ظهورها أو ولادتها بثلاث سنوات، ثم يتم الاغتسال برمادها فيقوم المغتسلون منهم ببناء الهيكل المزعوم.

يُسهب كاتب المقال في طرح ادعائه بأن فكرة إعادة بناء الهيكل قد استغلها قادة الحركة الصهيونية بسخرية من أجل جذب اليهود للانضمام إلى الحركة الصهيونية:

> في بداياتِ القرن التاسع عشر، خرج بعضُ المفكرين اليهود بفكرةِ جمع اليهود في أرض الميعاد، وإقامة الدولة اليهودية، ولتحقيق هذا الأمر كان لابُدَّ من البحثِ عن أسبابٍ مقنعةٍ لإقناع اليهود حول العالم بالهجرة إلى أرض الميعاد تلك، وما من سبب أكبر من انتماء ديني وتاريخي لأرضٍ هُجِّرَ اليهودُ منها، وبالفعل فقد تم اللعب على الوتر الديني والعقائدي، بأن خرجت فكرةُ الهيكل المزعوم وإعادة بناءه من جديد، وأنَّ فلسطين هي أرض اليهود التي هُجِّروا منها عُنوة منذ زمن، وأنَّ القدسَ هي عاصمةُ الدولةِ اليهودية، لقد كبرت الفكرة شيئاً فشيئاً...

وهو يتابع في وصف محاولات اليهود السيطرة على القدس من أجل بناء "الهيكل المزعوم"، ويذكر سلسلة من الأحداث التاريخية التي يعتقد أنها تشير إلى وجود محاولات مستمرة لـلمس بـالمسجـد الأقصى يـقوم بـها الـيهود. وهـو يـذكـر مـن بين تـلك الأحـداث "ثـورة البراق" (أحداث 1929) التي اندلعت على إثر الخلاف على السيطرة على حائط المبكى، وإحراق المسجد الأقصى سنة 1969 والمساعي الرامية إلى تهويد القدس، والحفريات التي يرى المسلمون أن اليهود يقومون بها تحت جبل الهيكل بهدف تقويض المسجد. وفي نهاية المقال يوجز المؤلف الأسباب التي تدفع بالمسلمين إلى القول إن قصة "الهيكل المزعوم" كلها هي من اختراع اليهود لا لشيء إلا لتقويض المسجد الأقصى:

> أنّ التوراة التي بين أيديهم قد قام أحبارهم وحاخاماتهم بتحريفها لكي تتفق مع أهوائهم، فقد تعدُّوا على كلام الله وحرفوه، وقصة تحْرِيف التوراة قد وردت في القرآن الكريم في عدة مناسبات. تكذيب رواية أن الهيكل المزعوم تحت المسجد الأقصى: فيقول المسلمون كيف لهذا الأمر أن يتم وقد أعاد سليمان بناء الأقصى الذي كان قائما أصلا قبل سليمان بألف سنة (وجاء في ذلك أحاديث صحيحة عن الرسول صلى الله عليه وسلم)، ثم قام سليمان ببناء الهيكل وهذا حسب الرواية اليهودية، كما أن المسجد الأقصى يوجد على الجبل المقدس، فإذا كان الهيكل تحته فهل تم الحفر في الجبل وبناء الهيكل؟! اختلاف وجهات النظر فيما بينهم، فمنهم من يقول أنّه تحت الأقصى ومنهم من يقول أن هو المسجد الأقصى ومنهم من يقول أنه على جبل جرزيم ومنهم من أنكر وجوده معتبر إياه من الخرافات، فلماذا إذن كل هذا الاختلاف وهم يقولون أن ذكر الهيكل موجود في التوراة؟ أم أنّ لكل طائفة منهم توراتهم الخاصة.

هنا أيضا يمكننا أن نرى كيف يستخدم مؤلف المقال بعض الادعاءات بهدف تحقيق غايته السياسية التي تنفي أي صلة بين اليهود وجبل الهيكل، وترى أن كل رواية تشير إلى وجود علاقة بين اليهود والهيكل قد صيغت لغايات سياسية.

ليس هذا وحسب، بل إن اللافت هو الخط الفكري الذي يسلكه كاتب المقال، فهو في البداية يصف وجود هيكل سليمان في القدس تحت عنوان "هيكل سليمان في التاريخ"، ولكنه في النهاية ينفي وجود الهيكل، ويتطرق إليه كرواية يهودية معاصرة فقط، في حين لا يعترف المسلمون بوجوده التاريخي. هـذا الطرح لـلأمور يميز المؤلفات المتعلقة بهذا الموضوع والتي تغفل التناقض الداخلي فيما يُساق من كلام. إن قصة هيكل سليمان، أو

الهيكل الثاني، معروفة لهم، ولكنهم سرعان ما ينفونها باعتبارها مؤامرة صهيونية سياسية معاصرة ليس إلا.

كما يجدر الالتفات إلى أن كاتب المقال يعترف، خلال وصفه للخطر الذي يعترض المسجد الأقصى، بالعلاقة التي حافظ عليها اليهود بشأن الهيكل وبالأمل اليهودي التقليدي بإعادة بنائه، على الرغم من أن ذلك لا ينسجم تماما مع ادعائه بأن فكرة الهيكل هي فكرة حديثة.

الهيكل اليهودي لم يكن في فلسطين

يتضمن كتاب حسن عليان المذكور أعلاه، "القدس بين الحقيقة العربية والوهم الصهيوني"، مقالا للحاج زكي الغول، الذي أشغل في حينه منصب رئيس بلدية الظل لمدينة القدس وعمل من الأردن. والمقال بعنوان "هل كان هناك هيكل حقا؟"،[165] وهو يستهل مقاله بادعاءات أثرية:

> قبل أن أتحدث عن أي هيكل لليهود، أود أن الفت النظر إلى أن الأمم التي تحكمتها، أو أقامت عليها. كالفراعنة في مصر والفنيقيين في مدن البحر المتوسط وخارجه، ومثل الرومان واليونان حينما وصل حكمهم، وكالأشوريين والبابليين، وغيرهم من الأمم التي عمرت الأرض واستقرت فوقها، ثم الدولة الإسلامية في جميع مراحل حكمها.
>
> أما الإسرائيليون، بوجه عام، فلم تكن لهم أية أثار فوق أرض فلسطين تشهد لهم بشيء، مما ادعوا أو يدعون أنه كانت لهم دولة على أرض فلسطين، سواء في نابلس أو في القدس.

ينكر المؤلف إنكارا تاما أي وجود يهودي سيادي ذي قيمة في فلسطين عموما، وفي القدس خصوصا. وهو يحاول إثبات ادعاءاته من خلال مراجعة آيات توراتية وأخرى قرآنية تؤكد، حسب رأيه، أن بني إسرائيل الذين خرجوا من مصر لم يدخلوا الأرض المقدّسة (فلسطين/ أرض إسرائيل) البتة:

> وقد بين كتاب العهد القديم في سفر الخروج/ الإصحاح الثالث عشر/ السطر السابع عشر/ الاتجاه الذي سار فيه بنو إسرائيل عندما خرجوا من مصر بقوله: "وكان لما أطلق فرعون الشعب أن الله لم يهديهم في طريق أرض الفلسطينيين مع أنها قريبة؛ لأن الله قال لئلا يندم الشعب إذا رأوا حرباً ويرجعوا إلى مصر. فأدارا لله الشعب في طريق برية بحر سوف" ويقصد به البحر الأحمر.

ويتضح مما أورده كتاب العهد القديم أن بني إسرائيل لم يأتوا إلى فلسطين، وقد قالوا لموسى عليه السلام عندما لحق بهم فرعون وأدركهم عند شاطئ البحر من جهة الغرب: ألا يوجد في مصر قبور لتأخذنا لنموت في البرية؟ ماذا صنعت بنا حتى أخرجتنا من مصر" سفر الخروج/ إصحاح 14 سطر 11، 12، ثم قالوا: "أليس هذا هو الكلام الذي كلمناك به في مصر قائلين كف عنا فنخدم المصريين، لأنه خير لنا أن نخدم المصريين من أن نموت في البرية"؟ سفرالخروج/ الإصحاح 14، سطر 13.

وتثبت النصوص المنقولة أن بني إسرائيل هربوا من فرعون بحراً وليس فوق رمال فلسطين، ولا حتى فوق رمال سيناء. وقد عززت سور من القرآن الكريم ما ورد في سفر الخروج من مصر كانت بحراً، يقول تعالى من سورة الشعراء: {فَأَتْبَعُوهُمْ مُشْرِقِينَ (60) فَلَمَّا تَرَاءَى الْجَمْعَانِ قَالَ أَصْحَابُ مُوسَى إِنَّا لَمُدْرَكُونَ (61) قَالَ كَلَّا إِنَّ مَعِيَ رَبِّي سَيَهْدِينِ (62) فَأَوْحَيْنَا إِلَى مُوسَى أَنِ اضْرِبْ بِعَصَاكَ الْبَحْرَ فَانْفَلَقَ فَكَانَ كُلُّ فِرْقٍ كَالطَّوْدِ الْعَظِيمِ (63) وَأَزْلَفْنَا ثَمَّ الْآخَرِينَ (64) وَأَنْجَيْنَا مُوسَى وَمَنْ مَعَهُ أَجْمَعِينَ (65) ثُمَّ أَغْرَقْنَا الْآخَرِينَ (66)} (الآيات 60-66). ونجد في سورة البقرة نفس المعنى حيث يوجه سبحانه وتعالى خطابه إلى بني إسرائيل.[166]

حتى هنا يسوق الغول توضيحا يؤكد أن بني إسرائيل لم يصلوا من مصر إلى أرض إسرائيل مباشرة، بل توجهوا أولا نحو البحر، وفيما بعد يتطرق الغول إلى الرواية التوراتية حول الوجود اليهودي في فلسطين ولكنه لا يتقبل تلك الرواية.

يواصل المؤلف فيعرض ادعاءه التالي حيث يفحص ملاءمة التواريخ بين مملكة سليمان ومملكة بلقيس في سبأ،[167] بالاعتماد على المؤرخين والآيات التوراتية، فيخلص إلى عدم التلاؤم بين الاثنتين:

922 ق.م، مع أن كتاب العهد القديم يقول غير هذا التاريخ عن حكم سليمان الذي التقى بملكة سبأ في أيام حكمه التي دامت حوالي 40 عاماً كما يقول المؤرخون. والمعروف أن مملكة سبأ تأسست عام (800) قبل الميلاد، وبلقيس ملكة سبأ التي قابلت سليمان لم تكن أول حُكام سبأ بل كان حُكمها حوالي عام 745 قبل الميلاد، وهو نفس التاريخ الذي ثبته كتاب العهد القديم عن بداية حكم سليمان كما جاء في سفر الملوك الأول/ الإصحاح السادس/ السطر الأول: "وكان في سنة الأربع مئة والثمانين لخروج بني إسرائيل من أرض مصر

في السنة الرابعة لملك سليمان على إسرائيل في شهر زيو، وهو الشهر الثاني أنه بنى البيت للرّب".

يقول المؤرخون نقلاً عن كتاب العهد القديم أن داود هو الذي أعد المواد اللازمة لبناء هيكل في القدس (أورشليم) وأنه كلف ابنه سليمان عليهما السلام أن يقوم ببناء الهيكل، الذي أورد العهد القديم وصفه. ويقول المؤرخون إن سليمان حكم 1005 ق.م. وبعضهم يقول إنه حكم من عام 963 حتى سنة 922 قبل الميلاد. فكيف بني الهيكل في القرن العاشر ق.م. مثلاً في الوقت الذي عاش فيه سليمان وحكم في القرن الثامن ق.م!؟.[168]

هناك دليل آخر يسوقه الغول ويدعي من خلاله أن الروايات التوراتية ليست ذات مصداقية، وهو المباني الكبيرة التي بناها سليمان حسب التوراة. وهو يستشهد بآيات تبين كيف بنى سليمان بيته وبيت زوجته ابنة فرعون وغير ذلك. كما يذكر المؤلف العدد الهائل من العمال الذين شغّلهم الملك سليمان استنادا إلى التوراة، وإلى مساحة البناء والمدة الزمنية لإقامة جميع تلك المباني الضخمة والعدد الكبير من الأدوات الثمينة الواردة في الآيات. وهو يقول في ذلك:

واستنادا إلى الأسفار حول ما يسمى بـ"الهيكل" والمباني من حوله...والسؤال الذي يطرح نفسه وفق أقاويل الأسفار حول ما يسمى بالهيكل وبناياته هو: إذا كان هناك أي أساس له على أية بقعة من أرض فلسطين جميعها وليس في القدس حصراً، فكيف تبخرت آثاره، ولم يبق فيه حجر أو خشب أو أواني؟ وهذا يشير أن جميع ما مرّ وصفه وذكره ليس إلا تخيلات في ذهن من كتبوا الكتاب بأيديهم، وزوروا الحكايات ليصلوا منها إلى ما يرمون إليه من إدعاء الحق بأرض غيرهم.[169]

النتيجة التي يخلص إليها زكي الغول هي أن جميع الروايات الواردة في التوراة ليست سوى محض كذب وأنه في الواقع لم يكن هناك أي هيكل أو معبد يهودي ذو قيمة في فلسطين (أرض إسرائيل)..

أما رؤيته بالنسبة للموضع التاريخي والجغرافي للملك سليمان فيعرضها في بضعة أسطر في نهاية كلامه:

> أما سليمان فكان في جنوب الجزيرة العربية، وفيها حكم، وفيها أقام وفق وجهات النظر التي تؤيد وجوده في اليمن، ومنها ما جاء في كتاب العهد القديم وفي القرآن الكريم.[170]

يرد الادعاء بأن مملكة داود وسليمان كانت في شبه الجزيرة العربية بإسهاب كبير في كتاب كمال صليبي."The Bible Came from Arabia".[171] وصليبي هو ابن لعائلة مسيحية بروتستانتية لبنانية عمل محاضرا في الجامعة الأميركية في بيروت ثم أدار المعهد الملكي الأردني للأبحاث لحوار بين الأديان في عمان. ويطرح كتابه نظرية واسعة تدمج بين المراجعة النصية للنتائج الأثرية وتحليل أسماء الأماكن. وبموجب وجهة نظر صليبي فإنه يجب قراءة التوراة كلها قراءة مغايرة بحيث يُنظر إلى قصصها على أنها حدثت في شبه الجزيرة العربية وليس في فلسطين . على الرغم من محاولة صياغة النظرية بشكل متماسك ومقنع فإن المؤلف يضطر أحيانا إلى استخدام الفرضيات والحدس.

يعتبر رأي صليبي رأيا منفردا غير مدعوم بمقومات أخرى. وعلى الرغم من ذلك فإن هذا الأمر لم يمنع رئيس منظمة التحرير الفلسطينية، ياسر عرفات، من تبني وجهة نظر صليبي.[172]

جاء في ملخص كتاب صليبي وتصريحه بأهدافه الوارد في غلاف الكتاب:

> هل البلاد التي وهبها الله لإبراهيم ونسله من بني إسرائيل موجودة في البلاد العربية؟ يستدل من دراسة لغوية وجغرافية حديثة أن مملكة سليمان وداود، ومكان الهيكل الأول، لا يقعان في فلسطين أبدا بل في منطقة ساحلية خصبة إلى الجنوب من مكة...
>
> كان خراب مملكة يهودا على أيدي حاكم بابل بوختنصر سنة 568 قبل الميلاد قد وضع حدا لوجود بني إسرائيل كقوة سياسية في جنوب غرب شبه الجزيرة العربية على الرغم من بقاء الديانة اليهودية هناك حتى القرن الحالي.[173]

تشير تتمة كلام صليبي إلى أنه لا توجد إثباتات وأدلة تؤكد وقوع أحداث التوراة في فلسطين، ولا في مصر، أو سيناء وبقية المنطقة.

وعندما يتطرق صليبي إلى المكان الحقيقي للقدس التوراتية، حسب رأيه، يسارع إلى إظهار حساسية ادعائه:

القول إن القدس الفلسطينية، تلك المقدسة لدى اليهود والمسيحيين والمسلمين على حد سواء، ليست في الحقيقة في المكان الذي يظن معظم الناس أنها فيه، يبدو أشبه بادعاء جريء قد يحرك قلوب جميع المؤمنين الحقيقيين من أبناء هذه الديانات الثلاث الكبرى. لست أنفي الادعاء القائل إن القدس كما يعرفها العالم تستحق التشريف كمدينة مقدسة. وأنا أرى أنه كانت هناك قدس أخرى في غرب شبه الجزيرة العربية سبق وجودها وجود هذه القدس التي في فلسطين وأن تاريخ "القدس" يبدأ، في الحقيقة، هناك.[174]

يعرض صليبي وجهة نظره بشأن تحديد موقع القدس التوراتية استنادا إلى أسماء مواقع مختلفة في جنوب شبه الجزيرة العربية. وفي سياق وجهة نظره هذه يجعل في تلك المنطقة نفسها مواضع أخرى تذكر في التوراة في سياق الملك داود والملك سليمان. ومن أمثلة ذلك ذكره لمدينة الخليل التي يدعي أنها ذُكرت ضمن أسماء القرى المحلية. ولكي نقدم جزءا من ادعاءاته ونضع أمام القارئ خلاصة وجهة نظره نقتبس بعضا من المقترحات التي يطرحها صليبي:

تخبرنا التوراة العبرية بأن "مملكة إسرائيل الموحدة"[175] في أيام الملك سليمان كانت تمتد" من دان حتى بئر السبع"... مثلما سبق أن اقترحت في الفصل الرابع. كانت بئر السبع تقوم، على ما يبدو، في موقع القرية المسماة اليوم "شباعة"، الموجودة في منطقة عسير[176]... مثلما أن "دان" التوراتية أيضا، التي على ما يبدو بقيت في غرب العربية في قرية اسمها دنادينا.

عاصمة الملك سليمان، القدس، يجب أن توجد في مكان ما بين هاتين البلدتين، وعلى ما يبدو أنها كانت في المكان الذي تقوم فيه اليوم قرية مغمورة اسمها الشريم... كما إنه من المحتمل أن تكون القدس قد بقيت باسم قرية "عروة" التي ترتبط بعلاقات مع قرية "السلام" المجاورة، الأمر الذي ينتج عنه الاسم المركب "عروالسلام"، الشبيه بالاسم التوراتي "أورشليم".

من بين خمس مدن اسمها "الخليل"، ظلت تحمل الاسم "خربان" في سفوح شواطئ عسير، أرى أن "خربان" الواقعة في منطقة "مجريدة" هي التي كانت ذات مرة خليل سيدنا إبراهيم. لا شك في أن خليل الملك داود من الصعوبة بمكان أن تكون في فلسطين، لأنه لا يوجد في فلسطين أي مكان ملائم لها.

صحيح أن اليهود والمسيحيين قاموا تقليديا بجعل الخليل التوراتية في مدينة "الخليل" القائمة على تلال جنوب القدس في فلسطين. ليس هذا

> وحسب، بل إنه وبما أن المكان مرتبط بحياة سيدنا إبراهيم المسمى في القرآن الكريم "خليل الله" فإن المسلمين أيضا تقبلوا اعتبار الخليل الفلسطينية مدينة خليل سيدنا إبراهيم. ومع ذلك فإن كلمة الخليل كاسم مكان لا تعني خليل بمعنى "الصديق" على الإطلاق. يبدو أنها صيغة عربية لكلمة ما في لغة سامية قديمة، "خِليل"، أو " فراغ " في اللغة العبرية، وتعني "الكهف". لا شك في أن المدينة الفلسطينية اتخذت اسمها من الكهف الشهير الذي أضفت عليه الروايات لاحقا صفة القداسة باعتباره الكهف الذي دفن فيه سيدنا إبراهيم.[177]

هكذا يستمر صليبي في تحديد أماكن أخرى في ذات المنطقة الواقعة في جنوب غرب جزيرة العرب باعتبارها بلاد التوراة الحقيقية. تجدر الإشارة إلى أنه يقوم بعمل دقيق وجدي من هذه الناحية، فهو يتوقف عند تحديد أماكن مثل بنيامين، جبعون، يابش، وغيرها، وكلها أسماء مرتبطة بقصص داود وسليمان التوراتية. ومع ذلك، وكما ذكر أعلاه، وكما يمكن للقارئ أن يرى مما سبق، فإنه يستخدم الفرضيات لإثبات وجهة نظره، بل يستخدم أحيانا الخيال الخلاق. هذه الطريقة ليست متبعة عند باحثين ولذلك ووجه كتاب صليبي بالكثير من النقد.[178] ومن اللافت أن المؤلف لا يخشى التشكيك في الرواية الإسلامية المعتمدة بشأن وجود قدس الملك داود والملك سليمان، وبشأن موقع مدينة الخليل المنسوبة إلى سيدنا إبراهيم بشكل تقليدي باعتباره مؤسس الدين الحنيف، كما ترى العقيدة الإسلامية، وهو خليل الله. كما يوضع صليبي في شبه الجزيرة العربية اليبوسيين من سكان القدس، الذين قاومهم الملك داود في شبه الجزيرة العربية. وهذا الأمر مخالف للادعاء الفلسطيني الشائع اليوم بأنهم من نسل اليبوسيين وكان لهم حضور متواصل في فلسطين قبل مجيء بني إسرائيل إلى بلاد كنعان بزمن طويل.

يهود اليوم لا علاقة لهم ببني إسرائيل القدماء

هناك وجهة نظر أخرى تنفي علاقة اليهود بجبل الهيكل من خلال قطع العلاقة بين بني إسرائيل أيام الملك داود والملك سليمان واليهود في عصرنا الحديث. ومن الأمثلة على وجهة النظر هذه ما يظهر في مقال بعنوان "هل لليهود حق تاريخي في القدس؟"[179] نشر في موقع "مركز بيت المقدس للدراسات التوثيقية".[180] كاتب المقال هو بلال أحمد عبده من مصر. وهو يستهل مقاله بمسألة هوية القدس فيقول:

بداية ماذا نعني باليهود هنا؟ هل المقصود يهود بني إسرائيل أحفاد يعقوب (إسرائيل)؟ أم يهود زماننا هذا؟ وهل هناك فرق بينهم؟ إنها أسئلة تطرح نفسها ولا بد من الإجابة عليها...

- إن كنا نقصد بسؤالنا هذا يهود بني إسرائيل، الذين سكنوا القدس وفلسطين قديما، فيمكننا أن نبحث ونناقش هذا السؤال المشروع، أما إن كنا نقصد بهذا السؤال يهود زماننا الذين يحتلون فلسطين، فعندها نتردد في إكمال البحث في هذه المسألة والرد عليها! فهناك فرق بين يهود القرون القديمة، وبين يهود اليوم!

- بكل بساطة إذا نظرنا إلى يهود اليوم فسنجد فرقاً كبيرا بينهم وبين بني إسرائيل الذين استوطنوا القدس قديما، ويدّعون أنها أرض أجدادهم، ويريدون إرثهم؛ فسنجد أنهم ليسوا من نسلهم ولا أحفادهم إلا القليل جداً منهم، فإن من يحتفظ اليوم من اليهود بسمات وخصائص بني إسرائيل من عصر التوراة قلة ضئيلة، فيصعب ومن الندرة أن تجد في زماننا من أصوله يهودية متصلة إلى بني إسرائيل، فإن كثيراً من اليهود المعروفين وجد في أنسابهم دماء مسيحية، وآخرون وثنية.

من هنا يواصل المقال ليطرح مبررات تدعم ادعاءه بأن اليهود المعاصرين ليسوا من نسل بني إسرائيل القدماء، وعليه فإنه لا حق لهم بأن يرثوا حقوقهم. وبعد أن نفى الكاتب العلاقة بين بني إسرائيل واليهود المعاصرين ينهي كلامه بحديث مقتضب عن الهيكل اليهودي. ومن اللافت أنه هنا أيضا يؤكد أن هناك شكوكا تشوب وجود الهيكل ومكانه:

- بقي أن أختم هذا العنصر بالحديث عن هيكلهم المزعوم:

- الهيكل هو معبد لليهود كان قد بدأ بناءه داوود عليه السلام بالقدس، ومات قبل أن يكمله، وأكمله من بعده ابنه سليمان، وقد أكثر من زخرفته وتجميله حتى صار في أبهى حُلة، والصحيح المثبت أن الهيكل لم يُبْنَ على جبل قبة الصخرة الذي به مسجد قبة الصخرة حالياً، ولا دليل أيضاً على أن الحرم الإسلامي مبني فوق الهيكل، بل أثبتت بعض الدراسات بطلان هذا الأمر (انظر: واقدساه ج1 ص59-62.

- ثم حدث أن زحف بختنصر البابلي إلى القدس ودمَّرها ودمَّر هيكلها وجعله أنقاضاً وسبى اليهود وطردهم من القدس، وهذا يسمى السبي الأول الذي طُردوا فيه من القدس.

- ثم بعد ما يقرب من 70 عاما من طردهم تمكن اليهود من العودة إلى القدس وذلك بعد معاونتهم ملك الفرس (كورش) في الحرب معه والاستيلاء على بابل سنة (539 ق.م)؛ فكافأهم بالعودة للقدس، فعادوا وسعوا في إعادة بناء الهيكل مرة أخرى، وأعادوا بناءه مرة أخرى لكن ليس بجماله السابق.
- ثم تتابعت الحروب والاحتلالات للقدس؛ فمرة اليونانيين على يد الإسكندر، ومرة أخرى ملك سوريا، حتى خضعت القدس لحكم الرومان سنة (66 ق.م)، وأكثر اليهود من افتعال وإحداث المشاكل مع الرومان، مما جعل الإمبراطور الروماني يأمر بالقضاء عليهم وسبيهم وطردهم من القدس وفلسطين، فتم ذلك بالفعل وتم تدمير الهيكل وتم قتل الكثير من اليهود وسبيهم وطردهم منها عام (70 م) ولم يعودوا لها مرة أخرى حتى عام (1948م).
- مما سبق يتضح لنا بطلان مزاعم اليهود بأنهم أصحاب الأرض، وأنها أرض آبائهم وأجدادهم، وأنهم أصحاب حضارتها، وغيرها من الكثير من الدعاوى الباطلة، فهم ليسوا بأصحاب الحق فهذا ليس بإرثهم، ولا اليهود أول من سكنوها وحكموها، ولم يكونوا أصحاب حضارتها الأولى.

يوجد في هذا المقال أيضا تناقض داخلي ففي بدايته ينفي الكاتب العلاقة بين يهود اليوم واليهود الذين سكنوا في البلاد في فترة الهيكل. ومع ذلك فهو يشير في نهاية كلامه إلى أن اليهود الذين نزحوا إبان خراب الهيكل الثاني، عادوا أخيرا في عام 1948. وبعد نفي حق اليهود اليوم في جبل الهيكل والبلاد كلها يعرض الكاتب الرواية التي رأيناها في المصادر الإسلامية القديمة مع حرصه على وصف الهيكل بـ"المزعوم"، والإشارة إلى عدم وجود دليل يؤكد أن الهيكل كان يقوم على الجبل المسمى بـ"جبل الهيكل". وهكذا فإنه يتقبل الرواية القديمة طالما أنها لا تخدم هدفا مخالفا لهدفه في القضايا الراهنة: نفي علاقة اليهود المعاصرين بجبل الهيكل والقدس.

الادعاء بأن اليهود المعاصرين ليسوا من نسل اليهودية التوراتية، ولذلك فإنه لا تربطهم علاقة بمكان الهيكل، هو ادعاء يظهر في كتاب صغير يحمل اسم "القدس: بين اليهودية والإسلام"[181] للمفكر الإسلامي وعضو البرلمان المصري، الدكتور محمد عمارة، الذي صدر كجزء من سلسلة كتب تحمل اسم "التنوير الإسلامي".[182] ويطرح عمارة في سياق حديثه قائمة من الادعاءات التي تنفي حق اليهود في جبل الهيكل، ومنها الادعاء بعدم وجود أدلة أثرية من الهيكل تحت قبة الصخرة:

> وهذا المعبد الذي بناه سليمان عليه السلام -والذي دمره البابليون مع مملكة يهوذا سنة 585 ق.م.- هل حقاً ما يدعيه اليهود أن المسجد الأقصى قد بنى على أنقاضه؟.
>
> إن اللجنة الملكية البريطانية قد حكمت سنة 1929م بأن ما يسميه اليهود "حائط المبكى" هو "حائط البراق" - جزء من المسجد الأقصى، ومعراج رسول الإسلام، ولا علاقة له بهيكل سليمان.
>
> ولقد مضى ثلث قرن على احتلال اليهود للقدس الشرقية، وتكثيفهم البحث والتنقيب وتقليب باطن الأرض بحثاً عن أي أثر أو دليل على دعواهم هذه، لكنهم لم يعثروا في كل هذه المنطقة، وطوال هذه السنين، على أدنى أثر لهذا الهيكل المزعوم.[183]

يُشار إلى أن الكاتب يشوه المصدر الذي يعتمد عليه، فلجنة التحقيق التي يقتبسها اعترفت بعلاقة اليهود بحائط البراق باعتباره أثرا من آثار الهيكل الثاني، ولذلك أوصت بالسماح لليهود بالصلاة فيه كحق قديم.[184]

يمضي عمارة فينفي العلاقة بين الملك داود والملك سليمان وأبناء عصرهما من جهة، واليهود في عصرنا الحاضر من جهة أخرى. فهو يقول إنه خلافا للإسلام، الذي يعتبر كلا من داود وسليمان نبيا، فإن اليهودية لا ترى فيهما شخصيات دينية بل سياسية، ولذلك لا علاقة لليهودية كديانة بهما:

> فإذا قالوا: لقد عاش وحكم في القدس داود وسليمان عليهما السلام، وفيها بنى سليمان هيكلاً لليهود.. فسنقول لهم: نعم!. لكن هذا لا يقيم علاقة بين اليهودية وبين القدس، وذلك لعديد من الأسباب التاريخية والمنطقية والواقعية، منها: أن داود وسليمان -بمنطق اليهود واليهودية- هم من "الملوك"، وليسوا من "الرسل والأنبياء"، ومن ثم فإقامتهم في القدس وعلاقتهم بها هي علاقة الاستيلاء السياسي والحربي، وليست علاقة دينية بين القدس وبين اليهودية كدين.[185]

ومن جهة أخرى يدعي المؤلف أنه لا علاقة لليهود في عصرنا الحاضر باليهودية الأصلية التي اعتنقها بنو إسرائيل التوراتيون، بل هم أبناء ديانة مختلفة، الأمر الذي ينفي عنهم كل علاقة بتلك الأجيال القديمة:

> ثم هل يهود التلمود، ويهودية الصهيونية هي يهودية موسى عليه السلام؟ إن أسفار التوراة ذاتها شاهدة عى نقض اليهود لشريعة موسى، وعلى استحقاقهم لعنة الله بسبب خروجهم حتى على التوحيد!. كما أن اليهودية المعاصرة -التي تحتل القدس وفلسطين- تعرّف اليهودي بأنه "هو المولود من أم يهودية". فالمعيار فيها "بيولوجي"، وليس دينياً، وبذلك أصبح "يهود الخزر" و"الأشكناز" الذين لا علاقة لهم ببني إسرائيل والعبرانيين، والساميين هم اليهود -وفق هذا المعيار "البيولوجي"- حتى ولو كانوا ملاحدة، أو أبناء زنا!.
>
> فأين هي العلاقة بين اليهودية وبين القدس، بل وأين هي العلاقة ين هذه اليهودية "العنصرية – البيولوجية"، وبين يهودية شريعة موسى عليه السلام؟[186]

هكذا يسلب الكاتب حق اليهود المعاصرين في أي صلة بهيكل سليمان، ومن اللافت أنه يتقبل وجود هيكل يهودي في مكان ما في القدس ولكنه يعتمد على الادعاء بأنه بموجب الدراسات الأثرية لا توجد أية أدلة تؤكد وجود الهيكل اليهودي للتشكيك بوجود الهيكل على جبل الهيكل، خلافا لما ظهر في الروايات القديمة. كما يجدر الانتباه إلى أنه في الوقت الذي نفى فيه المقال السابق العلاقة بين اليهود المعاصرين وبني إسرائيل التوراتيين، بسبب غياب التواصل العرقي القومي، فإن عمارة يركز في مقاله على غياب التواصل الديني بين الملك داود والملك سليمان وأبناء عصرهما من جهة، واليهود في العصر الحاضر من جهة أخرى. . وهذا ما سمح بتدخل الأجناس الأخرى في الشعب اليهودي.

ثمة مصدر آخر يطرح ادعاء بأن اليهود المعاصرين ليسوا من نسل بني إسرائيل، وهو المقال الذي يحمل عنوان "ليس لليهود أي حق في القدس وأرض فلسطين"[187]، من تأليف الشيخ عيسى محمد حسن القدومي، وهو كاتب وصحفي ومحرر مجلة من أصل فلسطيني ذو ميول سلفية يكتب في موقع "الفرقان" الكويتي.[188] ويرى كاتب المقال أن اليهود المعاصرين لا يمتلكون أي أساس للادعاء بأن لهم حقا في القدس وفلسطين كلها، وذلك لعدة أسباب. أما السبب الأول فهو أن اليهود لم يبذلوا جهدا في الدفاع عن فلسطين أمام الاحتلال البابلي والروماني والصليبي، الأمر الذي يؤكد غياب الصلة بينهم وبين هذه البلاد، على غرار الادعاءات التي سنتناولها لاحقا. أما السبب الآخر فهو ما تتضمنه الأسطر التالية:

> أليس أكثر من 80% من اليهود المعاصرين – حسب دراسات عدد من اليهود أنفسهم- لا يمتون تاريخياً بأيّ صلة للقدس وفلسطين، كما لا يمتون قومياً لبني إسرائيل، فالأغلبية الساحقة ليهود اليوم تعود إلى يهود الخزر (الأشكناز)، وهي

> قبائل تترية تركية قديمة كانت تقيم في شمال القوقاز، وتهودت في القرن الثامن الميلادي، ولم يتسن لهم أو لأجدادهم أن يروا فلسطين في حياتهم.
>
> واليهود المعاصرون - سلالة الخزر- إن كان لهم حق المطالبة بأرض فعليهم أن يطالبوا بالحق التاريخي لمملكة الخزر بجنوب روسيا وبعاصمتهم (إتل) وليس بفلسطين أو بيت المقدس؛ لأن أجداهم لم يطأوها من قبل، ومن دولة (خزريا) اليهودية انحدر 92% من يهود العالم، وتقدر نسبة يهود الخزر في فلسطين بحوالي 83% من اليهود ككل في فلسطين، فإن كان ثمة حق عودة لليهود، فهو ليس إلى فلسطين وإنما إلى جنوب روسيا.[189]

خلاصة هذا الادعاء هي أن اليهود المعاصرين، ولا سيما الغربيين منهم (الأشكناز)، ليسوا من نسل بني إسرائيل القدماء، ولذلك ليس لهم علاقة بالحقوق المزعومة في القدس.

المصادر الإسلامية التي تعترف بعلاقة اليهود بجبل الهيكل ليست ذات مصداقية

تجاهل المؤلفون المسلمون المعاصرون المقتبسون أعلاه، تجاهلا تاما، المصادر الإسلامية القديمة التي عرضنا قسما منها في الفصل السابق.

سنتناول الآن ادعاء بعض الجهات الإسلامية المعاصرة التي تعترف بالمصادر الإسلامية القديمة المقتبسة أعلاه ولكنها ترى أن هذه المصادر مشكوك فيها وليست ذات مصداقية. يعتبر هذا الرأي إلى حد كبير أكثر تطرفا مما سبقه لأنه يشكك بشكل مباشر ومتعمد بالمصادر التي تعتبر جزءا من الأدبيات الإسلامية المقبولة.

اقتبسنا في الفصل السابق روايات لأبي بكر الواسطي حققها البروفيسور إسحق حسون. وكانت صدرت في سنة 2010 في قبرص طبعة أخرى للكتاب ذاته تقوم، كما يرى المحررون، على نسخة أخرى للمخطوطة التي بأيديهم [أكد حسون أن جميع قوائم المخطوطات التي في مكتبات العالم لم تظهر فيها مخطوطة أخرى للواسطي]. ويتطرق المحررون في مقدمة الكتاب إلى التناقض بين الروايات الواردة فيه والرواية المعتمدة اليوم في العالم الإسلامي:

> ولا شك في أنّ افتتاحَ الواسطيّ كتابَه بالحديث النبوي المشهور (شَدُّ الرِّحال) المُجمع عليه، واختتامه إيّاه بالآية الكريمة (الإسراء) أكسباه معنى إسلاميّاً كبيراً متّصلاً بقُدسيَّةِ هذه المدينة. فقد وُضعت في الكتاب في مكانها الصحيح، بعد قُدسيّة المسجد الحرام، ومسجد الرسول. بالإضافة إلى أنها مدينة الإسراء والمعراج، وهذا حَسب المسلمين.[190]

وهنا يضيف الناشرون ملاحظة هامة بين قوسين:

> على أن من مصادر الكتاب أيضاً ما يُسمى في التراث العربيّ الإسلاميّ بالإسرائيليات، التي أفضَت بطبيعتها إلى القَصص الشعبيّ، وهذا هو السرّ في اهتمام الجامعة العبرية بالاستيلاء على المخطوطة الوحيدة في العالم، وحفظها لديها، ثم نشرها محقّقة مع ملخّص باللغة الفرنسية؛ ليطلع عليها من لا يعرف العربية. وفي الظنّ أن مثل هذه الإسرائيليات، وما أفضت إليه من قصص شعبي، يُكسب اليهود حقاً في هذه المدينة العربية. وما دروا أن دخول هذه الإسرائيليات في التراث العربي الإسلامي ما هو إلا شاهد على سماحة هذا الدين الحنيف.[191]

ويشرح المحررون الروايات الإسرائيلية ومن أين أتت. كما إنهم يدركون المس الذي يلحقه هذا الأمر بمصداقية مؤلفهم وبمصداقية جميع كتب التاريخ العربية التي تعرض مثل هذه الروايات:

> ونعني بالإسرائليات رواياتٍ دخلت الإسلام من مصادر يهودية، من التوراة والتلمود والزّبور. وأشهر من رواها وأشاعها أبو إسحاق كَعبُ الأحبار، المتوفّى 32هـ/ 652م، ووهب بن مُنبِّه، المتوفّى 114هـ/ 732م، وكانا يهوديين فأسلما. كان الأول من كبار علماء يهود اليمن في الجاهلية، وأسلم في زمن أبي بكر الصديق، وقدم مدينة الرسول في عهد عمر بن الخطاب، فأخذ عنه الصحابة وغيرهم كثيراً من أخبار الأمم الغابرة. أمّا وهب بن مُنبِّه، فإليه يرجع أكثر الإسرائيليات المنتشرة في المؤلفات العربية. وكانت أخبره ممزوجة بالقَصص والأساطير.
>
> ولا نشكّ في أنّ هذين المصدَرين الأخيرين، الإسرائيليات والقَصص الشعبيّ، على وجه الخصوص، قد نالا من أصالة الواسطيّ وقيمته. وبهذا أصبح من الضروري التصدي لهذه الإسرائيليات، وكشف ما تنطوي عليه من خرافات وأساطير، وما تُخفيه من أكاذيب، لا تصمُد أمام حقائق التاريخ.

وعلى الرغم من أن هذا الكلام قد جاء آنفا، فإن المحررين يتعمدون مرة أخرى صب جام غضبهم على ناشر الطبعة الأولى:

> أمّا المحقّق والدّارس إسحاق حَسُّون، فلم يخلُ في دراسته من هوى في نفسه، الأمر الذي أبعده، في كثير من الأحايين، عن النهج العلميّ، وأقصاه عن الطريق الأكاديمي الذي يسلكه العلماء في بحوثهم الرَّصينة، إذا ما خلت نفوسهم من أهواء وأغراض.
>
> وهكذا يتّضح لماذا سَطا الصهاينة على هذه المخطوطة العربية، فأسروها، كما أسروا، من قبلها، مدينة عكا التي ضمّتها بين حناياها أزماناً طويلة.[192]

طُرح هذا النقد مرارا وتكرارا أمام المشاركين في مؤتمر "القدس"[193] سنة 2009 وطُبع في كتاب يجمع الخطابات والكلمات التي ألقيت في المؤتمر[194]، الأمر الذي يعزز تأثير وجهة النظر هذه.

يتناول محقق الكتاب نقد الإسناد المتعلق بالأحاديث التي تتحدث عن بناء سليمان للهيكل وكل ما يتعلق بها. ويرى محقق الكتاب، بشكل منهجي، أن هناك خللا في أحد الرواة ولذلك فهو ينفي مصداقية الحديث.

من المهم أن نعي معنى هذا النقد. فبالإضافة إلى التهمة الموجهة إلى باحثي الجامعة العبرية، يسحب محققو الكتاب البساط من تحت مئات السنين من الأحاديث الإسلامية التي كانت تعتبر مقبولة وشهيرة في المجتمع الإسلامي، ولكنها الآن تفقد مصداقيتها. يرى محققو النشرة النقدية أن كتاب الواسطي، أقدم كتب "فضائل القدس" مليء بالأكاذيب. وكما بينا في الجزء الأول فإن العديد من الروايات والأحاديث الواردة لدى الواسطي تظهر لدى ابن المرجى وفي كتب أخرى تتناول فضائل القدس. وفي الواقع أن هذا النقد يلقي بالكثير من الظلال على مكانة ومصداقية أدبيات فضائل القدس الإسلامية كلها، بل وعلى الأدب التاريخي وتفسير القرآن الذي يعتمد على تلك الروايات والأحاديث. إنه ثمن باهظ يجد محققو الكتاب أنفسهم مستعدين لدفعه بغية نفي علاقة اليهود بجبل الهيكل كما يتبين من تلك الروايات والأحاديث. ويجدر التنويه إلى أن الإسلام يولي أهمية قصوى لنقل الأحاديث من جيل إلى آخر باعتبارها الوسيلة الأكثر مصداقية لضمان استمرارية الرسالة النبوية التي جاء بها النبي محمد (ص). إن من شأن زعزعة مصداقية رواة الأحاديث البارزين يعبر عن التشكيك بالثقة طريقة نقل الحديث كلها.

ثمة لون كتابي إسلامي آخر يتعرض للنقد الإسلامي الشديد بشأن مصداقيته، وهو أدب الرحلات. يعتبر أدب الرحلات لونا إسلاميا شائعا وصف فيه الرحالة رحلاتهم إلى بلدان العالم، ولا سيما زيارة الأماكن المقدسة فيها. تضمن الجزء الأول من هذا الكتاب عدة أمثلة لكتب الرحلات القديمة التي تتحدث عن القدس وجبل الهيكل باعتباره المكان الذي قام عليه هيكل سليمان. يتناول المؤرخ الأردني من أصل فلسطيني، كامل العسلي، في كتابه "القدس في كتب الرحلات"[195]، في الفصل الذي يتناول أماكن الزيارة المفضلة لدى زوار

القدس، يعبر عن أصل أهمية الأماكن المقدسة في القدس. وهو يحذر أولا من ميل المسافرين إلى الإيمان بكل خرافة وأسطورة ترتبط بمكان مقدس:

> وإذا كانت كتب الرحلات قد قدمت معلومات هامة عن مزارات القدس ومشاهدها، وخصوصاً في الحرم القدسي الشريف، فإنها لم تكن تخلو في الوقت نفسه من ترديد كثير من الأوهام والأساطير المتعلقة بهذه الأماكن (وإن كان بعض الرحالة، كما سنرى، أحجموا عن تصديق كثير مما كان يروى لهم في هذا الشأن) ومن ذلك مثلاً القول بأن الصخرة معلقة في الهواء، وأنها ظلت كذلك منذ أن حاولت اللحاق بالنبي صلى الله عليه وسلم عندما عرج إلى السماء.. والقول بأن للصخرة لساناً بارزاً سلّم على النبي.. والحديث عن السلسلة التي كانت بمحكمة داود (قبة السلسلة) وكانت تتدلى من السماء. فإذا حاول المتخاصم المبطل أن يمسكها ارتفعت إلى السماء، أما المتخاصم المحق فكان يستطيع أن يمسكها بيده.. ومن ذلك أيضاً حكاية البلاطة السوداء القريبة من باب الجنة من أبواب الصخرة، والتي كانت فيها مسامير من الفضة يتناقص عددها عاماً بعد عام، فإذا اختفت المسامير كلها قامت الساعة. ومن ذلك الحديث عن عمود الصراط في سور الحرم الشرقي الذي يبدأ منه الصراط الذي ينصب يوم القيامة بين سور الحرم وجبل الطور فمن اجتازه بسلام ذهب إلى الجنة، أما الأشرار فيهوون إلى النار في وادي جهنم. ومن ذلك الحديث عن العامودين الكائنين في المسجد الأقصى والقريبين جداً واحدهما من الآخر بحيث لا يستطيع المرور من بينهما إلا الرجل الصالح، أما الرجل الشرير فيعصرانه عصراً إن هو حاول المرور.[196]

ويعرض المؤلف أحاديث وروايات شعبية أخرى كثيرة ترتبط بعلامات الآخرة وأمور عجيبة مختلفة. وهو يلخص بالقول:

> ولا شك أن لهذه الأساطير وغيرها أصولاً قديمة ترجع إلى عصور عريقة في القدم ربما من زمن الكنعانيين، وأضيفت إليها حكايات شعبية (فولكلور) من زمن بني إسرائيل وما بعده من العصور المسيحية والإسلامية.[197]

ثم يتطرق إلى الملك داود والملك سليمان وإلى الأماكن المقدسة الكثيرة التي نُسبت إليهما في القدس عموما وفي جبل الهيكل خصوصا فيقول:

ومما يلفت النظر أن كثيراً من الرحالة والمؤرخين المسلمين قد نسبوا إلى النبيين داود وسليمان آثاراً لم تكن لهما بالقطع. ومن ذلك ما سُمّي بمحراب داود، وهو جزء من قلعة القدس بباب الخليل. ومن المحقق أن "مدينة داود" لم تصل في امتدادها إلى هذا المكان النائي على الإطلاق، وإنما كانت تقتصر على جبل أوفل أو جبل الظهور المطل على قرية سلوان إلى الجنوب من الحرم الشريف. ويعتقد علماء الآثار أن هذا البرج بني بعد داود بما يقارب ألف عام وأنه أحد الأبراج التي بناها هيرودس في السنوات الأخيرة في القرن الأول قبل الميلاد. وكذلك القول في قبر داود.

فإن التوراة تذكر أن داود دفن في مدينة داود. وهناك أماكن أخرى ذكر أن داود دفن فيها كبيت لحم، ووادي قدرون، ولم يكن من بينها جبل النبي داود الحالي (أو جبل صهيون) الذي ساد اعتقاد خاطئ بأن داود مدفون فيه. ومن ذلك تسمية قبة السلسلة في الحرم الشريف بمحكمة داود. وكذلك تسمية طريق باب السلسلة الذي يصل بين الحرم الشريف والقلعة بطريق داود، وغير غيرك. أما سليمان فقد نسب إليه كرسي سليمان أو عرشه في شرقي ساحة الحرم، وكذلك نسب إليه بناء سور الحرم الشرقي الذي ساد الاعتقاد بأنه من البناء السليماني القديم وأن الجن هي التي بنته لسليمان بتسخير من الله تعالى، مع أن أسوار القدس القديمة قد هدمت من أسسها زمن الرومان. ومع أن سور سليمان وداود (وهو سور القدس الثاني، وكان السور الأول هو سور اليبوسيين) لم يكن قد بقي له أثر عندما بني نحميا النبي السور الثالث في القرن الخامس قبل الميلاد. وكذلك القول في الإسطبلات المنسوبة إلى سليمان وقيل إنه كان يضع خيوله فيها (وتقع تحت الجزء الجنوبي الغربي من ساحة الحرم). وأقدم تاريخ يمكن تقديمه لهذه الاصطبلات هو القرن الأول قبل الميلاد زمن الملك هيرودوس أي بعد سليمان بألف عام، كما يقول علماء الآثار. وقد ردد الرحالة المسلمون هذه الأقوال وسواها اعتماداً على الروايات المتوارثة. لا عن دراسة وتحقيق، فلم يكن بينهم واحد من الاثاريين كما أن علم الآثار الحديث لم يكن قد نشأ بعد.[198]

يبدو حتى الآن أن العسلي يوجه نقدا مشروعا وعلميا بشأن مصداقية المصادر والمعتقدات. وفيما بعد ينفي العسلي الروايات والأحاديث المتعلقة بالهيكل ومكانه على جبل الهيكل:

وقد حمل أكثر هؤلاء الرحالة هذه الروايات التي سمعوها على محمل الإيمان وكرروها. ولا بد من التعليق هنا بكلمة قصيرة على القول المكرر بأن المسجد

> الأقصى أساسه من عمل داود وسليمان. وإذا كانت الروايات الدينية القديمة تقول إن سليمان بنى الهيكل في هذه المنطقة فإن علم الآثار الحديث- لا يستطيع أن يحقق البقعة الدقيقة التي أقيم عليها الهيكل في هذه المنطقة. وهناك روايات متضاربة في هذا الشأن، خصوصاً لأنه لم يبق لهيكل سليمان أي أثر على الإطلاق. وليس من غرض هذا الكتاب الإفاضة في هذه المسألة أو دراستها. ومع ذلك وعلى فرض أنه أمكن إثبات أن المسجد الأقصى أو قبة الصخرة أقيما في موقع الهيكل، فليس من شأن هذا أن يدعم بشكل من الأشكال ادعاءات المتعصبين اليهود ضد المسجد الأقصى، أو يبرر اعتداءاتهم وخططهم الرعناء، بموجب أي شريعة من الشرائع.[199]

وفيما بعد يبين المؤلف كيف انتشرت جميع هذه الروايات والأحاديث غير المسندة. وهو يعزو ذلك إلى مكانة الملك داود والملك سليمان لدى المسلمين، وإلى قصص القرآن التي تمتدحهما، الأمر الذي جعل الكثيرين، بمن فيهم رحالة ومؤرخون مسلمون، يصدقون كل أسطورة وحكاية ترتبط بهما. وهو ينهي كلامه بالادعاء الذي سبق أن رأيناه بشأن المصدر اليهودي لهذه الروايات والأحاديث المضللة:

> ولا غرابة بعد هذه المكانة التي احتلها النبيان داود وسليمان في القرآن الكريم أن مجدّهما المسلمون التمجيد كله. وكان من الطبيعي بناءً على هذا، أنهم نسبوا إليهما كثيراً من المباني القديمة الباذخة التي لم تسعفهم القدرة ولا حالة العلم على التحقق من هوية بناتها وزمانهم، فقالوا إنها من البناء السليماني القديم، أو ما شابه ذلك من الأقوال. ورددوا بافتخار أيضاً أقوالاً لا سند لها في علم التاريخ من مثل قولهم بأن سليمان ملك الأرض كلها!. وبالطبع ففي كثير من الأحوال لم تكن نسبة الآثار إلى سليمان وداود من اختراع المسلمين، بل كانت ترديداً لروايات أخذوها عن أهل الكتاب، وفيها الشيء الكثير من الإسرائيليات التي لا تستند إلى أساس علمي.[200]

بموجب هذا المنطق لقد كان يجب على العسلي أن ينفي أجزاء واسعة من القرآن أيضا، وهي تلك الأجزاء التي تعتمد على الكتب المقدسة اليهودية والمسيحية ورواياتها.

وكما في المثال السابق من أدب فضائل القدس، الذي قوبل بالنقد الشديد بسبب تبنيه روايات "إسرائيلية"، فإن المؤلف هنا أيضا يشكك بمصداقية الروايات والأحاديث التي تتضمنها الكتب التي يتناولها، بل يشكك في نزاهة مؤلفي تلك الكتب وقدرتهم على النقد الموضوعي. ويجدر الانتباه بشكل خاص إلى أنه يعلن معارضته للمؤرخين المسلمين أيضا،

ومن بينهم شخصيات مركزية في االتراث والثقافة الإسلامية، بل وعلماء مركزيون، مثل الطبري الذي ذكر في الجزء الأول.

تجدر الإشارة إلى أن العسلي لا ينفي وجود هيكل سليمان، ولا حقيقة اعتراف الأدبيات الإسلامية القديمة به، بل يقول إن مكانه غير معروف بموجب الاكتشافات الأثرية. وهكذا يتجاهل العسلي الآثار القديمة في حائط المبكى والدراسات التي أجراها الكثيرون من علماء الآثار. ومن الملاحظ في هذه السياقات أنه يعتمد وجهة نظر انتقائية تجاه الدراسات العلمية ولا يستثني الروايات الإسلامية القديمة من نقده. كما يجدر الانتباه إلى أنه يتناول الجانب المعاصر من هذه القضية مع الحرص على الأبعاد السياسية للاعتراف بالوجود التاريخي لمعبد يهودي في جبل الهيكل. على أية حال فإن هذا مثال آخر للمؤلفات المعاصرة، التي تعترف بالمشكلة التي تعرضها عليها المصادر القديمة وتواجهها من خلال التشكيك بمصداقية تلك المصادر.

إبراهيم وداود وسليمان شخصيات إسلامية

أحد الأساليب التي يتبعها المفكرون المسلمون، الذين ينفون علاقة اليهود بجبل الهيكل دون نقض المصادر الإسلامية القديمة، هو الادعاء بأن إبراهيم وداود وسليمان هم الذين بنوا المسجد الأقصى، ولكنهم فعلوا ذلك كمسلمين وليس كأبناء ديانات أخرى. هكذا على سبيل المثال يكتب عبد الحميد الشاقلدي أثناء عمله إماما لمسجد أبي حنيفة النعمان في عمان. ويعتبر كتابه كتابا معاديا لإسرائيل يمجد الانتفاضة الأولى. ويقول فيه:

> ويظن البعض إنه من حكام اليهود؟ أبداً، بل هو حاكم مسلم، وبريء من اليهود...ولم تطلق كلمة (اليهود) إلا بعده بنصف قرن...لقد حكم داود بالإسلام بما أمر الله سبحانه وتعالى. قال تعالى في سورة ص: {يَا دَاوُودُ إِنَّا جَعَلْنَاكَ خَلِيفَةً فِي الْأَرْضِ فَاحْكُمْ بَيْنَ النَّاسِ بِالْحَقِّ... (26)}.أنزل الله الزبور على داود عليه السلام، عام 990 ق.م...بنى سليمان المسجد الأقصى مرة أخرى [أول من بناه هو آدم الأول] سنة 949 قبل الميلاد.
>
> وذكر ابن خلدون في كتابه (العبر) ج*1*، ص188: أن سليمان عليه السلام قد حج بيت الله الحرام، ومات سليمان عليه السلام، عام *923* ق.م...لم تعرف اليهودية إلا بعد السبي البابلي عام 586 ق.م...[201]
>
> في هذه الفترة وبعد عام 500 ق.م. أرسل الله العزير إلى بيت المقدس، وهو من أحفاد هارون عليه السلام يدعوهم للوحدانية، وبُني فيها المسجد الأقصى.

وفي ذات السياق هناك من يقول إن الملك (أو النبي حسب المفهوم الإسلامي) سليمان بنى المسجد الأقصى ولم يبن معبدا. وهذا ما جاء، على سبيل المثال، في كتاب ليوسف كمال حسونة الحسيني من القدس تحت عنوان "فلسطين والاعتداءات الإسرائيلية على مقدساتها الإسلامية". يبدو أن مؤلف الكتاب ينتمي إلى الحركة الإسلامية الشمالية، ومما يؤكد ذلك أن الشيخ رائد صلاح، رئيس الحركة، هو الذي كتب مقدمة الكتاب. ويقول المؤلف في كتابه إن المسجد الأقصى قديم وبناه الأنبياء بعد 40 عاما من بناء المسجد الحرام في مكة:

> فالمسجد الأقصى ثاني مسجد وضع في الأرض بعد المسجد الحرام بأربعين عاماً، فهو مسجد بناه الأنبياء منذ سيدنا نوح وآدم عليهما السلام.
>
> ويذكر أن سيدنا يعقوب كان قد جدد المسجد الأقصى ثم مرة ثانية سيدنا داوود ثم جدده مرة ثالثة سيدنا سليمان عليهم السلام. ويذكر الزركشي في كتابه أعلام المساجد بأن سيدنا سليمان كان له من المسجد الأقصى تجديده لا تأسيسه.[202]

وهكذا أيضا يكتب الكاتب السياسي المصري، الدكتور رفعت سيد أحمد:

> سليمان عليه السلام الملك الذي لا ينبغي لأحد من بعده حكم 40 سنة سنة 970-931 ق.م.، وبنى المسجد الأقصى يسميه اليهود الهيكل.[203]

كما كتب كلام مشابه ضمن فتوى نُشرت عام 2002 في موقع الإنترنت التابع للحركة الإسلامية الإسرائيلية "الأقصى أون لاين" ردا على السؤال: من بنى المسجد الأقصى؟ وتشير الفتوى إلى أن المسجد الأقصى الأصلي بناه آدم الأول، ثم خضع المبنى إلى عدة عمليات بناء من جديد قام بها كل من إبراهيم ويعقوب وسليمان:

> تؤكد أدلة الشريعة الإسلامية عقيدتنا كمسلمين بأن سليمان عليه السلام هو الذي بنى المسجد الأقصى، بيد أن بناء سليمان كان عبارة عن عملية إعادة بناء جرى خلالها توسيع المكان وتهيئته للعبادة وليس بناء الأسس.[204]

بنى سليمان قصرا، أو معبدا خاصا وصغيرا، ولم يبن هيكلا

ثمة طريقة أخرى يتبعها المؤلفون المسلمون الساعون إلى نفي أي علاقة لليهود بجبل الهيكل، وهي الادعاء بأن الملك سليمان بنى قصرا، أو دار عبادة خاصة وصغيرة، ولم يبن

هيكلا. هكذا كتب مؤلف كتاب يتضمن مائة سؤال وجواب حول القدس ردا على السؤال رقم 34:

سؤال: متى بنى الملك سليمان ما دعيّ بالهيكل المقدس الأول المزعوم؟

جواب: بنيّ حسب ما يدعي اليهود عام 960 ق.م.، ويقال أن ما بناه الملك سليمان لم يكن إلا قصراً، وهو ما اعتبره اليهود هيكلاً علماً أن الحفريات التي قاموا بها خلال ثلاثين عاماً لاحتلالهم الضفة الغربية ومدينة بيت المقدس منذ العام 1967م لم تثبت لهم أي وجود للهيكل المزعوم، وقصة ملكة بلقيس وزيارتها للملك سليمان في قصره، تؤكد وجود هذا القصر وليس الهيكل.[205]

ومن الأمثلة الأخرى ما جاء في كتاب للدكتور محمد جلاء إدريس، وهو أستاذ جامعي مصري متخصص بالدراسات الإسرائيلية، حيث يحلل اقتباسات من التوراة تتعلق بالقدس وجبل الهيكل يلخصها بالقول:

> إن معبد سليمان كان مكاناً خاصاً بعبادته وتضرعه، ولم يكن -منذ أن شرع سليمان في بنائه حتى أتمه- مقصداً "للشعب"، ويتضح هذا من صلاة سليمان التي قدمها للرب بعد الانتهاء من البناء...الهيكل، وأورشليم كلها، قد ظلا محل قداسة على الإطلاق فيما بعد سليمان.[206]

أما الكاتب محمد شراب فيصف عملية بناء المعبد قائلا:

> ويظهر أن ذلك المعبد كان خاصاً، بدليل في سورة (ص): {وَهَلْ أَتَاكَ نَبَأُ الْخَصْمِ إِذْ تَسَوَّرُوا الْمِحْرَابَ (21)} الآية. فالمحراب، قد يكون للعبادة، وقد يكون صدر شَرَفُه [اللسان مادة حرب]. فإن كان للعبادة، فمعنى هذا أنه معبدٌ بل قوله تعالى {تَسَوَّرُوا} أي تصعّدوا سور المحراب، ونزلوا إليه، معبداً عاماً، ما كان له سورٌ يمنع الناس من دخوله. ويعني هذا أن يكن هو المسجد الأقصى.[207]

وجاء في تتمة الكتاب:

> وإن كان له في الأقصى عملٌ ربما زاد فيه ووسعه وهيأه للعبادة... سليمان بنى مسجداً للعبادة أيّ مسجد، وليس هو المسجد الأقصى، وربما كانت الإشارة إلى معبدٍ خاص بناه سليمان عليه السلام، وليس هو المسجد الأقصى.[208]

ومن أصحاب هذا الرأي أيضا الكاتب عبد الحميد الكاتب الذي كتب يقول:

> وبنى "سليمان بن داود" عليهما السلام المعبد، وكان معبداً صغيراً ملحقاً بالقصر الملكي، وبابه مفتوح من جهة القصر، لأنه خاص بالملك وحاشيته وزوجاته، أو بعض زوجاته، لأن بعضهن الآخر لم يكن على دين "سليمان" وكن يتعبدن عبادتهن الخاصة، ومنهن زوجته المصرية ابنة فرعون مصر التي كانت على دين آبائها...هذا المعبد يسمونه الهيكل الأول، ولم يدم هذا المعبد طويلاً...[209]

اليهود أنفسهم لا يعرفون أين كان الهيكل ولم يعثروا ذات مرة على آثار له

ثمة ادعاء آخر يستخدمه المؤلفون الإسلاميون ضد العلاقة اليهودية بجبل الهيكل، وهو أن اليهود أنفسهم لا يعرفون أين كان الهيكل، ولم يعثروا له ذات مرة على أي أثر. ومن أبرز من يطرح هذا الادعاء مفتي السلطة الفلسطينية السابق، ورئيس الهيئة الإسلامية العليا في القدس اليوم، الشيخ عكرمة صبري، الذي كتب في مقال له ما يلي:

> والسؤال: أين كان معبد "هيكل سليمان"؟ والجواب هذا ما لا نعرفه حتى اليهود أنفسهم لا يعرفون، فهم يظنون ويخمنون ويفترضون عدة مواقع ويضعون عدة احتمالات ولم يصلوا إلى نتيجة، ويمكننا أن نقول "لن يصلوا".[210]

وها هو الضابط الكبير السابق في الجيش المصري، الذي عمل محاضرا في الجامعات المصرية، اللواء الدكتور محمد صلاح سالم، يتطرق إلى هذه النقطة هو الآخر فيقول: يدعي اليهود أن:

> (أن المسجد الأقصى قد أقيم على أنقاض الهيكل الذي بناه سليمان بعدما أصبح ملكاً على بني إسرائيل بعد موت أبيه داوود).
>
> غير أن هذا ليس صحيحاً، فحتى هذه اللحظة لم يكتشف أي أثر يدل على بناء الهيكل في هذا المكان أو في منطقة القدس، وحتى هذه اللحظة لم يستطع أحد أن يحدد مكان مدينة داود فكيف لليهود أن يتحدثوا عن الهيكل.[211]

ونحن نسوق أخيرا مثالا آخر يتمثل بشخصية فلسطينية رفيعة المستوى، وهو الشيخ عبد الحميد السائح، الذي عمل في حينه رئيسا للمجلس الوطني الفلسطيني، وقد كتب يقول:

ليس هناك أي دليل على أن الهيكل كان في موقع المسجد الأقصى بمفهومه الواسع، وقد أخبرني حسين الشافعي، رئيس المهندسين المصريين، أنهم عندما رمموا قبة الصخرة، في عملية الترميم التي دُشنت سنة 1964، حفروا على عمق عدة أمتار ولم يعثروا على شيء يدل على أنه أثر لأي مبنى آخر.[212]

هيكل سليمان لم يصمد "سوى 415 عاما"

يسعى بعض الكتاب إلى المس بالعلاقة بين اليهود والديانة اليهودية وجبل الهيكل بطريقة أخرى، فهم يعترفون بوجود الهيكل الأول، إلا أنهم يدعون أن الهيكل لم يبق إلا زمنا قصيرا نسبيا. هكذا مثلا يكتب الأستاذ الجامعي محمد عمارة، الكاتب والمفكر الإسلامي المصري:

ولقد بدأ تاريخ اتصال العبرانيين بهذه المدينة الكنعانية، عندما استولى عليهما داود (عليه السلام) في القرن العاشر قبل الميلاد، أي بعد نحو ثلاثة آلاف عام من تأسيسها على يد الكنعانيين، ولم تدم هذه السيطرة العبرية على هذه المدينة لأكثر من أربعة قرون (415 عاماً) أي إلى التاريخ الذي هدمها فيه البابليون، الذين أزالوا "مملكة يهوذا" من الوجود سنة 585 ق.م. وبدأوا حقبة (السبي البابلي) للعبرانيين.

وحتى بعد سماح الفرس لبعض العبرانيين بالعودة إلى أرض كنعان، كانت عودة الذين عادوا منهم إليها، عودة استيطان بلا دولة، وبلا سيادة على مدينة "أورشليم".

لكن هذا "الوجود اليهودي قد عاد وأثار حفيظة الدولة الرومانية، فدمروا هذه المدينة مرتين، الأولى على يد الإمبراطور "تيطوس *Titus* (39-81م) في سنة 70م، والثانية على يد الإمبراطور "حدريانوس" سنة *135*م، وذلك عندما محاها محواً تاماً، بل وغير اسمها إلى "إيليا كابيتولينا" -أي إليا العظمى- وهو الاسم الذي ظل علماً عليها حتى الفتح الإسلامي لها (15هـ - 636هـ) في خلافة الراشد الثاني الفاروق عمر بن الخطاب (40 ق.هـ - 23هـ 584م - 644م).

وفي السنوات الأربعمائة، التي سيطر فيها العبرانيون على هذه المدينة، احتكروا قداستها لمقدساتهم وحدهم، دون غيرهم من الشعوب التي كانت تقطن أرض كنعان في ذلك التاريخ، وهي الشعوب التي بنت هذه المدينة قبل ثلاثة آلاف عام من دخول داود (عليه السلام) إليها، وظلوا يمارسون هذا

الاحتكار، بل والاضطهاد، مع النصرانية والنصارى منذ بعثة المسيح عيسى ابن مريم (عليه السلام).

وبعد تدين الدولة الرومانية بالنصرانية (في القرن الرابع الميلادي) كانت قدسية هذه المدينة "إيليا" وقفاً على النصارى الذين اضطهدوا اليهود، وجعلوا أماكن "هيكلهم" بعد هدمه مجمعاً للقمامة والقاذورات، تُجلب إليه من داخل المدينة وخارجها، حتى لقد طلبوا من عمر بن الخطاب عند تسلمه للمدينة بعد فتحها أن يضمن لهم "ألا يساكنهم فيها أحد من اليهود". ذلك هو تاريخ هذه المدينة قبل الإسلام.[213]

وهكذا يفعل موقع الإنترنت التابع لـ"لجنة القدس" المنبثقة عن "منظمة المؤتمر الإسلامي التابعة للدول الإسلامية" وتعمل من المغرب. يرد الوصف التاريخي للقدس في موقع الإنترنت هذا، كما في معظم الكتب المتعلقة بالموضوع، ويشير إلى السياق اليهودي للقدس، ولكنه يحاول تقزيمه من خلال التاريخ القديم الذي سبق مدينة داود، لكي يبدو أن القدس تحت سيطرة يهودية لم تطل مدتها إلا زمنا قصيرا. ويُذكر الهيكل بشكل عرضي فقط:

احتل داوود المدينة التي كانت تعرف آنذاك باسم يبوس في القرن الحادي عشر ق.م. وقد وفق في اختياره لها عاصمة لملكه لأنها حصيلة ويسهل الدفاع عنها. كما أنها تقع خارج المراكز القبلية الأصلية وتتحكم في طريق رئيسي. واشتهر داوود المحارب بإنجازات أخرى منها القصر الذي شيده في القدس وبناه معماريون من صور أرسلهم صديقه الملك الفينيقي حيرام، ومنها شعره، فإليه نسبت "المزامير" وورث ابنه سليمان الملك من بعده وحكم ثلاثين سنة وبنى هيكلاً وتحصينات وثكنات.[214]

كانت القدس بالنسبة لليهود بمثابة مدينة يبوسية أجنبية ولم تكن مدينة يهودية

هناك ادعاء آخر يستخدمه مؤلفون وكتاب إسلاميون بهدف التقليل من أهمية القدس بالنسبة لليهود، وهو الادعاء بأن القدس كانت بالنسبة لليهود بمثابة مدينة أجنبية. هكذا يقدم المؤرخ السعودي من جامعة الإمام محمد بن سعود، الدكتور عبد الفتاح حسن أبو عليا، تحليلا يدعي فيه أن قداسة المدينة سبقت اليهود وبقيت بعدهم بكثير، ويضيف قائلا:

وفي التوراة إشارة واضحة إلى أن اليهود لم تكن لهم علاقة بتلك البقعة المقدسة وكذلك بمدينة السلام قبل عهد سيدنا داوود عليه السلام وابنه سليمان عليه السلام، بل ظلوا يرون أنفسهم غرباء عن تلك الديار قبل ذلك العهد،

وهو يقول هذا الكلام استنادا إلى ما ورد في "قصة جبعة" الواردة في سفر القضاة، الأصحاح التاسع عشر، الآيات 11-12:

{قالَ الغُلامُ لسيّدهِ تعالَ نميلُ إلى مدينةِ اليبوسيّينَ هذه ونبيتُ فيهَا. فقَالَ لهُ سيّدُهُ لا نميلُ إلى مَدينةٍ غَريبةٍ حَيثُ ليسَ أحَدٌ منْ بَني إسْرائيلَ هُنا}.

ينبغي أن يكون في هذا الاقتباس ما يؤكد أن القدس لم تكن إسرائيلية بل هي مدينة غريبة.[215]

ويكرر هذا الادعاء مفكر إسلامي آخر هو الدكتور محمد عوض الهزايمة، المحاضر في جامعة العلوم التطبيقية في عمان. بيد أنه يضيف أن الملك سليمان:

وأقام المنشآت التي من أهمها (معبد سليمان) في قطعة الأرض التي اشتراها داود من ملك اليبوسيين (ارنان)، والمشهور أن الحرم القدسي الشريف يقوم على الساحة التي كان يقوم عليها الهيكل المذكور.[216]

الإسلام لم يستوحِ قداسة القدس من اليهود

يحاول الكاتب جواد بحر النتشة، وهو فلسطيني من مدينة الخليل وعضو في حركة "حماس"، أنهى دراسته وحصل على الدرجة الجامعية الأولى من جامعة المدينة المنورة في السعودية سنة 1984، (وسُجن بعدها عدة مرات في إسرائيل بسبب مخالفات أمنية، ثم أُبعد مع مبعدي "حماس" إلى لبنان سنة 1992)، يحاول في كتابه تفنيد الادعاء القائل إن المسلمين تبنوا قداسة القدس عن الديانة اليهودية، ويقول:

إن هذه الآيات المكية لتنفي أية مصداقية لدعوى فريق من المستشرقين يهوداً وغير يهود، يقولون: إن مكان بيت المقدس في الإسلام إنما انبثقت من يهود، فهل أثبت التاريخ شيئاً من لقاء اليهود بأحد من المسلمين قبل العهد المدني؟ الجواب: لا، فمن أين جاء التأثر إذن؟!

ويبرر الكاتب جوابه فيقول:

وهـذا الـكلام نـفسه تقوله في الحديـث الحواري القصير بين الرسول صلى الله عليه وسلم مـن جهة وبين الأرقم رضي الله عنه مـن جهة أخرى، فهو يصور توجهاً من هذا الصحابي إلى بيت المقدس في المرحلة الأولى من العهد المكي، مما يُسهم في نفي أية إمكانية لصدق دعاوى يهودية تقول: إن المسلمين استفادوا مكانة بيت المقدس من اليهود.[217]

تجاهل قداسة القدس وجبل الهيكل بالنسبة لليهود

ذهـب فـقهاء الأزهـر سـنة 1969 بـعيدا عـندمـا نشروا فتوى، عـقب عـملية إحـراق المسجـد الأقصى في ذات الـسنة، الـتي نـفذهـا سـائح أسـترالي، أكـدوا فـيها على قـداسـة الـقدس لـدى المسلمين والنصارى فقط:

> إنه قبلة المسلمين والمسيحيين وسجل الأحداث التاريخية لرسل الله وأنبيائه، وقد دأبت إسرائيل على انتهاك حرماته وتدنيس مقدساته فلم يكن إحراقها له أول اعتداء منها عليه.[218]

خلاصة

اندلعت أحداث سنة 1929 عقب نقاش دار حول حقوق اليهود في حائط البراق (الحائط الغربي أو حائط المبكى)، وقد حركت تلك الأحداث المسلمين في أرض إسرائيل بتوجيه من المفتي، الحاج أمين الحسيني، ودفعت بهم إلى إنكار أي علاقة حقيقية لليهود بالمكان. وكان الحسيني ورفاقه من القيادات الفلسطينية ادعوا أن الصهيونية هي التي تدفع بيهود البلاد إلى المطالبة بحقوق لهم في الأماكن المقدسة في مدينة القدس.

يبدو أن تلك الأحداث هي التي أشعلت فتيل ظاهرة إنكار المسلمين للعلاقة اليهودية بجبل الهيكل والقدس. وتعاظمت هذه الظاهـرة بعد حزيران 1967، وبعد قيام إسرائيل بضم شرقي القدس. في تلك الأثناء عاد ليطفو على السطح الصراع حول مستقبل القدس بين إسرائيل والفلسطينيين، وإلى جانب الصراع العسكري والسياسي حول الموضوع يدور صراع من نوع آخر، هو الصراع على وعي الناس.

كتب الفلسطينيون والمسلمون في الدول العربية كتبا ومقالات كثيرة حول القدس، وهي خطاب جدالي تصور العقيدة والرواية اليهودية المتعلقتين بجبل الهيكل على أنهما مؤامرة صهيونية.

من اللافت أن معظم الكتاب الإسلاميين المعاصرين، الذين يكتبون عن لحرم الشريف وعـن الـقدس، يـنكرون العلاقة بين الـيهود والـديـانـة الـيهوديـة ومـديـنـة الـقدس وأمـاكـنها

المقدسة، وهم يطرحون ادعاءات مختلفة كتلك التي تقول إن الهيكل لم يكن في فلسطين أبدا. كما يدعي هؤلاء المؤلفون والكتاب أن الروايات الإسلامية التي تذكر العلاقة بين إسرائيل والهيكل والقدس ليست مستمدة من مصادر ذات مصداقية، مع أن الحديث يدور حول مصادر تراثية مستمدة من الثقافة العربية القديمة ومن أدبياتها. ولا يتطرق بعض هؤلاء البتة إلى المصادر الإسلامية القديمة التي عرضناها في الفصل الأول، بينما يحاول البعض الآخر التعامل مع والرد على تلك المصادر بالقول إن المصادر القديمة تقتبس روايات منحازة ليست ذات أصالة.

وبالرغم مما تقدم فقد وجدنا عدة مصادر إسلامية معاصرة تعترف بالتاريخ اليهودي لجبل الهيكل ولكنها تعتبر شاذة ولا تعكس الواقع السائد.

3. المصادر المعاصرة التي تذكر العلاقة بين اليهود وجبل الهيكل

الاعتراف بالعلاقة المحدودة بين اليهود وجبل الهيكل

إلى جانب المؤلفات العديدة التي تنكر العلاقة اليهودية بجبل الهيكل وجدنا عدة مؤلفات تعترف بوجود معبد يهودي في القدس. سنتناول الآن المكانة والأهمية اللتين يوليهما أولئك المؤلفون لذلك المعبد وهل تنسجمان مع الرواية التي تقدمها المصادر القديمة. كما سنتناول السياق الذي يقال فيه الكلام وذلك بغية الاطلاع على ميول أولئك المؤلفين والمعنى الذي يولونه للنقاش حول الموضوع.

التطرق الهامشي، والحضور اليهودي الخفيف

أحد الأساليب التي يستخدمها الكتاب والمؤلفون المسلمون، والذي نجده في بعض مؤلفاتهم، هو التطرق للهيكل وذكره فيها، الأمر الذي يدل على نوع من الاعتراف، ولكن ذكر العلاقة اليهودية بالمكان المقدس يظل هامشيا، والأهمية التي يوليها هؤلاء الكتاب والمؤلفون للمكان ولمسألة الحضور اليهودي جانبية جدا. وفيما يلي بعض الأمثلة على ذلك:

يعرض الكاتب يهوشفاط هركابي في كتابه "كيف تم تفسير الموقف العربي"[219] اقتباسات من مواد إعلامية استخدمها الجيش المصري بهدف بناء الوعي القتالي لدى جنوده عشية حرب الأيام الستة. ومما يقتبسه هركابي مضمون المحاضرة "حول فلسطين" التي قدمها المندوب الشخصي للرئيس المصري جمال عبد الناصر لشؤون الإعلام، حسن صبري الخولي.[220] تتناول المحاضرة المذكورة قضايا مختلفة وهي مليئة بالاتهامات اللاسامية الحادة فيما يتعلق بمشروع سيطرة اليهود على العالم من خلال الدولة الصهيونية، اعتمادا على بروتوكولات صهيون.[221] وما يلفت الانتباه بالنسبة لنا هو ما تضمنته تلك المحاضرة بشأن القدس والهيكل. وهكذا جاء فيها:

> جميع الشهادات التاريخية القديمة تؤكد أن اليهود القدماء عبروا في فلسطين كحالة عابرة شأنها شأن سائر الحالات التاريخية التي لم يبق لها أثر يمنح صاحبه أي حق تاريخي...
>
> عندما قوي العبرانيون وتوحدوا فرضوا سلطتهم على العرب طوال سبعين سنة. وهذه هي فترة مملكتي داود وسليمان كلها. قام الملك نبوخذنصر بهدم هيكل سليمان وأخذ جميع اليهود أسرى، وهدم مدنهم وطهر فلسطين منهم،

ولكن العرب واصلوا زراعة أراضيهم والإقامة في بيوتهم القديمة التي ورثوها. لم يعد اليهود إلى فلسطين إلا بعد مئات السنين...[222]

الكتاب اليهودي الأصلي غير موجود أبدا. أما كتب اليهود الحالية فهي من تأليفهم هم، وقد ضمّنوها الأفكار التي ارتأوها.[223]

يشير الخولي إلى أن سليمان بنى الهيكل في القدس، ولكنه لا يذكر بناء الهيكل الثاني بعد العودة من بابل. وهو يدعي أن مجرد وجود المعبد لا يؤكد وجود أي علاقة، كما إنه لا يمنح أي حق لليهود، لأنهم أقاموا في المكان مدة قصيرة تكاد لا تذكر. أي أن الهيكل كان موجودا ولكنه ليس ذا أهمية.

أما محمد أميري فيقول كلاما مشابها في كتابه Jerusalem, Arab Origin.[224]

يعرض الغلاف الداخلي للكتاب، بشكل شديد الاقتضاب، الادعاء المركزي للمؤلف:

مدينة القدس هي مدينة مقدسة للديانات الثلاث: الإسلام واليهودية والنصرانية. وقد أثرت هذه الحقيقة تأثيرا كبيرا على بقاء هوية المدينة وجذورها وأصحابها الحقيقيين محفوفين بالغموض. التلخيص الذي يسوقه المؤلف لما يتعلق بالمصادر الأساسية يبين بشكل قاطع أن مدينة القدس كانت منذ بداياتها قبل حوالي ستة آلاف عام ولا زالت تابعة لشعب واحد فقط، هو المعروف اليوم باسم "العرب"...

يؤمن المؤلف بأن الاحتلال الحالي الذي تقبع المدينة تحته، والتغيير الذي يطرأ على ملامحها من خلال إنشاء المباني الغريبة والبشعة، سيزولان كما زالت الاحتلالات التي سبقتهما، ويبقى التراث العربي للمدينة حاضرا ليعزز حصانتها أمام الخراب.

يعتقد أميري أنه منذ ذلك الحين وحتى اليوم كان سكان القدس الدائمون من العرب، أما الفلسطينيون في عصرنا الحاضر فهم من نسل الكنعانيين واليبوسيين العرب مؤسسي القدس. ولكي يثبت صحة ادعائه هذا يقدم استعراضا لتاريخ المدينة استنادا إلى مصادر مختلفة، بينما يذكر دخول بني إسرائيل إلى البلاد واستيطانهم فيها في عجالة:

الناس الذين يسمون أنفسهم بني إسرائيل ظهروا في حوالي العام *1300* قبل الميلاد على أبعد تقدير، وربما بعد هذا التاريخ، ولم يحتلوا القدس حتى ما يقارب العام 1000 قبل الميلاد. وهم الذين أسسوا مملكة استمرت تحت حكم داود وسليمان سبعين سنة على أبعد تقدير، انقسمت بعد ذلك إلى مملكتين،

> تفككت الأولى منهما بعد مائتي عام، ثم تفككت الثانية بعد ثلاثمائة أو أربعمائة عام. توزع الإسرائيليون في تلك الحقبة كأقليات، في فلسطين أولا، ثم خارجها. بقي في القدس عدد قليل من اليهود، وفيما بعد عاد عدد منهم من الشتات في محاولة لبناء معبدهم المدمر واستئناف طقوس العبادة الخاصة بهم.[225] وخلال فترة المملكة الإسرائيلية ضم سكان القدس وفلسطين عددا كبيرا من سكانها الأصليين الكنعانيين...[226]

هكذا ينهي أميري تناوله لمملكتي داود وسليمان والهيكل. وهو يذكر معبدا ما يمكن الاستنتاج بأنه كان موجودا في القدس، ولكن ذكره يأتي عرضيا فقط عند الحديث عن خرابه وببضع كلمات لا أكثر. لم تذكر فترة الهيكل الثاني وبنائه. هذا مثال واضح للاعتراف بهيكل يهودي معين، مع التقليل من أهميته ومكانته، كجزء من تقزيم كل الوجود اليهودي في المنطقة.

يعترف محمود أبو غزالة، هو الآخر، في كتابه "إسلامية بيت المقدس: فضائل وثوابت"[227]، بوجود معبدين اثنين لليهود على جبل الهيكل، ولكنه ينفي العلاقة التي يمنحها هذان المعبدان لليهود اليوم. وهو يؤكد أن قداسة القدس لدى اليهود مرتبطة بسفر التكوين، عندما أُمر إبراهيم بالذهاب إلى بلاد كنعان. وهو يضيف أن إبراهيم منع محاربيه من خوض القتال في مدينة القدس (سالم) لأنها مقدسة يُحرم القتال فيها.[228] وهكذا يستهل كلامه بشأن القدس واليهودية:

> إن الفترة الحاسمة في ما يتعلق بتمسك اليهود وتعلقهم بالقدس كانت في عمر النبي داوود عليه السلام (976-1016) قبل الميلاد. أما أوج العنفوان الديني لليهود فكان إبان حكم سليمان عليه السلام (936-976) قبل الميلاد. وذلك عندما قام ببناء الهيكل المقدس، غير أن مملكة إسرائيل انقسمت على نفسها مملكة يهوذا وعاصمتها أورشليم، ومملكة إسرائيل وعاصمتها السامرة. ونشبت حرب عوان بين رحبعام ملك يهوذا ويربعام ملك إسرائيل، وما لبثت أن تهاوت المملكة واندثر مجدها.[229]

ويحذر أبو غزالة من أن اليهود الصهاينة يسعون إلى بناء "هيكل سليمان" من جديد على أنقاض المسجد الأقصى. وفي هذا السياق يورد كلام الحاخام موشي بن ميمون (رمبام):

> ونشط المتشددون من زعماء اليهود الروحانيين في إصدار فتاوى تحث اليهود على العودة إلى "أرض الميعاد" وبهذا الصدد ذكر الحاخام "موشيه بن ميمون"

إن عودة كامل اليهود إلى فلسطين ونهاية عصر المهجر ستتم بعد بناء الهيكل في بيت المقدس من جديد.

وقد اختلفت آراء اليهود حول المكان الحقيقي الذي يعتزم اليهود إقامة الهيكل، ففي الإنسيكلوبيديا البريطانية لعام 1971 رسمة (×) نجمة صهيون على مسجد الصخرة المشرفة كرمز لإسرائيل، وذكر عدد من الإسرائيليين في كتاباتهم على أن الهيكل يجب أن يقام مكان الصخرة المشرفة في حين تحدث يهود آخرون عن إقامة الهيكل تحت المسجد الأقصى.[230]

كما يرى أبو غزالة أن حائط البراق هو الأثر الباقي من معبد كان يقوم على جبل الهيكل، بيد أنه لم يكن معبدا يهوديا:

فمن الآثار الباقية بالحرم القدسي الشريف هو حائط البراق الذي يبلغ طوله ثلاثين متراً، وهو الجدار الذي كان رسول الله صلى الله عليه وسلم قد ربط فيه براقه عندما عرج به إلى السموات العلا.

وكان هذا الجدار جزء من سور معبد الشمس الذي بناء (×) الإمبراطور الروماني هدريان بعد أن قام القائد الروماني تيطمس عام 70م، بهدم هيكل اليهود ولم يبق منه أي أثر، بل إنه هدم معظم مباني المدينة حتى لا يعرف أين يوجد الهيكل اليهودي.[231]

وهنا يصل الادعاء المعروف بشأن الاستغلال الصهيوني للتاريخ خدمة لأغراض سياسية راهنة:

انتهز اليهود بعد ذلك فرصة وعد بلفور المشؤوم الذي صدر بتاريخ 2/11/1917 وأعطى اليهود حقاً بإقامة وطن قومي لهم في فلسطين، وأخذوا يجلبون المقاعد والحصر والمصابيح والستائر وأطلقوا علانية على جدار البراق اسم –حائط المبكى- لأول مرة وأنه حائط سليمان.[232]

سعت السلطات الإسرائيلية سعياً حثيثاً في البحث والتنقيب عن آثار تدل على وجود تاريخي لهم في القدس، وخاصة في منطقة المسجد الأقصى المبارك. واتخذت الحفريات نوعين أساسيين أولهما حفريات أثرية غير مرئية تركزت نحو الشمال من ساحة البراق وهذا النوع هو الأكثر خطورة تقوم به جهات دينية يهودية تابعة لوزارة الباحثين وعلماء الآثار إذ ربطوا أي شيء يكتشفونه بالأوصاف الواردة في التوراة وزعموا أن مدينة داود تقع داخل أسوار البلدة القديمة.

ودلت الحفريات بأن ما يزيد عن 80% من الحفريات هي معالم إسلامية و20% معالم عربية ما قبل الإسلام. وجاءت نتائج الحفريات مخيبة لآمال اليهود وتثبت بطلان الادعاءات الإسرائيلية وتقوض النظرة التوراتية حول هيكل سليمان.

وحين فشل اليهود في إيجاد أي شيء مما يدعونه ببقايا هيكل سليمان زعموا أن الحجر الضخم الذي يزن 8 أطنان وهو زاوية ارتكاز سور المسجد الأقصى من بقايا الهيكل ولا تختلف قدسيته عن قدسية حائط المبكى - الجدار الغربي للأقصى-.

ومرة ثانية جاءت التقارير من مدرسة الآثار البريطانية وغيرها من مدارس الآثار تؤكد بطلان المزاعم الإسرائيلية وتؤكد أن الحجارة الضخمة أسفل أسوار المسجد الأقصى هي حجارة تعود لفترة اليبوسيين أو الكنعانيين.

ويرى خبراء الآثار أن امتناع إسرائيل عن القيام بحفريات في ساحات المبكى التي كانت قائمة عليها حارة المغاربة والتي يدل نموذج لهيكل سليمان مبني بحجارة صغيرة الحجم في فندق الهولي لاند أن ساحة المبكى تضم بقايا وأجزاء من مرفقات الهيكل يؤكد أن هدف إسرائيل من إجراء الحفريات الواسعة والقريبة من حدود وأسوار المسجد الأقصى ليس للاكتشاف فقط وإنما لزعزعة أساسات مسجدي الأقصى والصخرة المشرفة ليسهل إنهيارها ويصبح بالإمكان بناء الهيكل من جديد.[233]

يجدر الانتباه مرة أخرى إلى الفرق بين بداية الكتاب ونهايته. فالمؤلف يعرض في البداية الرواية المتعلقة بهيكل سليمان وخرابه ويبدو كمن يتقبل هذه الرواية. ولكن عندما يتناول ما يحدث اليوم وأبعاد احتمال وجود معبد يهودي في باحات جبل الهيكل يغير موقفه ليدعي أن التوراة اليهودية تكذب بالنسبة لمكان المعبد، وكل محاولة لإيجاد أي ذكر له هي عبارة عن مؤامرة تهدف إلى تخريب المساجد.

أحد أبرز علماء الدين المسلمين في عصرنا هو الدكتور يوسف القرضاوي، الشيخ المصري المقيم في دولة قطر. وهو يعترف بحقبة مملكتي داود وسليمان ويشير إلى أنها دامت "434 عاما فقط"، ويقول إن هيكليهم هدمهما البابليون والرومان، وإنهم طُردوا ومُنعوا من السكن في القدس. حق اليهود بالوعد الإلهي على أرض إسرائيل سُلب منهم لأنهم لم يواصلوا السير على طريق إبراهيم.[234]

ويذكر الشيخ يوسف القرضاوي، الهيكل ولكنه يقلل من أهميته فيما يتعلق بالعلاقة بالديانة اليهودية. وهكذا يقول في كتابه "القدس قضية كل مسلم":[235]

إن اليهود يزعمون أن لهم حقاً تاريخياً، وحقاً دينياً في فلسطين، والواقع أنهم معتصبون لأرض غيرهم، وليس لهم أدنى حق في هذه الأرض، لا من الناحية التاريخية، ولا من الناحية الدينية. كما سنبين ذلك.[236]

وبعد الاستعراض التاريخي لليبوسيين الذين استوطنوا البلاد ودخول بني إسرائيل إليها يصل الكاتب إلى أيام داود وسليمان:

وقسم الأرض على أسباط بني إسرائيل، ولم يقم لبني إسرائيل ملك ولا مملكة، وإنما قام بعدة قضاة حكموهم (200) سنة، ثم جاء بعد القضاء حكم الملوك: شاؤول وداود وسليمان، فحكموا (100) سنة، بل أقل، وهذه هي مدة دولتهم، والفترة الذهبية لهم. وبعد سليمان انقسمت مملكته بين أولاده: يهوذا في أورشليم، وإسرائيل في شكيم (نابلس)، وكانت الحرب بينهما ضروساً لا تتوقف، حتى جاء الغزو البابلي فمحقهما محقاً، دمر الهيكل وأورشليم، وأحرق التوراة، وسبى كل من بقي منهم حياً، كما هو معلوم من التاريخ.[237]

يجدر الانتباه إلى أن ذكر الهيكل يقتصر على خرابه فقط. لم يُذكر أن سليمان بنى الهيكل، وهذه الفترة كلها مذكورة في عبارة واحدة فقط. هذا الأسلوب ذاته نجده فيما يتعلق بالحديث عن أيام الهيكل الثاني أيضا:

على أنهم لم يكادوا ينفكون من الغزو البابلي حتى جاءهم الغزو الروماني فأباد خضراءهم، ومزقهم كل ممزق، ثم جاء الفتح الإسلامي وهم مشردون.

وفيما بعد أيضا يستخدم القرضاوي الأسلوب ذاته عندما يعود ويذكر الاحتلال البابلي:

ولا بد لنا أن نذكر -ولو بإيجاز- ما صنعه البابليون والرومان ببني إسرائيل، الذين سلطهم القدر عليهم لتأديبهم، جزاء إفسادهم في الأرض، وطغيانهم بغير الحق.

ففي عام (597 ق.م.) زحف الملك البابلي "نبوخذ نصر" على أورشليم، وأخذ معظم سكانها أسرى إلى بابل، وبتحريض من مصر ثارت البقية من سكان المدينة على سادتهم الجدد. فقدم ملك بابل بنفسه وفرض على أورشليم حصاراً استمر عامين (588 ق.م.)، واستسلمت المدينة على أثره ودمرت، ولم يترك البابليون فيها إلا الضعفاء، أما بقية أهلها فقد سيقوا في الأسر ...[238]

ومما لا شك فيه أن غياب الهيكل عن النص بارز. هذه الأمثلة هي عينة مثيرة للاهتمام تمثل طريقة ذكر المؤلف لهيكل سليمان، بموجب الرواية الإسلامية، ولكنه يحاول التقليل من ذكره قدر الإمكان. حتى عندما يذكر الهيكل يفعل ذلك في سياق الحديث عن خرابه، الأمر الذي يقلل من قيمة ذكره والاعتراف بوجوده. وهذا ما يظهر لاحقا:

> والإشارة الثالثة، هي: إعادة بناء هيكل سليمان على أنقاض المسجد الأقصى. وهذا ما تعمل له إسرائيل منذ زمن، وما تقوم به من حفريات تحت بنيان المسجد الأقصى، بحجة البحث عن آثار يهودية مطموسة، وفي مقدمتها الهيكل المزعوم.
>
> ومن المعروف أن الهيكل قد دمر من قديم، ورغم بحث اليهود وحفرياتهم لم يعثروا له على أثر، وأعتقد أن تواصل هذه الحفريات يعرّض المسجد العظيم لخطر[239]

يعرض القرضاوي في تتمة حديثه الادعاء القائل إن اليهود لا يستحقون وعد إبراهيم لأنهم لا يسيرون على نهجه. وهو ادعاء شبيه بالادعاء الذي سبق ذكره بشأن قطع الصلة بين اليهود اليوم وأجدادهم القدماء.[240] ويعتبر ادعاء القرضاوي هذا ادعاء فقهيا يرى أن المسلمين، وليس اليهود، هم المكملون الحقيقيون لدرب إبراهيم. وهو يختلف عن سائر الادعاءات التي تنفي علاقة اليهود بأرض إسرائيل والقدس والموقع المقدس فيها.

الهيكل ليس مبنى ذا قيمة

تحكي بعض المصادر الإسلامية المعاصرة عن الهيكل ولكنها تشرح سبب قلة أهميته التاريخية. ويمكن إيجاد هذا الموقف في كتاب عبد الحميد الكاتب آنف الذكر: "القدس- الفتح الإسلامي، الغزو الصليبي، والهجمة الصهيونية".[241] وبعد الإسهاب في الحديث عن أن المسلمين يحافظون على المباني الدينية التابعة لأبناء الديانات الأخرى، كالمسيحية مثلا، يخلص الكاتب إلى نتيجة مفادها أنه لم يكن هناك معبد يهودي في عهد المسلمين:

> فلماذا إذن لا توجد في القدس معابد ولا هياكل ولا آثار يهودية؟.. ولماذا يتعب جنرالات إسرائيل أنفسهم، فيتحولوا إلى علماء آثار، وإلى هواة حفريات؟ فضلاً عما تحشده "الجامعة العبرية" وجامعات أمريكية وأوروبية من علماء وغير علماء. كلهم ينقبون تحت أرض القدس الشريف عن معبد "داود"، أو عن هيكل سليمان، أو عن قبر "يوسف". فما وجدوا شيئاً حتى الآن!.

> ما من أحد من المؤرخين -بمن فيهم المؤرخ اليهودي الشهير "يوسفوس"- الذين كتبوا تاريخ القدس بالتفاصيل، قد ذكر أو ادعى أن المسلمين هدموا في يوم من الأيام معبداً يهودياً، أو طمسوا أثراً يهودياً، واستولوا على كنيس يهودي وجعلوه مسجداً لهم.[242]

ولكنه لا يقصد القول إنه لم يكن هناك أي معبد يهودي، بل يقصد القول إنه كان هناك معبد كهذا ولكن أهميته ليست بالغة:

> وهنا نتساءل: ألم يدخل اليهود مدينة القدس؟ ألم يقيموا فيها مملكة لهم ردحاً من الزمان؟
>
> والإجابة التاريخية على هذا، هي أن بني إسرائيل دخلوا القدس فعلاً، وأقاموا فيه مملكة لهم فعلاً، وكان هذا في عهد "داود" وابنه "سليمان" عليهما السلام. وقد عاشت هذه المملكة الإسرائيلية في القدس، سبعين سنة، نعم، سبعين سنة فقط. وهي فترة قصيرة جداً من تاريخ القدس...[243]
>
> بدأت تلك السنوات، عندما دخل النبي "داود" القدس في سنة 1050 قبل الميلاد، أو حول هذا التاريخ، ولم يبن "داود" معبداً ولا هيكلاً في القدس. وبنى "سليمان بن داود" عليهما السلام المعبد، وكان معبداً صغيراً، ملحقاً بالقصر الملكي، وبابه مفتوح من جهة القصر، لأنه خاص بالملك وحاشيته وزوجاته، أو بعض زوجاته، لأن بعضهن الآخر لم يكن على دين "سليمان" وكن يتعبدن عبادتهن الخاصة...[244]

يرى الكاتب أن هيكل سليمان لم يكن سوى مكان عبادة شخصي عديم الأهمية القومية والدينية الحقيقية. هذا المعبد أيضا لم يدم طويلا:

> هذا المعبد يسمونه الهيكل الأول، ولم يدم هذا المعبد طويلاً.
>
> أولاد "داود" و"سليمان" قد نشبت بينهم المنازعات والمناوشات. ثم ظهرت قوة كبيرة في الشرق هم البابليون، فاقتحموا المدينة سنة 578 ق.م. ودخلها "نبوخذ نصر" ملك بابل، فأحرق الهيكل، وقوض أركانه وجدرانه، وسبى جميع الرجال والشبان ...وبقيت "أورشليم" مدينة مخربة، تحت حكم البابليين، فترة من الزمن، ثم ظهرت قوة الفرس وملكهم "قورش"، فأغار على "أورشليم"، وانضم إليه أشتات اليهود، انتقاماً من البابليين، فسمح لهم بالعودة إلى "أورشليم" وبنى فيها معبداً، وهذا ما يسمونه: الهيكل الثاني.

وكما أحرق ودمر الهيكل الأول، أحرق ودمر الهيكل الثاني، وذلك عندما جاء الإغريق، وحكموا "أورشليم".[245]

وصف الكاتب إلى هنا معبدين، كلاهما صغير عديم الأهمية. وهو يرى أنه يأتي بعدهما معبد ثالث. وهو يصف الإسكندر المقدوني الذي يأتي إلى القدس، ويتطرق إلى علاقاته الجيدة باليهود، ويضيف قائلا:

لم يدم الود بين اليونان واليهود طويلاً، فجاء أحد خلفاء الإسكندر وأذل اليهود... هدم الهيكل... وأقام مكانه تمثالاً لرئيس آلهة اليونان، وأمر بأن تذبح في هذا المعبد الخنازير.

وظل الأمر هكذا، حتى دخل الرومان مدينة القدس، وكان هذا سنة 63 قبل الميلاد، ورحب اليهود بالرومان، مثلما رحبوا من قبل باليونان، فأقام الحاكم الروماني "هيرودس" معبداً كبيراً يسمونه الهيكل الثالث.

كان على جبل الهيكل ثلاثة معابد. ولكن المعبد الأخير لم يكن معبدا يهوديا:

لم يكن ذلك الهيكل الثالث معبداً يهودياً، وإن كان يسمح لليهود بدخول بعض أرجائه... بل كان معبداً رومانياً، بني على الطراز الروماني، وعلى مساحة تبلغ عشرين فداناً. وكانت الألعاب الأولمبية ومسابقات الأولمبيات تقام به.. .![246]

ثم ساءت العلاقات بين اليهود والرومان، فأمر الإمبراطور الروماني "نيرون"، بأن تحرق "أورشليم" كما أحرقت روما نفسها. وتم هذا على يد أحد القواد الرومان، الذي أشعل النار في المدينة، فظلت مشتعلة شهراً كاملاً، وأمر بهدم الهيكل الثالث، فلم يبق منه إلا حائط، ذلك هو حائط المبكى، وذبح جنوده كل من وجدوه في المدينة من اليهود. وكان هذا في سنة 70 بعد الميلاد.[247]

هذه إلمامة سريعة جداً بتاريخ مدينة القدس، أو بعلاقة اليهود بالقدس، ومنها نتبين أن آخر معبد يهودي، أو آخر معبد يسمح لليهود بدخوله، وممارسة طقوسهم في بعض أرجائه هو ذلك الهيكل الثالث، الذي أحرقه الرومان وهدموه.

يعترف الكاتب بأن حائط المبكى هو أثر من آثار معبد كان قائما أيام الرومان، ولكنه كان معبدا وثنيا وليس يهوديا، ولذا فهو لا يمنح اليهود أي حق أو صلة بالمكان، أما الهيكلان اللذان كانا قبله فهما في نظره صغيران لا أهمية تذكر لهما.

هناك مصدر آخر مختلف وجدير بالاهتمام هو كتاب "نقض شرعية الهيكل، وكيف تعود القدس"[248] للدكتور عبد التواب مصطفى، محرر البرامج الدينية في وسائل الإعلام الإلكترونية المصرية والمحاضر في القضايا الإسلامية. يستهل عبد التواب مصطفى كتابه هذا بهجوم حاد على اليهود والصهيونية، ولكنه فيما بعد يخفف من حدة الهجوم بعض الشيء. كما يستخدم ادعاء جديدا يقول فيه إن اليهود، وأنبياءهم أيضا، هم الذين أزالوا عن الهيكل أهميته. وهو يستهل كتابه بالكشف عن مواقفه الرامية إلى تقويض جميع الأسس التي يقوم عليها فكر الحركة الصهيونية:

> توجه الدراسة الأولى "نقض شريعة الهيكل" أدلتها العلمية وحججها المنطقية، صوب العماد الفكري لمنظومة المزاعم اليهودية الصهيونية، تلك المنظومة التي لا يُناولها في الضعف والوهن غير بيت العنكبوت، فقد انتهت هذه الدراسة إلى نقض أهم المرتكزات العقائدية للحركة الصهيونية، وهو المرتكز الديني المتمثل في اعتقادهم بضرورة اجتماع اليهود على هيكل واحد في "أورشليم". بل إن هذه الدراسة ذهبت إلى ما هو أبعد، فقدمت الأدلة على ما ينقض شريعة اليهود أو عقيدتهم في ضرورة وجود هيكل لهم من الأساس.[249]

لا يتوقف هدف مصطفى عند مسألة الهيكل، بل يذهب إلى ما هو أبعد من ذلك عندما يتحدث عن الأبعاد المترتبة على الموضوع فيقول:

> فإنه ينقض مثل هذه العقيدة، التي تعد بمثابة المرتكز الديني للحركة الصهيونية، يمكن - حسب نظرية الدومينو- أن تنهار، وتتهاوى بقية المرتكزات التاريخية والسياسية والاستيطانية للحركة الصهيونية؛ باعتبار هذه المرتكزات قائمة، بدرجات متباينة، على المرتكز الديني، أو - على الأقل- فهي تجعله في صدارتها.[250]

على الرغم من أسلوبه الحاد في مقدمة كتابه يطرح الكاتب فيما بعد مفهوما مركبا. وهو يتحدث عن أيام داود وسليمان وعن قصص توراتية أخرى ويقتبس كلام الأنبياء الذين يحذرون بني إسرائيل من خراب الهيكل بسبب خطاياهم وذنوبهم. وعندما يطرح الادعاءات المنافية للمفهوم اليهودي الصهيوني على حد تعبيره فإنه يفعل ذلك بشكل

مفصل. حسب نظريته فقد أدرك داود قيمة مدينة مكة المنورة ورغب في أن يكون لليهود أيضا معبد فيها. وهكذا يستهل كلامه:

كان داود -ككل الأنبياء- على علم بمنزلة بيت الله الحرام في مكة، فكان يجله ويقدسه، وتمنى أن يكون لبني إسرائيل بيت مقدس في أورشليم عوضاً عن خيمة الرب التي كانت قد شُدت من جلود البقر وبادت... فعهد بها إلى ابنه سليمان، فبنى سليمان ذلك البيت لأربع سنين من ملكه. واستمر قائماً ثمانمائة حتى غزا (بختنصر) ملك بابل أورشليم، فحرقها، وهدم الهيكل.[251]

اشتهر بيت الله الذي بناه النبي سليمان في أورشليم بهيكل سليمان، وكان الغرض الأساسي من بنائه هو عبادة الله سبحانه، وكان مسجداً للموحدين المؤمنين، ورمزاً لقوة الدولة. وبرغم ذلك، كان الهيكل بمثابة معبد خاص ملحق بقصر سليمان، فقد كانت مساحة جناح واحد في القصر تعدل أربعة أضعاف مساحة الهيكل كله.

يبدو أن النبي سليمان لم يكن يحقق أمنية أبيه -فحسب- ببنائه ذلك الهيكل، بل إنه كان -أيضاً- يريد أن يجعل منه رمزاً وشاهداً على عهده.[252]

يرى مصطفى أن هيكل سليمان كان مكانا صغيرا وشخصيا. وهو على استعداد

لأن يغفر للروايات اليهودية التي ترى أنه كان هيكلا مكانا خاصا وعظيما:

كان عهد النبي سليمان عهد سلام بحق، أفادت منه عاصمته أورشليم، حتى جعل الفضة فيها كحجارة الشوارع من كثرتها، واعتزم أن يزينها بمعبد جديد لـ (يهوه)، وبقصر جديد له هو، وأعلن في الناس أن الهيكل يرحب بتبرعات المواطنين، واختير لتشييده مكان فوق ربوة، وقامت جدرانه كأنها امتداد للمنحدرات الصخرية، وبُني على الطراز الذي نقله الفينيقيون عن مصر، وعلينا أن نلتمس العذر للعبرانيين حين يعدون هذا الهيكل إحدى عجائب العالم؛ فهم لم يروا هياكل طيبة، وبابل، ونينوى، التي لا يعد هيكلهم -حسب وصفه المتداول- شيئاً إلى جانبها.[253]

لم يمض على موت سليمان إلا زمن قليل حتى استولى (شيشنق) ملك مصر على أورشليم، وسلمت له كل ما جمعه سليمان من ثروة.

وبعد بضع سنين، انتصر ملك بابل (نبوخذ نصر) على (نخاو) في قرقميش، واستولى على يهوذا وجعلها ولاية تابعة لبابل، ثم استولى على أورشليم وحرقها

عـن آخـرهـا، وهـدم هـيكل سـليمان، وعـاد إلى بـلاده بعشرة آلاف أسـير مـن اليهود.[254]

يطرح المؤلف ادعاءات ضد الاعتماد على هيكل سليمان باعتباره مصدرا لأي علاقة ذات أهمية بجبل الهيكل. وهو يرى أن هيكل سليمان كان واحدا من بين عدد كبير من المعابد:

هيكل سليمان لم يكن أكثر من معبد خاص ملحق بالقصر الملكي، الأمر الذي يعني – منطقياً- وجود معابد – هياكل- أخرى عديدة في أنحاء المملكة؛ لسائر اليهود.[255]

بعد انقسام المملكة عمل (يربعام) حاكم الشطر الشمالي (إسرائيل) عجلين من الذهب... وأقام يربعام هيكلاً منافساً لهيكل أورشليم... حوالي *328* ق.م...[256]

كذلك تنبأ سفر اشعياء بإقامة هيكل يهودي في مصر في عهد البطالة هـو هـيكل أونـيا... أريـد بـه أن يـكون بـديـلاً عـن هـيكل فلسـطين، وقد بـناه الكاهن أونيا.[257]

بالإضافة إلى كون هيكل سليمان مبنى صغيرا، واحدا من بين عدة معابد يهودية أخرى، لم ير الأنبياء حاجة لأي معبد اصلا:

لم يقف الأمر عند حد نقض أنبياء بني إسرائيل أنفسهم لشريعة وحدة الهيكل فحسـب، بـل إن مـنهم مـن رأى ألا ضرورة لـوجـود أو بـناء هـيكل مـن الأصـل؛ خاصة بعد أن فقد وجود الهيكل معناه لديهم، ولم يعودوا أهلاً لمثل هذه المباني الطاهرة، فقد دنسوا هياكلهم تباعاً، بل إنهم جعلوا من هيكل سليمان نفسه مغارة للصوص، وانخرطوا في المعاصي.[258]

هكذا كان مصير الهيكل الثاني، حسب رأيه، ذلك الهيكل الذي بُني بعد عودتهم من الأسر في بابل:

واستنكاراً لإعادة بناء الهيكل بعد العودة من السبي، يقول أشعياء – الإصحاح *66*: "هكذا يقول الرب: السماء عرشي، والأرض موطئ قدمي، فأي بيت تبنون لي".

لم يكن الهيكل الجديد – بعد إعادة بنائه - أسعد حظاً، بل لقى على أيدي اليهود ما لقيه سابقه، وأحالوه مغارة لصوص من جديد،[259] وجعلوا منه

> مرتعاً للباعة والصيارفة، كما شهد عليهم بذلك آخر أنبيائهم يسوع المسيح: "ودخل يسوع إلى هيكل الله، وأخرج جميع الذين يبيعون ويشترون في الهيكل، وقلب موائد الصيارفة، وكراسي باعة الحمام، وقال لهم: مكتوب بيتي بيت الصلاة يدعى، وأنتم جعلتموه مغارة لصوص".[260]

في مسألة الهيكل الثاني أيضا يختلف عبد التواب مصطفى عن المؤلفين الذين سبق ذكرهم. فهو يذكر بإسهاب وبلا تردد بناء الهيكل الثاني وخرابه، حتى وإن كان يدعي أن أهميته لا تكاد تذكر، لأن بني إسرائيل لم يقدسوه كما يجب. وهكذا يقول:

> سمح (قروش) ملك الفرس لليهود بالعودة إلى فلسطين *537* ق.م. وسمح لهم بإعادة بناء الهيكل، وأعطاهم جميع آنية الهيكل عداً تم البناء بعهد (عزيز) نبي بني إسرائيل... وبنى هيرودوس بيت المقدس على بناء سليمان (عليه السلام) وتأنق فيه.[261]

هذا الأسلوب الذي يعتمده مصطفى، والذي يعترف بملء الفم بالحضور اليهودي في جبل الهيكل من خلال الهيكل الأول والهيكل الثاني، يأتي به إلى خلاصة مما توصل إليه سابقوه. وهكذا تراه يكتب في الفصل الذي يتناول حائط المبكى:

> برغم إشارة بعض الأمهات إلى أن سائر أجزاء الهيكل الثاني لم يبق منها شيء على الإطلاق، وأن (تيطس) - ملك الروم - أمر بعد تخريبه ذلك الهيكل أن يحرث مكانه ويزرع، إمعاناً في التأكيد على إزالته التامة، أقول: برغم هذا فمن الممكن قبول أن يكون جزء من الجدار الغربي للحرم القدسي هو بالفعل جزء من بقايا سور الهيكل الثاني؛ فليس هذا أمراً معجزاً أو مخالفاً للمنطق أو مستبعداً تاريخياً أو دينياً ...

ويتضمن هذا الكلام تصريحا غير مألوف، وهو الاعتراف بحائط البراق (المبكى) كأثر باق من آثار يهودية مقدسة. وسرعان ما يوضح الكاتب معنى كلامه وما يمكن استنتاجه منه لكي لا يُساء فهمه، فيقول:

> فهو لا يمثل أية مشكلة، ولن يزيد الأمر على كونه الحائط أثراً يراه اليهود مقدساً لديهم، ولهم علينا -كما يقرر الإسلام والمواثيق الدولية المعاصرة- أن نقرهم أو نؤمنهم على زيارتهم إياه، والصلاة عنده ليس أكثر، أي لا يصح أن

> يترتب على هذا الحق الديني حق سياسي، فالحق السياسي "السيادة" هو شأن خالص لأبناء الإقليم وأصحاب الأرض، أي الفلسطينيين.[262]

يقتصر اعتراف مصطفى على حائط المبكى، ومن اللافت أن في كلامه اعترافا بحق اليهود في العبادة وليس بحقهم في السيادة. وكما أسلفنا فإن ادعاءه المركزي هو أن الهيكل ليس ذا أهمية لدى اليهود، لا بموجب أفعالهم ولا بموجب كلام أنبيائهم. وفيما بعد يدعي مصطفى أن اليهود لم يجتهدوا في تاريخهم من أجل إعادة بناء الهيكل حتى اليوم. وهو يستشهد بالحركة الإصلاحية في أميركا التي يقول إنها أعلنت عن كنيس جديد أقامته معتبرة إياه الهيكل. وينهي كلامه بهذه العبارات الملفتة للنظر:

> ولا يعرف اليهود – متدينون وعلمانيون- أي قداسة لما يسمونه بالهيكل، وهم مستعدون دائماً لقبول أي بديل حياتي مادي. وكما سبقت الإشارة، فقد شبّه الحاخام الصهيوني كوك عملية الاستيطان في أرض فلسطين بعملية إعادة بناء الهيكل، وأشارت بعض الصحف الإسرائيلية إلى إسرائيل باعتبارها الهيكل الثالث.[263]

وعليه فإن اللافت هو أن المفهوم الذي يرى في العودة الصهيونية الراهنة تجسيدا لبناء الهيكل الثالث يُعتبر تخلّيا عن الفكر الديني الداعي إلى بناء الهيكل، مقابل بديل مادي نفعي يتمثل بالاستيطان على الأرض وإقامة دولة.

تعود الفكرة التي يتحدث عنها عبد التواب مصطفى، والتي تقول إن دولة إسرائيل هي. هي. الهيكل الثالث، إلى مفهوم الخلاص اليهودي وتفسيره بموجب. بعض الأوساط، ولا سيما تلك المسماة بـ"الصهيونية الدينية". ويرى هذا المفهوم أن خلاص شعب إسرائيل هو عبارة عن عملية متكاملة مكونة من عدة مراحل يتمثل بعضها بعودة الشعب من شتاته في بلدان سائر الشعوب ليعيش في استقلال وسيادة على أرض إسرائيل. وبموجب هذا المفهوم فإن كل مرحلة تشكل أساسا للمرحلة التي تليها، ولهذا السبب قد تجد تصريحات لشخصيات دينية يقولون فيها إن دولة إسرائيل هي أشبه بهيكل لأن إقامتها عبارة عن مرحلة تندرج في عملية متكاملة نحو بناء الهيكل. ومع ذلك سيكون من الصعب جدا إيجاد شخصية توراتية ترى أن إقامة دولة إسرائيل قد تشكل بديلا للهيكل. حتى هؤلاء الذين يميلون إلى فهم المصطلحات المثالية بشكل رمزي وفكري أكثر لا يرون أن الفكر اليهودي المتمثل ببناء الهيكل في القدس، الذي نجده راسخا في الروايات والمصادر اليهودية كلها، لاغ وأنه ليس جزءا من فكر الخلاص اليهودي.

يتطرق عبد التواب مصطفى إلى الهيكل فيصفه بـ"المزعوم". وكما ذكر فإن هذا المصطلح هو مصطلح أساسي في الخطاب الإسلامي اليوم حول الموضوع. وغالبا ما يُقصد به عدم وجود أي دليل حقيقي لوجود معبد كهذا، ولذلك فإنه يعتبر من نسج خيال اليهود. ومن الواضح أن عبد التواب مصطفى، الذي اعترف بوجود الهيكلين الأول والثاني على جبل الهيكل، بل أبدى تقبله لفكرة كون حائط المبكى أثرا من آثار الهيكل الثاني، يطرح تعريفا مغايرا بعض الشيء لهذا المصطلح في فصل تحت عنوان "الهيكل المزعوم":

> يقصد بالهيكل -على الإطلاق- هيكل سليمان. ويقصد به (المزعوم): أي الذي يزعم اليهود وجود بعض بقاياه تحت المسجد الأقصى، أو ضمن الحرم القدسي الشريف، حتى الآن. ويعتقد كثيرون أن الحرم القدسي الشريف هو الموقع الذي بني به هيكل سليمان، ثم الهيكل الثاني.
>
> وإذا كان من الممكن – في ضوء بعض الشواهد أو الأدلة غير المستبعدة – قبول القول بأن جزءاً من الجدار الغربي للحرم القدسي الشريف هو بعض بقايا سور أورشليم القديم، أو السور الذي بناه هيرودس أثناء ترميمه للهيكل الثاني. وإذا كان أمراً غير ذي بال – بالنسبة لنا- أن يسمي اليهود هذا الجزء (بالحائط الغربي) أو أن يسميه لهم الآخرون (بحائط المبكى أو *Wailing wall*).
>
> إذا كان الأمر ممكن القبول إلى هذا الحد فحسب، فإن من المستحيل قبول الإدعاء بأن ذلك الجزء من الحائط هو من بقايا هيكل سليمان، أو الادعاء بأن أحجاره السفلى تنتمي لذلك الهيكل. ويكون من الأحرى إنكار الادعاء بأن بقايا هيكل سليمان تقع تحت المسجد الأقصى، وتظل هذه الادعاءات مجرد مزاعم، أي أكاذيب وافتراءات بينة.[264]

تفسيره لعبارة "الهيكل المزعوم" يتعلق بالادعاء القائل إن هيكل سليمان موجود بشكل ما تحت المسجد الأقصى وأنه بقي منه شيء ما. وهو ليس مستعدا للقبول بذلك، ولذلك فهو لا يقبل بوجود صلة يهودية دينية، ولا سياسية طبعا، بجبل الهيكل. ليس عبد التواب مصطفى مستعدا للقبول بأية حقوق يهودية دينية في المكان سوى في المكان الذي يُعثر فيه على أثر حقيقي فقط، كحائط البراق، الذي يعتبره اليهود مقدسا.

يلجأ عبد التواب مصطفى إلى الادعاء التاريخي ليقول إن عالم آثار واحدا لم يعثر على بقايا الهيكل. وهو يعتمد على عالمة الآثار كاتلين كنيون، التي قامت بأعمال حفريات في القدس في فترة الحكم الأردني وكتبت أن مدينة يبوس كانت تقع إلى الشرق من المسجد الأقصى، ليقول إنه لو كان هناك هيكل في المكان فإنه لم يقم هناك. ولكنه يتجاهل ما أكدته

كنيون بشكل قاطع من أن "مكان الهيكل ليس مشكوكا فيه" لأن آثار معبد هيرودوس تبدو للعيان والمكان مزخرف اليوم وتعلوه قبة الصخرة.[265]

كما يستخدم الفلسطيني عرفات حجازي، هو الآخر، الادعاء التاريخي إياه عندما يكتب في موقع الحركة الإسلامية الجنوبية في إسرائيل:

> وحتى نتأكد أن اليهود ليس لهم وجود في القدس أو في فلسطين، وأن الهيكل لم يكن أبداً في هذه الديار: علينا أن نرجع إلى تقارير 42 بعثة آثار أجنبية جاءت إلى القدس منذ عام 1891 حتى عام 1952 وقامت بإجراء الحفريات في المواقع التي يزعمون أنها توراتية. وهذه البعثات العالمية على مدى ستين عاماً لم تستطع الوصول إلى أي أثر للهيكل كما لم تستطع الحصول على أثر لوجود اليهود في هذه البلاد.[266]

ويكتب في موقع الحركة الإسلامية الإسرائيلية إياه محمد خلايقة، الذي يقتبس كاتبا مصريا يشوش بكلام عالمة الآثار الإسرائيلية إيلات مازر ويقتبس عنها قولا مزعوما هو: "لم نصل إلى الهيكل ولا علم لنا أين كان" مع أن مازر تكتب أن الهيكل كان موجودا في جبل الهيكل وتعرض في كتابها دلائل تدعم ما تقوله المصادر التوراتية عن المكان.[267]

أما عالم الآثار الفلسطيني، الدكتور مروان أبو خلف، فكان موقفه مختلفا عندما كتب أن رحالة مصريا يدعى أركولف كتب سنة 670 أنه "في المكان الذي قام عليه الهيكل ذات مرة أقام المسلمون مسجدا".[268]

تقبل المصادر القديمة: المصادر المعاصرة الاستثنائية

تطرح بعض المصادر التي تعود إلى القرن الأخير طريقة مختلفة عما طُرح حتى الآن، فهي تحكي الرواية التي وردت في المصادر القديمة التي عُرضت في الجزء الأول. أحد تلك المصادر هو الدكتور عبد الوهاب الكيالي[269] في كتابه الصادر عام 1980،[270] والذي يتناول تاريخ فلسطين الحديث. وهو يقدم في مقدمة كتابه موجزا للتاريخ القديم جاء فيه:

> عموم فلسطين لم تقع تحت حكم اليهود في ذروة فتوحاتهم. وخلف داود ابنه سليمان، الملقت بالحكيم، الذي تميز عهده بالازدهار التجاري والعمراني، وشيد المعبد المعروف بهيكل سليمان، وذلك بمساعدة الفينيقيين، إلا أنه لم يتمكن من المحافظة على جميع أجزاء.[271] خاضعتين في معظم فترات حياتهما لنفوذ الدول القوية المجاورة في العراق ومصر، وكانت نهايتهما على يد بختنصر الكلداني

> الذي فتح القدس وأحرق الهيكل وبيت الملك عام 586 ق.م. وسبى زهاء 50 ألف أسير نقلهم إلى بابل.[272]

الهيكل الثاني مذكور هو الآخر في مقدمته:

> وعندما سيطر كورش ملك الفرس على بابل...
> قسماً من هؤلاء آثروا البقاء في بابل حيث كانوا يتعاطون التجارة. وقد تمكن الذين عادوا إلى القدس من أن يعيدوا في عام 516 ق.م. بناء هيكلهم الذي تهدم عام 586 ق.م.[273]

كما يرد ذكر الملك هيرودس، الذي أضاف مجدا كبيرا للهيكل الثاني:

> جاءت نهاية الأنباط على يد الرومانيين الذين بسطوا سيطرتهم على البلاد وعينوا "هيرودس بن انتيباتر" الأدومي (وأمه عربية من الأنباط) ملكاً على اليهود عام 37 ق.م. وكان على صلة حميمة بالإمبراطور أغسطس. وعلى الرغم من تهوده وإعادة بنائه للهيكل، فقد كرهه اليهود؛ لأنه لم يكن من جنسهم ولأنه نشر الحضارة الرومانية واليونانية التي كانوا يكرهونها فحقد عليهم.[274]

ومن الأمثلة الأخرى كتاب البرغوثي وطوطح "تاريخ فلسطين".[275] ويتخذ هذا الكتاب أسلوبا معاديا لليهود بمن فيهم بنو إسرائيل القدماء، شأنه شأن سائر الكتب المذكورة في هذا الفصل. ومع ذلك تخصص هذه الكتب بعض الأسطر للحديث عن بناء الهيكل وخرابه. أما الملك سليمان فتكتب هذه الكتب عنه ما يلي:

> ومن أجل أعماله بناء الهيكل الذي صار مهبط آمال الأمة اليهوديو وهو شبيه بالكعبة عند عرب الجاهلية من حيث تكوينه الأمة اليهودية وتوحيدها، فكما ربطت الكعبة العرب بقريش لكونها قبلتهم كذلك شأن الهيكل عند العبرانيين.[276]

وهم يتحدثون في هذه الكتب عن تدمير نبوخذنصر للهيكل أيضا:

> وفلسطين وضمتها إليها وأتى نبوخذ نصر إلى أورشليم ونفى الأشراف وقادة الرأي في المملكة اليهودية إلى العراق، آملاً أن يكون ذلك خضوعاً تاماً لا نزاع

بعده، ولكنه لم يمض بضع سنين حتى انتفض اليهود وقلبوا سياستهم ومالوا إلى مصر، فاستشاط نبوخذ نصر غضباً من خيانتهم وتلونهم، وساق عليهم جيشاً كبيراً، فحاصر القدس 18 شهراً، واحتل المدينة عنوة، وأعلن الحكم العراقي، فهرب ملكها صدقيا إلى أريحا، ولكنه لم ينج منهم فأسروه ثم أحرقوا وهدموا الهيكل ونهبوا أثاثه، وسبا أكثر السكان إلى بابل.[277]

وتتحدث الكتب إياها عن خراب الهيكل الثاني على أيدي جيش طيطوس الروماني:

فكانوا إذا اتحدوا سادوا فتدب عقارب الحسد في صدورهم فتطوحهم إلى هاوية الخلاف، وينال بسهولة ما كان صعباً. وهكذا داهمهم جيش تيطس وهم أحزاب يتخاصمون ويتناظرون، فأيقظتهم مجانيقه وآلات حصاره، فحاولوا الاتفاق، ولكن سبق السيف العذل، فطال الحصار حتى مات الناس جوعاً، وانتشر الوباء، وسرى المرض من سوء الغذاء ورائحة الجيف المنتنة، فرأف بهم وطلب إليهم أن يسلموا المدينة صلحاً ليعاملهم بالحسنى فأبوا وأصروا على الحرب، وكانوا يبنون ليلاً ما يهدم نهاراً، ولكن جهادهم لم يغنهم شيئاً، وسقطت المدينة السفلى "برج أنطونيا" ثم الهيكل، ثم المدينة العليا "القلعة" والتي أبقاها مأوى للجنود، وأمر بهدم برج أنطونيا واحترق الهيكل من يد جندي بغير إرادة تيطس، ولكنه أجهز على الأمة اليهودية وفتك بهم بلا عدل ولا رحمة.[278]

وأخيراً ، يصفون قصة مسعدة (متسادا) وينتهون بوصفًا للانتحار الجماعي على الجبل ، نقلاً عن يوسيفوس فلافيوس:

"انذهل الرومان من هذه الشجاعة ، وقالوا إن هؤلاء الرجال هم أبطال وطنيون ويستحقون الاحترام والتقدير".

تتلخص القصة في القصة أن هيكل اليهود وعاصمتهم قد دُمرا مرة أخرى بعد اليهود: "جاهدوا بانفسهم وبذّلوا أرواحهم".[279]

يظهر وصف مفصل لأيام الهيكلين الأول والثاني أيضًا لدى المؤرخ ورجل الدولة الفلسطيني عارف العارف.[280] يمكن ملاحظة تغيير اسلوب العارف في كتابته وفقًا للظروف السياسية التي كتب فيها. وفي نهاية فترة الانتداب البريطاني في مقال عن تاريخ الحرم الشريف كتبه خلال الحرب عام 1947، تجاهل وجود المعبد اليهودي على جبل الهيكل. هو يذكر الزعم

بأن المسجد الأقصى بُني في الموقع الذي دفن فيه الرومان المعبد اليهودي ، لكنه يدعي أن هذه "قصة ضعيفة".[281]

العارف أشغل في سنوات الخمسين منصب رئيس بلدية القدس تحت الحكم الأردني، في كتابه "تاريخ القدس"[282]، وصفا مفصلا ودقيقا لتاريخ الهيكلين الأول والثاني. ولا يتردد عارف العارف في طرح رواية المصادر الإسلامية القديمة بإسهاب وبلا تحفظات وشروحات. وهو يقول إنه بعد أن قام الملك داود بإحصاء بني إسرائيل وندم على عمله هذا سعى إلى التكفير عنه:

> ويظهر أن داود ندم على عمله، إذ راح الشعب ينفض من حوله بعد عملية الإحصاء هذه. ولكي يرضى شعبه، أبدى رغبته في بناء هيكل ليكفر عن ذنبه. فابتاع من إرنان اليبوسي أرضه الواقعة على تل موريا (البقعة التي يقوم عليها الآن الحرم القدسي)، وكانت قبل ذلك بيدراً. ابتاعها بخمسين شاقلاً من الفضة، وشرع في بناء الهيكل.[283]

وفي أحد الهوامش، الذي يتحدث عن "تل موريا"، يوضح الكاتب هوية هذا المكان فيقول:

> البقعة التي يقوم عليها الآن الحرم القدسي.

ويتحدث عن أيام الملك سليمان فيقول:

> ولما مات داود مسح ابنه سليمان ملكاً. وقيل أن مسحه جرى على مقربة من ماملا. ولقد اتسعت القدس في عهده وازدهرت. فبنى فيها الدور والقصور، وأتم عمل أبيه، فبنى الهيكل (1007 ق.م.)، واتسع ملكه من الفرات إلى تخوم مصر. وعقد معاهدات مع جيرانه. ورأى أن يكون على وفاق مع... ليتولى العرش من بعده. فتولى القيادة ابنه تيطس...[284]

يواصل العارف وصفه لمملكة نسل سليمان وانقسام المملكة حتى مجيء نبوخذنصر ملك بابل:

> بعد ذلك جاء نبوخذنصر إلى القدس وهدم أسوارها ودمر الهيكل الذي بناه سليمان وطرد أهلها إلى بابل...

ويواصل العارف كلامه ليصل إلى أيام كورش والهيكل الثاني:

بعد أن تغلب كورش ملك الفرس على البابليين (539 ق.م)، سار في فتوحاته قدماً حتى احتل سوريا. ثم جاء إلى أورو-سالم، فاحتلها (538)، والقائد الذي احتلها باسم الفرس هو: غوبرياس.

تنفس اليهود الصعداء في عهد كورش، ذلك لأنه تزوج من يهودية، هي إستير أخت زربابيل بن شلائيل بن يهوياكين بن يهوياقيم ملك اليهود، وطلبت منه امرأته أن يأذن لقومها الذين نفاهم نبوخذ نصر إلى بابل بالعودة إلى أورو-سالم. فأذن لهم (538 ق.م.). فعاد إليها فريق منهم، وآثر الآخرون البقاء حيث كانوا.

بعد كورش اعتلى عرش الفرس أرتحشستا (522 ق.م.) فأراد هذا أن يحول دون رغبات اليهود. ذلك لأن العرب والأمم المجاورة لهم في ذلك الحين كالحوريين والعمونيين، اعترضوا على ذلك، وهددوا أرتحشستا بالعصبان. فأصدر أمره بوقف حركة البناء التي أقاموها في الهيكل، ولكن دارا، خال كورش، الذي خلف أرتحشستا في الملك، أتاح لهم ذلك (519 ق.م.) فبنوا السور، وأتموا بناء الهيكل الثاني (515 ق.م.).

من الواضح أنه يشرح تاريخ القدس أيام الفرس واليونان والرومان. وهو يتوقف عند أسماء الملوك والحكام ويتحدث عن كل حقبة بإسهاب. وعندما يصل إلى تيطس الروماني يصف الخراب وصفا مطولا ومرعبا فيقول:

حاصر تيطس المدينة (70م) وكان الرومان يومئذ يسمونها (سوليموس) وكانت محاطة بالأسوار. وكان جيشه مؤلفاً من أربعة فيالق. منها ثلاثون ألفاً من الجنود النظاميين. وكان في عداد هذه الحملة فرقة من متطوعي الأقباط (عرب)؛ فشد الخناق على المدينة وقتل من سكانها خلقاً كثيراً، وحرق الجند الهيكل، ودكت الأسوار، وهدمت المنازل، وامتلأت الشوارع بجثث القتلى، وعانى الشيوخ والنساء والأطفال ما عانوا من جراء الخوف والجوع. وأكل الناس الكلاب والجرذان والحشرات، وذبح بعضهم أبناءهم وأكلوا لحومهم. وقدر المؤلف اليهودي يوسيفوس الذي شهد الحصار عدد القتلى بمليون نسمة. وقيل إنهم ستمئة ألف. وعندما سقطت المدينة في يد تيطس أسر من أهلها من أسر، وبيع من بيع في سوق الرقيق.

وقصارى القول: أصاب اليهود على يد تيطس ما أصابهم من ذل وهوان، لم يعرف التاريخ لهما مثلاً. وحقت عليهم نبوءة أرميا الذي قال: (الذين إلى

الموت فإلى الموت، والذين للسيف فإلى السيف، والذين إلى الجوع فإلى الجوع، والذين للسبي فإلى السبي).[285]

ويضيف العارف قائلا إن المحجر الواقع خارج باب العامود يسمى "محجر سليمان" لأن داود وسليمان كانا يأخذان الحجارة من هناك لبناء الهيكل:[286]

وشرع داود في بناء الهيكل فعلاً، فأتى بالحجارة التي اقتطعها من محجر هو الذي تراه على يمينك إذا ما خرجت من باب العمود، وعلى بعد بضعة أمتار من الباب المذكور، ويسميه الناس الآن (محجر سليمان) لأن سليماناً أخذ منه الحجارة التي استعملها بعدئذ لإتمام العمارة نفسها.

إن ما يميز كلام عارف العارف، الذي نشر كتابه قبل العام 1967، ليس مجرد اعترافه بالهيكلين وحديثه عن بنائهما وخرابهما، كما تصفهما الرواية الإسلامية القديمة والدراسات والأبحاث المختلفة في العصر الحديث. بل إن خصوصية كلامه تتمثل بالأسلوب الذي يستخدمه وبعدم تحفظه أو اعتذاره عن وصفه للعلاقة التاريخية بين اليهود والقدس وجبل الهيكل والإطالة في هذا الوصف المفصل. ومن الملاحظ أن الفصل اليهودي في القدس هو فصل هام في نظره في تاريخ المدينة وجدير بالتناول المفصل. ومن الملاحظ أن كلام العارف بارز في تفرده في هذا الموضوع.[287] ويبدو أن العارف لم يكن بوسعه كتابة هذا الكلام بعد حزيران 1967، مع تفاقم الصراع على مستقبل القدس الشرقية ونشوء ظاهرة قوية هي ظاهرة التنكر للعلاقة اليهودية بجبل الهيكل والقدس.

يعود العارف، في الصيغة الموسعة لكتابه حول القدس، "المفصل في تاريخ القدس"،[288] ليكرر الكلام ذاته في حين يبدي بعض التحفظ أحيانا على الوصف:

عندما مات داود سنة 1015 ق.م. دفن في المكان الذي أسماه في حياته باسمه (مدينة داود). وبعد موته مسح ابنه سليمان ملكاً على بني إسرائيل، وجرى مسحه على مقربة من ماملا.

على عهد سليمان النبي، تم بناء الهيكل. ولقد قضى في بنائه سبع سنين ونصف، واستغل الصداقة التي كانت بين أبيه داود وحيرام ملك صور، فطلب من هذا أن يرسل إليه من لبنان كمية من خشب الأرز، ففعل وأرسلها في مراكبه بحراً إلى يافا. ومن هناك نقلها العمال إلى أورشليم. واستعمل هذا الخشب في بناء الهيكل، ثم بنى لنفسه قصراً وشرع في بناء سور حصين حول

المدينة. ولكي يتمكن من بناء الهيكل والقيام بهذه المشاريع التي تحتاج إلى أموال طائلة اضطر إلى زيادة الضرائب والرسوم زيادة فاحشة.

يحدثوك عن (هيكل سليمان) أحاديث فيها شيء من المبالغة. فيقولون أنه شرع في بنائه في العام الرابع من حكمه وأنه استخدم من أجل بنائه 183,600 عاملاً: منهم 30,000 من اليهود اشتغلوا بالمناوبة (عشرة آلاف في كل شهر). ومنهم 153,600 من الكنعانيين، ومن هؤلاء 70,000 خصصوا لنقل الأخشاب والحجارة وغيرها، و80,000 نحاتين ونجارين، والباقون لمناظرة العمل والإشراف عليه. وقد أنجز البناء في سبع سنين ونصف (1005-1012 ق.م).

مع أن الوصف الذي يصفونه به لا يدل على أنه كان كبير الحجم، فقد قيل لنا أن طوله كان 70 ذراعاً (منها 10 أذرع للرواق و40 للقدس و20 لقدس الأقداس). وعرضه 20 ذراعاً. وكان علو الرواق 20 ذراعاً وعلو القدس وقدس الأقداس 30 ذراعاً. وكان يحجب بين القدس وقدس الأقداس حاجز.

وكان الهيكل محوطاً بدارين كبيرتين: الداخلية تسمى (دار الكهنة) والخارجية (دار إسرائيل). وكان له داران أخريان: واحدة تسمى (دار الشعب) والأخرى (دار النساء). وفي سفر أخبار الأيام تجد وصف الهيكل من الداخل، وكان للهيكل سوران لا يسمح باجتيازهما إلا للكهنة. مقاييس (منها 10 أذرع للرواق، 40 للقدس، و20 لقدس الأقداس)...[289]

هذا يقوم على الطرف القبلي لجبل موريا. وقصارى القول انتعشت أورشليم، على عهده واتسع ملكه من الفرات حتى حدود مصر، وعقد معاهدات سلمية مع جيرانه، وهو فضلاً عن الهيكل الذي أتم بناءه، والقصور التي أنشأها لنفسه ونسائه، ولكهنته، حصّن القلعة، وبنى حول هذه الأبنية كلها سوراً. وفي قول أنه جدد ما كان هناك من أسوار، وأمر بإملاء الواد الذي يفصل الجبلين بالتراب.[290]

وهنا يضيف العارف سطرا فريدا وشديد الغرابة والاختلاف عن الخطاب الإسلامي الحديث:

ومن آثاره الباقية إلى يومنا هذا إسطبله الكائن تحت المسجد الأقصى وبرك سليمان الواقعة جنوبي بيت لحم.[291]

يعترف العارف بأنه يوجد تحت المسجد الأقصى اليوم آثار لهيكل سليمان. والمؤلفون المذكورون أعلاه، والذين اعترفوا بحقيقة وجود هيكل يهودي على جبل الهيكل، لم يكونوا

مستعدين لتقبل الادعاء بأنه لا تزال هناك آثار للهيكل تحت المسجد. ويطرح العارف رأيا جريئا في هذا الشأن ومع ذلك فهو لا يعي أن الفراغات المسماة خطأ "إسطبل سليمان" بناها هيرودس كإضافة إلى جبل الهيكل، وأنه لا علاقة بين تلك الفراغات وسليمان. وقد استخدمها الصليبيون كإسطبلات لخيولهم ونسبوها عن طريق الخطأ إلى الملك سليمان.[292] كما يصف العارف، في كتابه المفصّل،[293] الهيكل الثاني أيضا من خلال الاستخدام المتكرر كثيرا لسفر عزرا وسفر نحميا، وهو يصف خرابه بإسهاب مثلما فعل في كتابه الأول. كما يورد، مرة أخرى، القصة التي أوردها في الجزء الأول من الكتاب، والتي تقول إن تيطوس نفسه لم يكن يرغب في إحراق الهيكل:

> قيل أن جندياً رومانياً أحرق الهيكل دون أمر من تيطس. رفعه جندي آخر على أكتافه وألقي بالنار من نافذة من نوافذ الهيكل الشمالية. حاول اليهود إطفاءها، ولكنهم دون جدوى. وتيطس نفسه مع أركان حربه أسرع لينقذ ما يمكن إنقاذه، ولكنه جاء متأخراً، إذ سقط الهيكل إلى الحضيض (10 آب سنة 70م).[294]

وكتب محمود العبادي ، الذي درس ودرّس في الكلية العربية في القدس أثناء الانتداب ابريطاني ، مقالًا مثيرًا للاهتمام في مجلة الكلية ، مشيرًا إلى أن الهيكل هو "مدينة قائمة", وحتى أنه يكرس عدة أسطر لوصف الهيكل وترتيبه وطقوسه. ويختتم الفصل بالفقرة التالية:

> من يفحص اليوم ترتيب سطح الحرم [الشريف] والأجزاء الداخلية من مسجد قبة الصخرة والأبواب الغربية الأربعة للحرم، سيلاحظ أنها تشبه تمامًا أجزاء الهيكل القديم. المذكور أعلاه ، إذا تم. أخذ. الفاروق الدينية بعين الاعتبار. ولا عجب, فالمسلمين قد أظهروا بالفعل أنهم نهضوا من بقايا القدماء والإرث المتبقي لهم من أيام الماضي.[295]

يتعامل العبادي مع قبة الصخرة من خلال هبكل هيرودس ويخلص إلى أن التاريخين ، اليهودي والإسلامي ، مندمجان أيضًا في أحد الأماكن المقدسة للإسلام والرمز الوطني الهام. كما سبق فإن موقف عارف العارف ومحمود العبادي هو رأي شاذ من الصعب أن تجد في المجتمع الفلسطيني من يدعمه اليوم.

ومن اللافت أيضا أن مرشدا للحرم الشريف نشرته مديرية الأوقاف الإسلامية في فترة الانتداب البريطاني سنة 1925 يروي أن هيكل سليمان كان يقوم في المكان الذي توجد فيه قبة الصخرة اليوم.

نذكر أخيرا سبعة مصادر أخرى معاصرة لا تتنكر لوجود الهيكل اليهودي في القدس:

المصدر الأول: محاضرة قُدمت في الدار البيضاء خلال المؤتمر الدولي الذي ينظمه "المركز العربي الأوروبي للدراسات" ونُشرت على شكل مقال، وهي تنفي حق بني إسرائيل على الديار المقدسة كما ورد في الآية 12 من "سورة المائدة" في القرآن الكريم. ولكن المقال يضيف قائلا:

> لكن في عام 1000 ق.م. توطدت مملكة العبرانيين على يد شاول وداود عليه السلام، واستقرت في بيت المقدس بعد أن بدأ داود تكوين مملكته في "حبوون" ثم في حصن "صهيون" سنة 975 ق.م. الذي كان اليبوسيون يقيمون فيه. وقد اتخذ داود القدس مملكته بعد أن انتزعها من اليبوسيين، ثم جاء سليمان عليه السلام، وأقام الهيكل (المعبد) فيها، فزاد من بقائها وعظمتها.[296]

أما المصدر الثاني الذي يذكر هيكل سليمان فهو كتاب من تأليف فاطمة محمود الجوابرة جاء فيه أن سليمان بنى "هيكل سليمان" وبعدها أضيفت الكلمات التالية:

> وبهذا يكون سليمان عليه السلام من الأنبياء الذين قاموا بتشييد بيت المقدس.[297]

أما المصدر الثالث فهو كتاب من تأليف الدكتور عبد الفتاح حسن أبو عليا، المذكور في الفصل السابق، وهو مؤرخ سعودي من جامعة الإمام محمد بن سعود. ويقول أبو عليا في الفصل الذي يتناول "المصدر الديني للتسمية اليهودية [للمدينة]":

> لقد تغير اسم المدينة بعدما دخلها النبي داود عليه السلام فأطلق عليها اسم مدينة داود نسبه إليه. ونلمس في هذه التسمية دلالة دينية واضحة. فكما نسبها الكنعانيون إلى إله السلام عندهم، فإن نسبتها إلى النبي داود فيها الدلالة الدينية ذاتها، ويكون اليهود بذلك قد عمموا عليها هالة من القدسية اعترافاً منهم بقدسية المدينة واحترامها الديني. وقد طبعوها بطابع ديني يتناسب مع معتقداتهم ودينهم.[298]

وأما المصدر الرابع فهو دراسة نشرتها المنظمة الإسلامية للتربية والعلوم والثقافة، التابعة لمنظمة الدول الإسلامية، وتتناول تاريخ مدينة داود وبناء الملك سليمان للهيكل على جبل موريا:

> *The conquest of Al-Qods by Dawud (PBUH) carried within it the seeds of the creation of an Israelite political entity led by the Prophet Dawud...his reign marked the peak of the power of the city of Al-Qods, which has now getting extended under his aegis. Suleiman saw the completion of the construction of the Temple on Mount Moriah on a land parcel which was purchased by Dawud from the Jebusite Arnan.*[299]

المصدر الخامس هو موقع الإنترنت التابع لمنظمة الدول الإسلامية وجاء فيه أن:

> احتل داود المدينة... وورث ابنه سليمان الملك من بعده وحكم ثلاثين سنة وبنى الهيكل وتحصينات وثكنات... وقد شهدت القدس إبان حكم الفرس رجوع بعض اليهود السبي من بابل إليها. وفي عهد داريوس أعيد بناء الهيكل...

وجاء في تتمة الحديث أن الحضور اليهودي في القدس كان قصير الأمد وأن لا حق لليهود فيها، بل الحق للعرب اليبوسيين.[300]

المثال السادس هو أطروحة دكتوراة أعدها باحث أردني اسمه محمد عبد الحميد الخطيب في جامعة مانشستر البريطانية قارن فيها بين الروايات اليهودية والإسلامية المتعلقة بقدسية القدس. ويعترف الخطيب بالعلاقة التاريخية لليهود بجبل الهيكل ويذكر الروايات الإسلامية التي تعترف بقدسية جبل الهيكل لدى اليهود، ولكنه يضيف أن اليهود فقدوا حقهم الإلهي في المكان لأنهم خالفوا أوامر الرب.[301]

أما المثال السابع والأخير فيعود للبروفيسور سري نسيبة، المثقف الفلسطيني الذي أشغل منصب رئيس جامعة القدس، والذي كتب أن الإسلام قدّس الصخرة في نوع من إحياء الهيكل اليهودي القديم تعبيرا عن الاتحاد مع الرسالة الإبراهيمية، وذلك لأن الإسلام هو مكمل للديانة الإبراهيمية وليس ديانة جديدة.[302]

خلاصة

من الملاحظ أن لدى الكتاب المسلمين المعاصرين اتجاهين شائعين اليوم في المجتمعات الإسلامية بشأن العلاقة اليهودية بجبل الهيكل:

أما الاتجاه الأول فينفي كليا أي علاقة يهودية بجبل الهيكل. وتعود أسباب هذا النفي إلى عوامل متعددة، منها غياب الدلائل العلمية التي تشهد على وجود مثل هذه العلاقة، والموقع الجغرافي للقصص التوراتية في منطقة أخرى وانقطاع العلاقة بين اليهود اليوم وبني إسرائيل في أيام الهيكل. الغالبية العظمى من المصادر لا تتناول التناقض بينها وبين المصادر الإسلامية القديمة. ويطرح الكتاب المعاصرون، الذين يعترفون بوجود معبد يهودي في موقع جبل الهيكل، ادعاءات تهدف إلى زعزعة مصداقية المؤلفات والمؤلفين الذين سبقوهم.

وأما الاتجاه الثاني، الذي تضمنته المصادر المعاصرة، فيعترف بالهيكل في القدس، ولكنه يولي الأمر أهمية بسيطة. يتجاهل بعض المصادر مسألة العلاقة ولا يذكر الهيكل وخرابه إلا في عجالة قصيرة، بينما يذكر البعض الآخر أن الهيكل كان، من الناحية التاريخية، صغيرا ليس ذا أهمية، فيما يشير بعض آخر إلى أن الهيكل لم يكن في تاريخه ذا أهمية تذكر بالنسبة لليهود، حتى وإن كان موجودا. هذان هما الاتجاهان الأكثر شيوعا في الفكر الإسلامي اليوم. النفي المطلق للعلاقة اليهودية بجبل الهيكل، أو تقزيم تلك العلاقة إلى الحد الذي يحول دون الادعاء بأن لليهود علاقة قديمة أو حقا ما في المكان. بالإضافة إلى ذلك يتضمن العديد من المؤلفات نفيا فقهيا للحق اليهودي في الديار المقدسة كلها بادعاء أن اليهود انحرفوا عن توراة إبراهيم والأنبياء الذين جاؤوا بعده (ولذلك سُلب منهم الوعد الإلهي الذي أعطي لإبراهيم) أما المسلمون فهم المكملون الحقيقيون لدرب إبراهيم عليه السلام.

خلاصة واستنتاجات

ينتشر في العالم الإسلامي المعاصر، ومنذ العام 1967 حتى اليوم تحديدا، الإنكار القاطع للعلاقة اليهودية بموقع الحرم الشريف/جبل الهيكل خصوصا وبالقدس عموما. لقد ولدت سنوات الإنكار السبعون هذه (وربما هي مائة سنة من الإنكار إذا نظرنا إلى الأمر ابتداء من سنوات العشرين من القرن الماضي عندما ظهرت أولى مظاهره) سلسلة من القرارات التي اتخذتها منظمة التربية والعلوم والثقافة التابعة للأمم المتحدة (اليونيسكو) بضغط من الدول العربية، التي تتحدث عن الأماكن المقدسة في القدس والخليل وبيت لحم بأسمائها العربية كأماكن مقدسة للإسلام، متجاهلة تاريخها وقدسيتها لدى اليهود.

يظهر من مراجعة المصادر الإسلامية القديمة التي تعود إلى الفترة بين القرنين التاسع والخامس عشر للميلاد أن المسلمين المعاصرين المشاركين في خطاب إنكار العلاقة اليهودية بجبل الهيكل والقدس يتجاهلون ويُخفون، بل ينكرون أحيانا، المصادر التي تعتبر من أهم مصادر الثقافة الإسلامية: كالمؤرخين والجغرافيين البارزين، ومفسري القرآن الكريم وكتاب الأدب. وهم يديرون ظهورهم للمصادر المكتوبة التي تروي المعتقدات والأحاديث التي صيغت في أواخر القرن السابع للميلاد- بعد وفاة النبي محمد (ص) بعشرات السنين- وحفظتها الكتب منذ القرن التاسع الميلادي- والتي تؤكد أن الإسلام قدّس الصخرة والموقع المسمى "الأقصى" لأسباب عدة أهمها أن الهيكل كان يقوم هناك.

انتشرت في مناطق الخلافة الإسلامية، منذ أواخر القرن السابع الميلادي حتى عصرنا الحديث، العقيدة والرواية اللتان تعتبران الصخرة، التي في موقع المسجد الأقصى، المكان الذي كان يقوم فيه هيكل سليمان على جبل موريا، ثم هيكل القادمين من بابل فيما بعد، أساسا لتقديس الإسلام للمكان، ومن ثم إنشاء مبنى قبة الصخرة، التي بناها الخليفة الأموي عبد الملك بن مروان سنة 692. كان الهدف من ترسيخ هذه الرواية جعل الإسلام مدماكا شرعيا قويا في عملية القداسة والوحدانية التاريخية التي استمرت منذ سيدنا إبراهيم عليه السلام حتى سيدنا محمد (ص) والخلفاء والسلاطين الذين تلوه، مرورا بجميع الشخصيات التوراتية اليهودية.

تروي المصادر الإسلامية القديمة قصة تشير إلى أن العلاقة اليهودية بجبل الهيكل راسخة بقوة في الثقافة العربية والإسلامية في العصور الوسطى والعصر الحديث. وتتألف أبرز القصص التي ترويها تلك المصادر من عدة مراحل متفق عليها بين الجميع وهي مطابقة للقصة التي ترويها التوراة والمصادر اليهودية: بناء داود وسليمان للهيكل الأول مكان الصخرة في جبل الهيكل/موقع باحات الاقصى في القدس اليوم. كان هذا الهيكل ذا أهمية لدى اليهود وبني ببهاء شديد وتُنسب له درجات سمات خاصة وقداسة كبرى. دمر البابليون برئاسة بختصر هذا الهيكل (ضمن عملية تدمير مملكة يهودا). وبعد هجرة بابل سمح كورش ملك فارس لليهود النازحين من بني إسرائيل بالعودة إلى بلادهم وبناء الهيكل

الثاني، وهذا ما حدث. ولكن الهيكل الثاني تعرض للخراب والدمار من الرومان بقيادة طيطوس، ثم هاجر بنو إسرائيل من بلادهم مرة ثانية.

وردت الروايات الإسلامية المعروفة باسم "فضائل القدس" في كتب مؤلفين آخرين: إسحق حسون، عميكام إلعاد، عوفر لفنة كفري وغيرهم. وهذا الكتاب يختلف عن تلك الكتب لأسباب عدة أولها أننا نقدم فيه صورة أوسع مما تقدمه روايات "فضائل القدس". فنحن نعرض هنا مصادر تعود لمؤرخين وجغرافيين مسلمين، ولمفسرين للقرآن الكريم وأدباء. بالإضافة إلى ذلك حددنا المصادر اليهودية التوراتية، والتلمودية البابلية، ومصادر دينية يهودية أخرى شكلت الأساس لتأليف الروايات الإسلامية حول اليهود وعلاقتهم بالصخرة المقدسة وجبل الهيكل والقدس.

تتناول المصادر الإسلامية القديمة، التي اعتمدنا عليها في هذا الكتاب، تاريخ الهيكل الأول والهيكل الثاني وتاريخ بني إسرائيل في الديار المقدسة، ليس هذا وحسب، بل إنها تؤكد حقيقة تقديس الإسلام للقدس وموقع جبل الهيكل (المسمى بالعربية بالمسجد الأقصى، أو الحرم الشريف) لأسباب عدة أهمها قدسية المكان القديمة لدى اليهود، ثم لدى المسيحيين. وينطلق الإسلام في تقديسه للمكان من مفهوم عقائدي إسلامي يرى أن الإسلام هو امتداد لديانة سيدنا إبراهيم الحنيف التوحيدية، وأن الشخصيات الواردة في التوراة، وفي العهد الجديد، المذكور معظمها في القرآن الكريم أيضا، وفي الأحاديث الإسلامية، هي جزء من التاريخ والتراث الإسلامي القديم. إننا نعتقد أن كتب التاريخ الإسلامية، التي تقتبس مصادر وروايات وأحاديث تتعلق بالتاريخ اليهودي للقدس وجبل الهيكل، تهدف إلى اعتبار الإسلام مدماكا شرعيا آخر في عملية القداسة والتوحيد التاريخية. وبعبارة أخرى فإن العلاقة اليهودية بجبل الهيكل تمنح الإسلام شرعية ليكون امتدادا لديانة التوحيد وأنبيائها القدماء، وتجعل من النبي محمد (ص) خاتم الأنبياء. خلاصة الأمر أن القصة التاريخية الإسلامية تتبنى الرواية التوراتية بشأن التاريخ المعتمد في الثقافة اليهودية المسيحية بشأن القدس وموقع جبل الهيكل.

مقابل وفرة المصادر الإسلامية القديمة والمتنوعة التي تعترف، كما سبق، بالعلاقة العميقة وبالتاريخ اليهودي لجبل الهيكل والقدس، عرضنا كلاما لرجال دين ومفكرين وأدباء مسلمين معاصرين يدأبون على إنكار العلاقة اليهودية بجبل الهيكل/بموقع الحرم الشريف وينشرون الادعاء بأنه لم يسبق أن كان في القدس أي هيكل، وهم يوقدون في كلامهم هذا جذوة الصراع الإسرائيلي العربي، كما يقولون ذلك بشكل صريح في مقدمات العديد من مؤلفاتهم.

نتيجة لذلك فإن الرأي الشائع اليوم لدى المسلمين في البلاد وفي العالم برمته، والذي ينعكس من خلال العديد من تصريحات القيادات السياسية والدينية الإسلامية، هو أنه لا علاقة تاريخية البتة لليهود بجبل الهيكل/ الحرم الشريف. معنى ذلك أنه لم يسبق أن بُني

أي هيكل يهودي في المكان الذي يقوم عليه اليوم رحاب المسجد الأقصى وقبة الصخرة. وكما سبق فإنه يُستدل من ذلك أن غالبية المسلمين، بمن فيهم أبرز القيادات السياسية والدينية، لا تعرف أبدا مصادرها التاريخية والقديمة، كما يُستدل أن المثقفين من بينهم، الذين يعرفون المصادر القديمة ينكرون قسما كبيرا وأساسيا من ثقافتهم.

عندما تناولنا الادعاءات التي تنكر العلاقة التاريخية اليهودية بجبل الهيكل، ودرسناها عن كثب، تبين لنا أنه يمكن التمييز بين اتجاهين أساسيين فيها:

الأول هو الاتجاه الذي ينكر كليا أي علاقة أو صلة يهودية بجبل الهيكل/الحرم الشريف. أما أسباب هذا الإنكار الكلي فهي متنوعة، منها الادعاء العلمي الذي يرى أنه لا يمكن إثبات وجود معبد يهودي على جبل الهيكل، ومنها الإشارة إلى تناقضات في الرواية اليهودية والتوراة. ويدعي آخرون غياب الصلة بين اليهود اليوم وبني إسرائيل الذين عاشوا في فترة الهيكل، ويرون أنه حتى لو كانت هناك علاقة من هذا النوع وكان هناك هيكل ما فإنه لا علاقة لذلك باليهود المعاصرين. كما وردت ادعاءات أخرى منها أن الهيكل اليهودي لم يكن في أرض إسرائيل/فلسطين، وأن المصادر الإسلامية التي تعترف بالعلاقة اليهودية ليست ذات مصداقية، وأن إبراهيم وداود وسليمان عليهم السلام هم شخصيات إسلامية أصلا، وأن اليهود أنفسهم لا يعرفون أين كان يقوم الهيكل ولم يعثروا على آثاره حتى اليوم، وأن هيكل سليمان لم يصمد سوى بضع سنوات، وأن القدس كانت بالنسبة لليهود بمثابة مدينة يبوسية غريبة ولم تكن مدينة يهودية، وأن الإسلام لم يستمد قدسية القدس من اليهودية.

أما الاتجاه الثاني، فنجده لدى مؤلفين معاصرين يعترفون بالوجود القديم لمعبد يهودي على جبل الهيكل، ولكنهم يحرصون على التقليل من قيمته التاريخية والدينية، سواء من خلال الادعاء بأن المعبد كان صغيرا وخاصا بالملك سليمان، أو من خلال الادعاء بأن الهيكل، ولا سيما الهيكل الثاني، كان مكان عبادة أجنبية رومانية، أو من خلال القول إنه كان هناك حقا شيء ما يهودي في موقع المسجد الأقصى، ولكنه درس ولم يبق منه أي أثر. على العموم فإن هذا الاتجاه يرى أن العلاقة اليهودية بالمكان هي جد بسيطة ضعيفة، لدرجة أنه لا قيمة لها، ولذلك لا يمكن أن يُستخلص منها شيء ما بشأن حقوق اليهود في المكان.

كما سبق فإن هذين الاتجاهين يتناقضان مع الرواية التي ترويها المصادر الإسلامية القديمة بشأن وجود معابد يهودية هامة على جبل الهيكل، من النوع الذي لا يفسح المجال للاعتراض على العلاقة التي تمنحها تلك المعابد لليهود بالمكان.

أحد الأسئلة المركزية التي يتناولها هذا الكتاب هو العلاقة بين المصادر العربية القديمة والمصادر الحديثة المعاصرة: هل يتطرق المؤرخون والمفكرون العرب والمسلمون المعاصرون لمصادرهم القديمة، وكيف يفعلون ذلك؟ وما هو التفسير الذي يسوقونه للفجوة

بين المصادر القديمة، التي تعترف بالعلاقة اليهودية بجبل الهيكل، والخطاب الراهن الذي يقوم بمعظمه على إنكار تلك العلاقة؟

لقد وجدنا أن الغالبية العظمى من المصادر التي تنفي الصلة اليهودية بجبل الهيكل لم تتطرق إلى التناقض بينها وبين المصادر القديمة. بعض تلك المصادر لا يتطرق البتة إلى المصادر الإسلامية القديمة التي عرضناها في الفصل الأول، وبعضها الآخر يحاول التعاطي مع تلك المصادر من خلال الادعاء بأن المصادر القديمة تقتبس روايات منحازة ليست أصلية أو مثبتة. أما المؤلفات التي تجرأت وتناولت هذه المسألة فقد لوحظ لديها الميل إلى التشكيك بمصداقية الرواة والمؤلفين القدماء، ومن بينهم مؤلفون معتمدون ورواة حديث ثبتت مصداقيتهم، حيث اتهمتهم بتبني الأساطير والقصص الشعبية اليهودية ("الإسرائيليات")، ، ولذلك فهم ليسوا موضع ثقة في هذا الشأن.

ثمة علاقة مباشرة بين الصراع الإقليمي والسياسي بين إسرائيل والفلسطينيين، الذي برز بعد العام 1967، وتعاظم ظاهرة إنكار ونفي الصلة التاريخية بين اليهود وجبل الهيكل. فنحن لم نجد مصادر عربية إسلامية أنكرت العلاقة اليهودية بجبل الهيكل تعود إلى الفترة التي سبقت وعد بلفور سنة 1917. بالإضافة إلى الجانب السياسي للصراع هناك جانب الوعي أيضا. يبدو أنه صار يُنظر إلى الديانة اليهودية، في القرن الأخير، كديانة قومية وليس كديانة توحيدية شرعية جاء الإسلام ليكون امتدادا لها، وهكذا تشوهت الحدود الفاصلة بين الدين والقومية. كثيرون من المسلمين في الشرق الأوسط يرون أن اليهودية هي المرجعية التي تعتمد عليها الحركة الصهيونية، أي القومية اليهودية الحديثة. وهم يرون أن اليهودية هي ديانة هادفة تهدد رموز الإسلام، وبضمنها المسجد الأقصى، ثالث الحرمين الشريفين. وقد تجندت بعض الأوساط الإسلامية لخوض صراع على الوعي أمام هذا التحدي، وأما السبيل الذي اعتمدته فهو شكل من أشكال إعادة كتابة التاريخ الإسلامي من جهة، واليهودي من جهة أخرى، فانتهجت تقزيم العلاقة اليهودية بجبل الهيكل والقدس واعتبارها علاقة ثانوية هامشية.

كما وجدنا مؤلفين يغردون خارج السرب ذكرت مؤلفاتهم الهيكلين اليهوديين، سواء بصريح العبارة أو بلغة مبطنة وبشكل عابر. بيد أن هؤلاء المؤلفين هم الذين يمثلون الحقيقة. يمكن القول إن المصادر الإسلامية القديمة والجديدة تروي قصتين مغايرتين بل متعاكستين: فالأولى تعترف بالصلة بين اليهود وجبل الهيكل، بينما تنكرها الثانية إنكارا كليا أو شبه كلي.

أحد الأهداف التي جعلناها نصب أعيننا عند كتابة هذا الكتاب هو عر ض الصورة كاملة واضحة. فالمصادر القديمة تتقبل بشكل كامل، أو شبه كامل، الرواية اليهودية، وهي تمتد على مئات السنين، منذ فجر الإسلام وحتى القرن العشرين تقريبا. تنتمي تلك المصادر إلى مجمل أنواع الأدبيات الإسلامية المتفرعة والمتنوعة. التناقض بين عمق الاتجاه الذي

يتقبل الروايات اليهودية القديمة من جهة، وإدارة المصادر الحديثة ظهرها بشكل فجائي وتام لتلك الروايات، من جهة أخرى، يجب أن يُطرح على المسلمين أنفسهم قبل أي أحد آخر. نحن نرى أن منكري الصلة اليهودية بجبل الهيكل خدمة لغاية سياسية يمسون، دون أن يدروا، بالشرعية الإسلامية لقدسية المسجد الأقصى وقبة الصخرة لدى الإسلام، كما يمسون بمصداقية أهم المصادر المكتوبة باللغة العربية، وهي مصادر إسلامية قديمة وتعتبر أساسا للثقافة والهوية الإسلاميتين، وفي مقدمتها "الإسرائيليات"، و"فضائل القدس" في أدب الحديث، وهي أهم مصدر للشريعة والفقه والثقافة الإسلامية كلها بعد القرآن الكريم.

نحن على قناعة بأن المسلمين كان يجب أن يُبدوا اهتماما كبيرا بإبراز مصادرهم اليهودية والمسيحية لا أن ينكروها. والمسلمون المعاصرون الذين ينكرون تلك المصادر يمسون، دون أن يدروا، بشرعيتهم في أن يكونوا جزءا من نسيج إنساني ديني هو امتداد لسبيل سيدنا إبراهيم عليه السلام. هذا الامتداد الجوهري والأساسي في المفهوم الإسلامي الأصلي أهمله المسلمون المعاصرون خدمة لغاية سياسية وقومية دينية تسعى إلى إثبات الحصرية على مكان المسجد الأقصى وجبل الهيكل. وهم يفعلون ذلك من خلال تجاهل مجمل الأبعاد المترتبة على ذلك، كالمس بحرية العبادة والدين، وقطع العلاقة القائمة على نقل الحديث، بين الأجيال السابقة والأجيال القادمة، وبين الديانات الموحدة كلها التي تحافظ على تلك الروايات والأحاديث القديمة والأحلام بمستقبل يسوده السلام.

ابن تيمية، ص 7.

بسم الله الرحمن الرحيم
الحمد لله نحمده ونستعينه ونستهديه ونستغفره ونعوذ بالله من
شرور انفسنا ومن سيئات اعمالنا من يهد الله فلا مضل له ومن يضلل
فلا هادي له واشهد ان لا اله الا الله وحده لا شريك له واشهد ان محمدا عبده
ورسوله صلى الله عليه وعلى آله وصحبه وسلم تسليما كثيرا فصل في زيارة بيت
المقدس ثبت في الصحيحين عن النبي صلى الله عليه وسلم انه قال لا تشد الرحال
الا الى ثلاثة مساجد المسجد الحرام والمسجد الاقصى ومسجدي هذا وفي
الصحيحين من حديث ابي سعيد وابي هريرة وقد روي من طرق اخرى
وهو حديث مستفيض متلقى بالقبول اجمع اهل العلم على صحته وتلقيه
بالقبول والتصديق واتفق علماء المسلمين على استحباب السفر
الى بيت المقدس للعبادة المشروعة فيه كالصلاة والدعاء والذكر وقراءة
القران والاعتكاف وقد روي من حديث رواه الحاكم في صحيحه ان سليمان
عليه السلام سال ربه ثلاثا ملكا لا ينبغي لاحد من بعده وسال حكما
يوافق حكمه وساله انه لا يأم احد هذا البيت لا يريد الا الصلاة فيه
الا غفر له ولهذا كان ابن عمر رضي الله عنهما ياتي اليه فيصلي فيه ولا يشرب فيه ماء
لتصيبه دعوة سليمان لقوله لا يريد الا الصلاة فيه فان هذا يقتضي اخلاص
النية في السفر اليه ولا يأتيه لغرض دنيوي ولا بدعة وتنازع العلماء فيمن نذر
السفر اليه في الصلاة فيه او الاعتكاف فيه هل يجب عليه الوفاء بنذره على قولين
مشهورين وهما قولان للشافعي احدهما يجب الوفاء بهذا النذر وهو
قول الاكثرين مثل مالك واحمد بن حنبل وغيرهما والثاني لا يجب وهو قول
ابي حنيفة فان من اصله انه لا يجب بالنذر الا ما كان من جنسه واجب بالشرع
فلهذا يوجب نذر الصلاة والصيام والصدقة والحج والعمرة فان من جنسها
واجب بالشرع واوجب نذر الاعتكاف فان الاعتكاف لا يصح عنده
الا بصوم وهو مذهب مالك واحمد في احد الروايتين عنه والاكثرون
يحتجون بما رواه البخاري في صحيحه عن عائشة رضي الله عنها عن النبي صلى الله عليه وسلم
انه قال

ابن تيمية، ص 11.

اتخذ الصخرة اليوم قبلة يصلي اليها فهو كافر مرتد يستتاب فان تاب والا
قتل مع انها كانت قبلة لكن نسخ ذلك فكيف بمن يتخذها مكانا يطاف به
كما يطاف بالكعبة والطواف بغير الكعبة لم يشرعه الله بحال وكذلك من قصد
ان يسوق اليها غنما او بقرا ليذبحها هناك ويعتقد ان الاضحية فيها
افضل وان يحلق فيها شعره في العيد او ان يسافر اليها ليعرف بها
عشية عرفة فهذه الامور التي يشبه بها بيت المقدس في الوقوف والطواف
والذبح والحلق من البدع والضلالات ومن فعل شيئا من ذلك معتقدا
ان هذا قربة الى الله فانه يستتاب فان تاب والا قتل كما لو صلى الى الصخرة معتقدا
ان استقبالها في الصلاة قربة كاستقبال الكعبة ولهذا بنى عمر بن الخطاب
مصلى المسلمين في مقدم المسجد الاقصى فان المسجد الاقصى اسم لجميع المسجد
الذي بناه سليمان عليه السلام وقد صار بعض الناس يسمي الاقصى المصلى
الذي بناه عمر رضي الله عنه في مقدمه والصلاة في هذا المصلى الذي بناه عمر
للمسلمين افضل من الصلاة في ساير المسجد فان عمر بن الخطاب لما فتح
بيت المقدس وكان على الصخرة زبالة عظيمة لان النصارى كانوا يقصدون
اهانتها مقابلة لليهود الذين يصلون اليها فامر عمر رضي الله بازالة النجاسة
عنها وقال لكعب الاحبار اين ترى ان نبني مصلى المسلمين فقال خلف الصخرة
فقال يا ابن اليهودية خالطتك يهودية بل ابنيه امامها فان لنا صدور
المساجد ولهذا كان ايمة الامة اذا دخلوا المسجد قصدوا الصلاة في المصلى
الذي بناه عمر وقد روي عن عمر رضي الله عنه انه صلى في محراب داود واما
الصخرة فلم يصل عندها عمر رضي الله عنه ولا الصحابة ولا كان على عهد الخلفا
الراشدين عليها قبة بل كانت مكشوفة في خلافة عمر وعثمان وعلي ومعاوية
ويزيد ومروان ولكن لما تولى ابنه عبد الملك الشام ووقع بينه وبين ابن
الزبير الفتنة كان الناس يحجون فيجتمعون بابن الزبير فاراد عبد الملك
ان يصرف الناس عن ابن الزبير فبنى القبة على الصخرة وكساها في الشتا
والصيف ليرغب الناس في زيارة بيت المقدس ويشتغلوا بذلك عن اجتماعهم

ابن تيمية، ص 12.

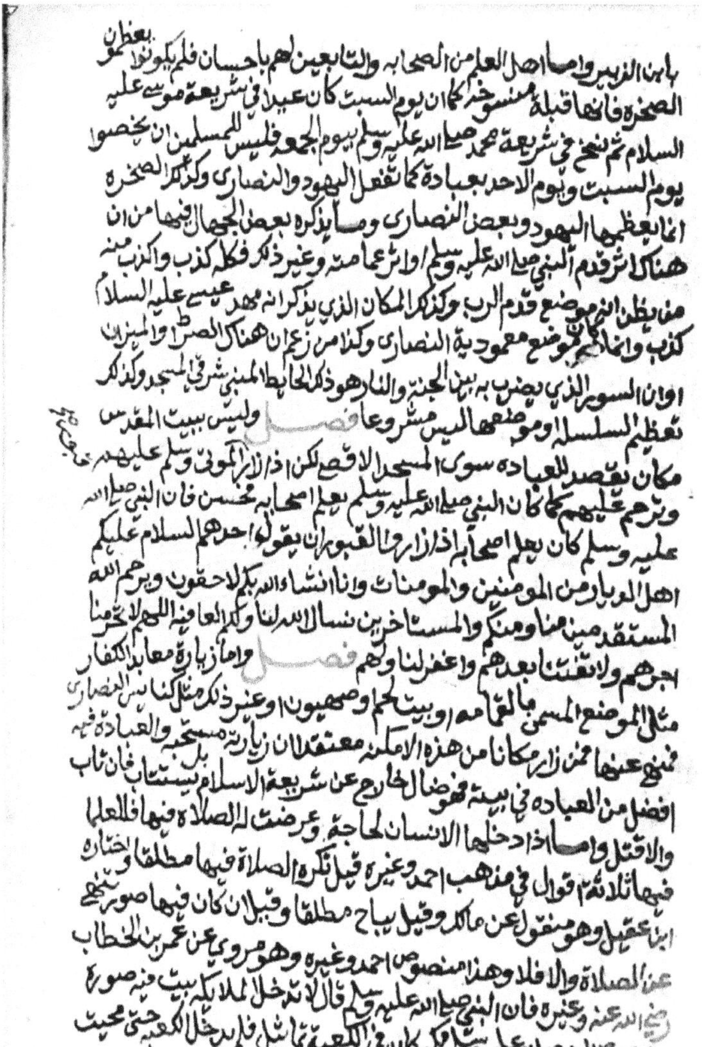
بابن الزبير واما اهل العلم من الصحابه والتابعين لهم باحسان فلم يكونوا يعظمون
الصخره فانها قبلة منسوخه كما ان يوم السبت كان عيدا في شريعة موسى عليه
السلام ثم نسخ في شريعة محمد صلى الله عليه وسلم بيوم الجمعه فليس للمسلمين ان يخصوا
يوم السبت ويوم الاحد بعبادة كما تفعل اليهود والنصارى وكذلك الصخره
انما يعظمها اليهود وبعض النصارى وما يذكره بعض الجهال فيها من ان
هناك اثر قدم النبي صلى الله عليه وسلم واثر عمامته وغير ذلك فكله كذب واكذب منه
من يظن انه موضع قدم الرب وكذلك المكان الذي يذكر انه مهد عيسى عليه السلام
كذب وانما كان موضع معمودية النصارى وكذا من زعم ان هناك الصراط والميزان
او ان السور الذي يضرب به بين الجنة والنار هو ذلك الحائط المبني شرقي المسجد وكذلك
تعظيم السلسلة او موضعها ليس مشروعا فصل وليس ببيت المقدس
مكان يقصد للعبادة سوى المسجد الاقصى لكن اذا زار الموتى وسلم عليهم
وترحم عليهم كما كان النبي صلى الله عليه وسلم يعلم اصحابه فحسن فان النبي صلى الله
عليه وسلم كان يعلم اصحابه اذا زاروا القبور ان يقول احدهم السلام عليكم
اهل الديار من المومنين والمومنات وانا ان شاء الله بكم لاحقون ويرحم الله
المستقدمين منا ومنكم والمستاخرين نسال الله لنا ولكم العافية اللهم لا تحرمنا
اجرهم ولا تفتنا بعدهم واغفر لنا ولهم فصل واما زيارة معابد الكفار
مثل الموضع المسمى بالقمامه او بيت لحم او صهيون او غير ذلك مثل كنائس النصارى
فمنهي عنها فمن زار مكانا من هذه الامكنه معتقدا ان زيارته مستحبه والعبادة فيه
افضل من العباده في بيته فهو ضال الخارج عن شريعة الاسلام بل يستتاب فان تاب
والا قتل واما اذا دخلها الانسان لحاجة وعرضت له الصلاة فيها فللعلما
فيها ثلاثة اقوال في مذهب احمد وغيره قيل تكره الصلاة فيها مطلقا واختاره
ابن عقيل وهو منقول عن مالك وقيل تباح مطلقا وقيل ان كان فيها صور نهي
عن الصلاة والا فلا وهذا منصوص احمد وغيره وهو مروي عن عمر بن الخطاب
رضي الله عنه وغيره فان النبي صلى الله عليه وسلم قال لا تدخل الملائكة بيتا فيه صورة
ولما فتح النبي صلى الله عليه وسلم مكه كان في الكعبة تماثيل فلم يدخل الكعبة حتى محيت
تلك

ملاحظات

[1] لمراجعة النص الكامل للقرار: Full Text of UNESCO's Contentious Resolution on Jerusalem and "The Countries That Voted."

[2] موران أزولاي، السكرتيرة العامة لمنظمة اليونيسكو: "جبل الهيكل مكان مقدس لدى اليهود أيضا"، في موقع Ynet، 14 تشرين الأول 2016.

[3] يعقوب أريئيل، "المسيحيون الأصوليون وجبل الهيكل"، في: "رايتر، إ. (محرر) سيادة الرب والإنسان، القدسية والمركزية السياسية في جبل الهيكل (معهد القدس لدراسات إسرائيل 2001)، ص 143 - 154: Rebecca Steohens Falcasantos, "Christian Religious Symbolism and Pilgrimage" in S. A. Mourad et al (eds.) *Routledge Handbook on Jerusalem* (London and New York: Routledge, 2019), pp. 290-300, and other chapters of this book.

[4] إسحق رايتر، من القدس إلى مكة وبالعكس - التكتل الإسلامي حول القدس (القدس: معهد القدس للدراسات الإسرائيلية، 2005)، ص 31 - 48. وبنسخته الانجليزية Reiter, Y. *Jerusalem and its Role in Islamic Solidarity* (New York: Palgrave).

[5] Dumper, M., & Larkin, C. (2012). The politics of heritage and the limitations of international agency in contested cities: a study of the role of UNESCO in Jerusalem's Old City. *Review of International Studies, 38(1), 25-52, p. 32.*

[6] انظر file:///C:/Users/yitzh/Downloads/148rev-ICOMOS-165.pdf.

[7] Reiter, Y. (2017*). Contested Holy Places in Israel-Palestine: Sharing and Conflict Resolution* (London and New York: Routledge).

[8] UNESCO (2010).http://unesdoc.unesco.org/images/0026/002655/265591e.pdf. *The Two Palestinian sites of Al-Haram Al-Ibrahimi/Tomb of the Patriarchs in Al- Khalil/Hebron and the Bilal Ibn Rabah Mosque/ Rachel's Tomb in Bethlehem.* 184 EX/37, 184th session of the Executive Board.

[9] file:///C:/Users/yitzh/Documents/academic/ConflictResolutionHolyPlacesBook/unesco%20TM.pdf

[10] UNESCO. (2017). UNESCO website, http://en.unesco.org/.

[11] UNESCO, Occupied Palestine Resolution. 200 EX/25, 200th session of the Executive Board.

[12] Statement by the Director-General of UNESCO on the Old City of Jerusalem and its Walls on the occasion of the 40th session of the World Heritage Committee of UNESCO in Istanbul. UNESCO website, http://www.unesco.org/new/en/media-services/single-view/news/statement_by_the_director_general_of_unesco_on_the_old_city-1/#.WAZVr-grLcs

[13] عُرض ضمن تقرير أعدته دفنة ليال لبرنامج "أستوديو الجمعة" 14/10/16. https://www.mako.co.il/news-channel2/vod-q4_2016/Article-272167a97a4c751004.htm

[14] أزيل الفيلم الأصلي من اليوتيوب. وهذا التحميل جاء في مرحلة متأخرة.

[15] أطفال روضة الرباط في بيت لحم. وقد سجل هذا الفيلم أيضا ملايين المشاهدات.

[16] https://www.youtube.com/watch?v=8POFSbLbBww

[17] وهو يعني بالأقصى هنا جميع باحات المساجد، أي منطقة جبل الهيكل كلها. من فيلم قام بتحميلة الدكتور مردخاي كيدار. "عكرمة صبري: لا حق لليهود بالاقصى ابدًا" تم تحميله في 2 آذار 2018، وأعيد تحميله في 16 كانون الثاني 2019.

[18] نمرود لوز. الحرم الشريف في الخطاب العام العربي الفلسطيني في إسرائيل: الهوية والذاكرة الجماعية وبناءها. معهد فلورسهايم لبحث السياسات. القدس: 2004.

[19] "المسجد الأقصى" وفق الخطاب المعتمد في العقود الأخيرة يشمل جميع باحات جبل الهيكل، كما يتضح من كلامه لاحقا.

[20] لوز، الحرم الشريف في الخطاب العام، ص 39.

[21] على حد تعبير نمرود لوز، م.س. ص 40.

[22] م. س. ص 41.

[23] م.س.

[24] مئيري، كيستر، "ملاحظة حول أقدمية فضائل القدس" في م. شارون (المحرر) قضايا في تاريخ أرض إسرائيل تحت حكم الإسلام (القدس: 1976)، ص 69-71.

[25] حقق إسحق حسون المؤلف الأول الذي نعرفه من أدبيات فضائل القدس، فضائل بيت المقدس، من تأليف أبو بكر الواسطي (القرن الحادي عشر). أبو بكر الواسطي، فضائل بيت المقدس. تحقيق وتقديم: إسحق حسون. معهد الدراسات الآسيوية والإفريقية، الجامعة العبرية. القدس: 1979.

قام عوفر لفنة كفري تحقيق مخطوطة أبو المعالي المقدسي بن المرجى، فضائل بيت المقدس والخليل والشام. ابن المرجى، أبو المعالي المقدسي. فضائل بيت المقدس والخليل والشام. تحقيق وتقديم: عوفر لفنة كفري. شفاعمرو: 1990.

[26] حول المدن الأخرى انظروا مثلا، ابن أبو المعالي المشرف بن ابن المرجى بن إبراهيم المقدسي، مؤلف فضائل القدس والخليل والشام. مؤلف من أصول فلسطينية من القرن الحادي عشر، بعد عشرات السنين من الواسطي. وتجد لدى المؤلفين معلومات كثيرة مع أنه يبدو أنهما لم يتناقلا تلك المعلومات عن بعضهما البعض ولا عن مصدر مشترك آخر، الأمر الذي يؤكد مصداقية تلك المعلومات. انظر عوفر لفنة كفري، دراسة مكانة القدس في الإسلام القديم. القدس: يد إسحق بن تسفي، 2000. ص 1 ملاحظة 2 حيت يتناول شخصية ابن المرجى وهناك في ص 4 يتناول العلاقة بين الواسطي وابن المرجى.

[27] ويعني "فخر الحكماء". الحبر هو رجل الدين اليهودي.

[28] إسحق رايتر. من القدس إلى مكة وبالعكس: التكتل الإسلامي حول القدس. معهد القدس لبحث السياسات. القدس: 2005.

[29] سنة 637 ميلادية.

[30] محمد بن جرير الطبري من كبار العلماء في العالم الإسلامي. من أصول فارسية، ولد في لواء طبرستان (شمال إيران اليوم) سنة 838 وتوفي في بغداد سنة 923. اشتهر الطبري بمؤلفيه الكبيرين بشكل خاص: تفسير الطبري، وهو تفسير واسع وشامل للقرآن وتاريخ الرسل والملك، وهو كتاب يتناول التاريخ منذ بداية الخليقة حتى عصر المؤلف.

[31] مجير الدين العليمي الحنبلي (1456-1522)، قاض ومؤرخ مقدسي من مواليد الرملة. يعتبر من أتباع المدرسة الحنبلية. أما كتابه الأنس الجليل بتاريخ القدس والخليل. مكتبة المحتسب. عمان: 1973 فيعتبر مصدرا بالغ الأهمية في تاريخ الفترة ويجمع الكثير من المعلومات والرواياتحول القدس والخليل.

[32] محمد بن جرير الطبري. تاريخ الرسل والملك. دار المعارف. القاهرة: 1979-1970.

[33] تنسب الروايات الإسلامية إلى داود الآية 28 الواردة في سفر إرميا، الإصحاح 31، والآية الثانية من سفر يحزقيل الإصحاح 18: "الآباء أكلوا الحصرم وأسنان الأبناء ضرست".

[34] الطبري، الجزء الأول، المجلد الأول، 484 (571).

[35] لفنة -كفري، ص 17.

[36] م. س. ص 104.

[37] Andreas Kaplony, *The Haram of Jerusalem, 324–1099: Temple, Friday Mosque, Area of Spiritual Power*, (Freiburger Islamstudien, vol. 17. Stuttgart: Franz Steiner Verlag, 2002). p. 31,

[38] م.س. ص 33-48.

[39] إلعاد، عميكام، "مكانة القدس في العصر الأموي"، الشرق الجديد، 44(2004)، ص 17-68: ليفي- روبين.

[40] ليفي- روبين، ميلكة. "لماذا بنيت قبة الصخرة: بين بيت المقدس والقسطنطينية"، كاتدرا، 170، 2019، ص 9-32.

[41] م. س.

[42] ابن المرجى، لدى لفنة- كفري، ص 63، رقم 50، كما تقتبسه ليفي- روبين.

[43] الواسطي، طبعة حسون، ص 86، رقم 138: حدثنا عمر نا أبي نا الوليد نا عبد الرحمن بن محمد بن منصور عن أبيه عن أبي الطاهر أحمد بن محمد الخراساني أسنده إلى كعب قال اصار كعب الأحبار مكتوباً في التوراة أيسروا اومليلام، وهي بيت المقدس والصخرة. يقال لها الهيكل أبعث إليك عبدي عبد الملك يبنيك ويزخرفك

[44] إلعاد، م.س. ص 38، مرآة الزمان في تواريخ الأعيان لسبط بن الجوزي، لدى ابن كثير.

[45] ليفي- روبين.

[46] روى الطبري عن رجا بن حيوت (المتوفى في عام 730) الذي كان عبد الملك بن مروان قد عينه مسئولا عن بناء قبة الصخرة، أن عمر بن الخطاب قدم بنفسه أنموذجا يُحتذى عندما قام بجمع القمامة في جبل الهيكل بأطراف عباءته. ليفي- روبين.

[47] الواسطي، ص 75.

[48] Mourad, 79.

[49] الطبري، الجزء الأول، المجلد الأول، 484 (571).

[50] أخبار الأيام الأول، الإصحاح 22، الآيات 8-17.

[51] الطبري 1،1 ص 503 (597). وهو يكرر ذلك فيما بعد في كتابه 1,2، 237 (1071):
... ومن خروج موسى ببني إسرائيل من مصر إلى بناء بيت المقدس- وذلك لأربع سنين من ملك سليمان بن داود- ستمائة سنة وستا وثلاثين سنة، ومن بناء بيت المقدس إلى ملك الإسكندر سبعمائة سنة وسبع عشرة سنة...

[52] وفي رواية أخرى انظر مثلا ابن المرجى ص 15، الفقرة 7:
أبنا أبو مسلم، قال: أبنا عمر، قال ثنا أبي، قال: ثنا الوليد، قال: ثنا أبو عُمَّيْر [بن] النّحاس، قال: ثنا ضَمْرة، عن السَّيباني قال: أوحى الله إلى داود: إنك لن تتم بناء بيت المقدس. قال: أي ربّ، ولمِ؟ قال: لأنك غمرت يدك في الدماء. قال: أي ربّ، ولم يكن ذلك في طاعتك؟ قال: بلى، وإن كان.

[53] الواسطي، ص 19، الفقرة 22.

[54] م. س. ص 7، الفقرة 5.

[55] التلمود البابلي، موعيد كاتان (الموعد الصغير)، الصفحة 9، العمود الأول.

[56] الواسطي، ص 6، الفقرة 5.

[57] القرآن الكريم، 31: 2.

[58] م. س.

[59] نوع من العملة.

[60] الواسطي،ص 9-10، الفقرة 9.

[61] أصل التعبير من التوراة، فهو يظهر هناك في عدة مواقع بأشكال مختلفة. انظر مثلا حزقيال 18، الآية 2، إرميا 31، الآية 28.

[62] . م. س.

[63] ابن المرجى، ص 15: ... رأى الملائكة سالين سيوفهم يعهدونها، ويرتفعون في سلم من ذهب من الصخرة إلى السماء الدنيا، فقال داود: هذا مكان ينبغي أن يبنى/ فيه مسجد لله ونكرمه. وأراد أن يأخذ في بنائه، فأوحى الله عز وجل إليه: هذا بيت مقدس، وإنك صبغت يدك في الدماء، ولستَ ببانيه، ولكن ابن لك بعدك، اسمه سليمان، أسلمه من الدماء. فلما ملك سليمان -عليه السلام- بناه وشرفه.

[64] م. س. ص 14، الفقرة 5.

[65] وكما ذكر أعلاه في رواية أخرى لدى ابن المرجى، ص 15، الفقرة 7:
أبنا أبو مسلم، قال: أبنا عمر، قال ثنا أبي، قال ثنا الوليد، قال: ثنا أبو عُمَير [بن] النَّحاس، قال ثنا ضَمْرة، عن السَّيباني قال: أوحى الله إلى داود: إنك لن تتم بناء بيت المقدس. قال: أي ربّ، ولِمَ؟ قال: لأنك غمزت يدك في الدماء. قال: أي ربّ، ولم يكن ذلك في طاعتك؟ قال: بلى، وإن كان.

[66] الواسطي، ص 19، الفقرة 22.

[67] عبد الرحمن بن محمد بن خلدون. 1406-1332. ولد في تونس ويعتبر من أبرز فلاسفة عصره المسلمين، له مؤلفات كثيرة في العديد من المواضيع. أهم مؤلفاته هو "مقدمة ابن خلدون"، التي يضع فيها أسس كتابة التاريخ وعلم الاجتماع الإسلامي.

[68] عبد الرحمن بن خلدون. تاريخ ابن خلدون. المكتبة التجارية الكبرى. فاس، المغرب: 1936. المجلد الأول، ص 144.

[69] هنا نرى بوضوح أن مصطلح المسجد يعني الهيكل.

[70] ابن خلدون، ص 145.

[71] مجير الدين، ص 115-114.

[72] مجير الدين، ص 113-114.

[73] م. س. ص 116.

[74] السيوطي، المجد الأول، ص 113.

[75] مصطلح مثير يشير مرة أخرى إلى أن المقصود بـ "بيت المقدس" هو مكان معين وليس المدينة كلها.

[76] انظر الهامش 76.

[77] السيوطي، ص 116.

[78] مجير الدين، ص 118.

[79] تلمود بابلي، "مكوت" (جلدات)، الصفحة 11، العمود الأول. مقتبس هنا بالترجمة من الارامية.

[80] وحدة وزن تختلف من منطقة إلى أخرى ومن فترة إلى أخرى، وتعادل حوالي 150-1500 غرام.

[81] الواسطي، ص 37، الفقرة 47.

[82] مجير الدين، ص 120.

[83] م. س. ص 118.

[84] عميكام إلعاد يقتبس الواسطي، ص 85: Amikam Elad, *Medieval Jerusalem and Islamic worship: holy places, ceremonies, pilgrimage*. E.J. Brill. Leiden: 1995 p 106.

[85] م. س.

[86] الواسطي، ص 39-40.

[87] تعبير مثير وجدير بالدراسة.

[88] مجير الدين، ص 121.

[89] الطبري، 1، ص 536 (643).

[90] م. س. ص 538 (646).

[91] م. س. ص 542 (651).

[92] انظر الصفحات 145-151.

[93] مجير الدين، المجلد الأول، ص 150.

[94] محمد بن سيد الناس، عيون الأثر في فنون المغازي والشمائل والسير (القاهرة، 1937).

[95] عيون الأثر، ص 273 مقتبس لدى عميكام إلعاد ، ص 113.

[96] نحميا، الإصحاح الرابع، الآيات 1-2.

[97] الطبري، 1، 1، 544. هذه التفاصيل موجودة في الرواية اليهودية المشهورة في "سفر إستير" في التوراة.

[98] م. س. ص 545- 544.

[99] وكما ورد أعلاه مثلا في سفر عزرا، الإصحاح الرابع، الآيات 4-5: "وكان شعب الأرض يرخون أيدي شعب يهوذا ويذعرونهم عن البناء. واستأجروا ضدهم مشيرين ليبطلوا مشورتهم كل أيام كورش ملك فارس وحتى ملك داريوس ملك فارس".

[100] ابن خلدون، المجلد الأول، ص 172.

[101] مجير الدين، ص 151 – 152. وهو يورد في هذا السياق الآية 7 من سورة "الإسراء" التي ستُذكر لاحقا.

[102] م. س. ص 152 – 153.

[103] يوسف بن متتياهو، تاريخ حروب اليهود مع الرومان. عن اليونانية: ي. ن سمحوني. إصدار شتيبل: وارسو 1923. الكتاب السادس، الفصل الرابع، ص 349.

[104] م. س. الفصل الخامس، ص 351.

[105] م. س. الفصل الخامس، ص 355.

[106] الواسطي، ص 38، الفقرة 49.

[107] بموجب المفهوم القائل إن بني إسرائيل تسببوا بموت يسوع. الطبري، 1، 1، ص 606 (741).

[108] مجير الدين، ص 168- 169.

[109] ابن خلدون، ص 205-206. يعود مصدر هذه المعلومات إلى كلام يوسف بن متتياهو، المجلد السادس، الفصل الرابع، ص 349-350.

[110] عوفر لفني- كفري. دراسات حول مكانة القدس في الإسلام القديم. ياد إسحق بن تسفي. القدس: 2000. ص 8. هذه الرواية والرواية التي تليها هما من ترجمة عوفر لفني كفري.

[111] م. س. ص 14.

[112] السيوطي، الجزء الأول، ص 237- 236.

[113] الطبري، 3، 1، ص 611 (2408).

[114] السيوطي، الجزء الأول، ص 237. ابن المرجى أيضا يقدم هذه الرواية في ص 55، الفقرة 42.

[115] السيوطي، الجزء الأول، ص 237.

[116] الواسطي، ص 78، الفقرة 131.

[117] م. س. ص 17، الفقرة 19.

[118] م. س. ص 43، الفقرة 60.

[119] Elad, P. 64.

[120] سورة الإسراء، 1.

[121] محمد بن أحمد المكنى بأبي عبد الله القرطبي. ولد في قرطبة التي في الأندلس ومات في مصر سنة 1273. وهو يعتبر من أبرز مفسري القرآن.

[122] محمد بن أحمد القرطبي. الجامع لأحكام القرآن. دار الفكر' بيروت: 1993- 1995. المجلد الخامس، ص 190.

[123] القرطبي، 5، ص 190.

[124] القرطبي، 2، 129- 130.

[125] إسماعيل أبو الفدا بن عمر بن كثير. ولد في البصرة سنة 1301 ومات سنة 1373. يعتبر من أبرز مفسري القرآن، ألف كتبا أخرى في مجال التاريخ منها البداية والنهاية، وله مؤلف تفسيري آخر لم يعثر عليه حول كتاب صحيح البخاري.

[126] إسماعيل بن كثير، تفسير القرآن العظيم. دار الأندلس. بيروت: 1966. المجلد الرابع، ص 282.

[127] محمد الطاهر بن عاشور، تونس. ولد سنة 1879 ومات سنة 1973. كان ابرز الفقهاء في تونس ومن أبرز علماء الدين في العالم الإسلامي في عصره. ألف العديد من الكتب، منها تفسير القرآن بعنوان تفسير التحرير والتنوير، دار التونسية للنشر. تونس: 1984، ويشتمل على 30 مجلدا.

[128] ابن عاشور، المجلد 13، ص 14.

[129] الإسراء، 7.

[130] انظر إنجيل مرقس، الإصحاح السادس.

[131] القرطبي، المجلد الخامس، ص 200.

[132] ابن كثير، الجزء الرابع، ص 238.

[133] ابن عاشور، المجلد الخامس عشر، ص 38.

[134] سورة البقرة، 259.

[135] ابن عاشور، الجزء الثالث، ص 35.

[136] حزقيال، الإصحاح 37، الآيات 1-14.

[137] ابن عاشور، م. س. عبارة "مدينة إسرائيل" هي عبارة ملفتة للنظر لأنه ليس لها معنى واضح في اللغة العربية ويبدو أنها أشبه باستعارة للاسم الحديث باللغة العبرية لـ"دولة إسرائيل".

[138] محمد بن أحمد شمس الدين المقدسي، أحسن التقاسيم في معرفة الأقاليم، بريل. ليدن: 1907. ص 168.

[139] العقد الفريد لأحمد بن محمد بن عبد ربه الأندلسي، الشاعر والأديب الأندلسي القديم. عاش بين عامي 860- 940. دار الكتب العلمية. بيروت: 1983. وهو يعتبر مصدرا غنيا بما يتعلق بالثقافة الإسلامية في تلك الفترة.

[140] ابن عبد ربه، المجلد السابع، ص 292.

[141] ويعرف باسم "الأدب الجميل"، وهو لون متنوع يشتمل على روايات دينية وشعر وقصة وجغرافيا وأساطير وأمثال ومغاز وعبر وغير ذلك.

[142] أفضل الأخبار.

[143] عبد الله بن عبد المجيد بن قتيبة الدينوري. مؤرخ عراقي قديم عاش بين عامي 828- 889.

[144] عبد الله بن قتيبة. عيون الأخبار. دار الكتب العلمية. بيروت: 1998. الجزء الثاني، ص 89- 90.

[145] محمد بن محمد بن عبد الله بن إدريس. 1160- 1099. من أوائل وأهم علماء الجغرافيا المسلمين. ألف كتبا كثيرة في مواضيع أخرى أيضا. له كتاب بعنوان نزهة المشتاق في اختراق الآفاق ويحتوي على كمية كبيرة من الروايات والأخبار المتعلقة بالعديد من الأماكن في أنحاء العالم.

[146] الإدريسي، ص 259. (شكرا للدكتورة ميخال ليفي التي وجهتنا إلى هذا المصدر الهام).

[147] هو عالم جغرافيا ومؤرخ من أصل فارسي. توفي سنة 976. محمد أبو بكر الهمذاني ابن الفقيه. مختصر كتاب البلدان. دار إحياء التراث العربي. بيروت: 1988.

[148] مختصر كتاب البلدان، ص 94- 95.

[149] الهمذاني، ص 95.

[150] م. س. ص 96.

[151] م. س.

[152] تقي الدين محمد بن تيمية، عاش بين عامي 1263- 1328. عاش ونشط في المنطقة الحدودية بين تركيا وسوريا. فقيه ومفسر للقرآن دعا إلى العودة إلى الإسلام السلفي وعمل على إدخال أفكار صوفية وفلسفية من خارج الإسلام إلى داخل الثقافة والدين. ولا زال يعتبر حتى اليوم مصدرا للإيحاء والتوجيه بالنسبة للحركات السلفية الجديدة.

[153] محمد بن تيمية، قاعدة في زيارة بيت المقدس. في: Charles D. Matthews." A Muslim Iconoclast (Ibn Taymiyyeh) on the "Merits" of Jerusalem and Palestine, *Journal of the American Oriental Society*. Vol 56. New Haven: Yale University Press, 1936.

[154] ابن تيمية، ص 7.

[155] ابن تيمية، ص 11.

[156] ابن تيمية، ص 12.

[157] يكتسب كلام ابن تيمية أهمية خاصة في هذا السياق من الناحية السياسية أيضا، لأن ابن تيمية، كما ذكر، يحظى بإعجاب العديد من الحركات الإسلامية السياسية المتشددة ،كحركة "حماس"، والتي تصر على الادعاء بأن جبل الهيكل- الأقصى- هو إسلامي وليس لليهود أي صلة به وذلك على الرغم من أن مصدر الإيحاء الأساسي الذي تستند إليه تلك الحركات يعترف بتلك الصلة.

[158] حسن عليان، القدس بين الحق العربي والوهم الصهيوني، جامعة فيلادلفيا، عمان. جرش: 2002.

[159] عليان، ص 13-14.

160 اللجنة الملكية لشؤون القدس. وهي لجنة أقيمت في الأردن بعد محاولة سائح مسيحي أسترالي إحراق المسجد الأقصى سنة 1969. أقيمت اللجنة كجزء من سعي النظام الهاشمي للمحافظة على ارتباط بالمسجد وتصوير نفسه كمن يدافع عن الأماكن الإسلامية المقدسة وحاميا للطابع العربي للقدس.

161 محمود عواد، "مدى جدية وخطورة إنشاء الهيكل المزعوم". في: عليان ص 39. عواد هو عضو اللجنة المذكورة.

162 القدس بين الحق العربي والوهم الصهيوني. ص 79- 80. مقال رايتر المقتبس فيه هو مقال إسحق رايتر. جبل الهيكل\ الحرم الشريف. نقاط اتفاق ونقاك خلاف. معهد القدس للدراسات الإسرائيلية: 1997: مقال دوري غولد هو: Dore Gold. *Jerusalem* (Final Status Issues, Israel-Palestinians). Tel Aviv University, Jaffe Center for Strategic Studies. Tel Aviv 1995.

163 رائد سوسي. "ما هو هيكل سليمان"، موضوع 2015.
http://mawdoo3.com/%D9%85%D8%A7_% D9%87%D9%88_%D9%87%D9%8A%D9%D9%84_%D8%B3%D9%84%D9%8A%D9%85%D8%A7%D9%86

164 من أكبر مواقع الإنترنت العربية في العالم، إذ لديه حوالي نصف مليون مشاهدة يوميا. http://mawdoo3.com/

165 زكي الغول، هل كان هناك هيكل حقا". في: القدس بين الحق والعربي والوهم الصهيوني، ص 36- 31. أشغل الغول منصب رئيس بلدية الظل الفلسطيني للقدس في سنوات الخمسين مع أنه كان يقيم حينذاك في الأردن.

166 القدس بين الحقيقة العربية والوهم الصهيوني، ص 31- 33.

167 ملكة مملكة سبأ في منطقة اليمن اليوم. يقال إنها قامت في القرن العاشر قبل الميلاد. تظهر شخصيتها في الروايات اليهودية والمسيحية والإسلامية والإثيوبية.

168 م. س. ص 33-34.

169 م. س. ص 35.

170 م. س. ص 36.

171 Kamal Salibi. *The Bible Came from Arabia*. J.Cape. London: 1985.

172 رايتر، من القدس إلى مكة وبالعكس، ص 31.

173 الغول، ص 36.

174 Salibi, p. 110.

175 The Kingdom of All Israel.

176 في جنوب غرب المملكة العربية السعودية.

177 The Bible p 112

178 https://www.goodreads.com/review/show/2147475663; Razak, Dzulkifli Abdul. *Islamic Quarterly*; London Vol. 35, Iss. 3, (Jan 1, 1991): 200.; John Joseph, Comments on Hammond's Review of Salibi's The Bible Came From Arabia, *IJMES*, Volume 23, Issue 4, November 1991 , pp. 704-705.

179 "هل لليهود حق تاريخي في القدس؟" *http://www.aqsaonline.org/news.aspx?id=6127*.

180 موقع مخصص للقضية الفلسطينية وبخاصة القدس والمسجد الأقصى.

181 محمد عمارة. القدس بين اليهودية والإسلام". نهضة مصر. 1999.

182 التنوير الإسلامي، سلسلة منشورات ذات طابع إسلامي متعصب، ويقول الناشر أنها تصدر ردا على التنوير الغربي. من بين كُتاب هذه المنشورات إخوانيون مثل يوسف القرضاوي وفهمي هويدي.

183 عمارة، القدس بين اليهودية والإسلام، ص 29. اللجنة التي أقامها البريطانيون بعد أحداث حائط البراق سنة 1929. ومما جـــاء هـــناك: Great Britain, Colonial Office, Report of the Commission Appointed... to Determine the Rights and Claims of Moslems and Jews in Connection with the Western Wall or Wailing Wall in Jerusalem. London, 1930, pp. 33-60. Available: https://unispal.un.org/DPA/DPR/unispal.nsf/0/59A92104ED00DC468525625B00527FEA

184 انظر: https://unispal.un.org/DPA/DPR/unispal.nsf/0/59A92104ED00DC468525625B00527FEA/

185 عمارة، م. س. ص 27.

186 عمارة، م. س. ص 29-30.

187 عيسى القدومي. "ليس لليهود حق في القدس وأرض فلسطين". الفرقان. 30 أيلول 2015. استعيد في 24 حزيران 2018.

188 موقع إسلامي كويتي. https://www.al-forqan.net/

191 https://www.al-forqan.net/articles/4784.html.

190 فضائل القدس (قبرص)، ص 11.

191 م. س.

192 وجدت فيها المخطوطة قبل أن تصل إلى مئير كيستر وإسحق حسون. انظر فضائل القدس (قبرص)، ص 13.

193 وهو مؤتمر يتناول جوانب مختلفة من قضية القدس من وجهة نظر فلسطينية، نظمته بين عامي 2007-2010 "مؤسسة القدس الدولية" في غزة بمشاركة ممثلين من مجالات متعددة، مسلمين ومسيحيين على حدا سواء.

194 عبد اللطيف زكي أبو هاشم. "مخطوطة فضائل بيت المقدس في دراسة المستشرقين اليهود المعاصرين". في كتاب مؤتمر القدس *2007-2009*. مؤسسة القدس الدولية. غزة: 2010.

195 كامل العسلي. بيت المقدس في كتب الرحالة. بدون ذكر دار النشر. عمان: 1992.

196 كامل العسلي، بيت المقدس في كتب الرحالة، ص 38.

197 م. س.

198 م. س. ص 39.

199 م. س.

200 م. س. ص 40.

201 عبد الحميد الشاقلدي، المسجد الأقصى المبارك من عهد آدم إلى قيام الساعة، عمان، 2001، ص 41-45.

202 يوسف كمال حسونة الحسيني، فلسطين والاعتداءات الإسرائيلية على مقدساتها الإسلامية (بدون مكان، 2001)، ص 16.

203 مقال نُشر في موقع الإنترنت www.elquds.net يلخص تاريخ القدس.

204 تاريخ صدور الفتوى هو 20.10.2002. alaqsa-online.net.

205 أحمد محمود محمد القاسم، موسوعة بيت المقدس. رام الله: دار البيرق، د.م. ص 156.

[206] الدكتور محمد جلاء إدريس، أورشليم القدس في الفكر الديني الإسرائيلي. القاهرة: مركز الإعلام العربي، 2001 ص 104.

[207] محمد محمد حسن شراب، بيت المقدس والمسجد الأقصى، دراسة تاريخية موثقة. دمشق وبيروت: دار القلاع والدار الشامية. 1994، ص 58.

[208] م. س. ص 273.

[209] عبد الحميد الكاتب، القدس، الفتح الإسلامي، الغزو الصليبي، الهجمة الصهيونية. القاهرة: دار الشروق، 1994، ص 161.

[210] عكرمة صبري، "الأقصى من الناحية الدينية العقائدية"، في Geries, S. Khoury et al (eds.) *Jerusalem: Palestinian Christian-Muslim Studies.* Jerusalem: al-Liqa, p.15.

[211] اللواء الدكتور محمد صلاح سالم، القدس: الحق... التاريخ... والمستقبل. القاهرة: عين, 2003، ص 51.

[212] عبد الحميد السائح، أهمية القدس في الإسلام. عمان: التوفيق، 1981، ص 97.

[213] محمد عمارة، القدس: أمانة عمر في استنظار صلاح الدين. بيروت: مؤسسة القدس، 2002، ص 6. يُشار إلى أنه لا أحد يعرف متى بني الهيكل الأول ولذلك لا يمكن أن نعرف كم سنة بالضبط صمد مكانه، وتشير المصادر اليهودية عادة إلى 400 سنة، أو "أكثر من 400" سنة.

[214] Bma-alqods.org.

[215] أبو عليا، ص 35.

[216] محمد عوض الهزايمة، القدس في الصراع العربي الصهيوني، عمان، ص 16، يقتبس مصطفى مراد الدباغ، ص 569.

[217] جواد بحر النتشة، مكانة بيت المقدس بين نصوص الوحي وحركة الإنسان. لندن: مركز دراسات المستقبل الإسلامي، 2006. ص 69.

[218] المسجد الأقصى أيها المسلمون!! مطبعة الأزهر: رجب 1379 هجرية، ص 18.

[219] يهوشفاط هركابي. كيف تم تفسير الموقف العربي ضد إسرائيل في الجيش المصري، وزارة الدفاع، 1967.

[220] ترجمة عن كتاب هركابي باللغة العبرية.

[221] انظر مثلا، ص 23.

[222] هركابي، ص 20-21، ترجمة عن المصدر الأصلي باللغة العبرية.

[223] م. س. ص 24-25.

[224] Muhammad Adib Amiri. *Jerusalem, Arab Origin*. Longman. London: 1978.

[225] يستخدم المؤلف كلمة Yahwe، وهو اسم الرب في ترجمته الإنجليزية.

[226] Amiri, pp. 1-2.

[227] محمود أبو غزالة، إسلامية بيت المقدس: فضائل وثوابت. جمعية المسجد الأقصى الخيرية الإسلامية، القدس، 1994.

[228] لم يُذكر مصدر هذا الكلام.

[229] أبو غزالة، ص 17.

[230] م. س. ص 95.

231 أبو غزالة، ص 96.

232 م. س. ص 97.

233 م. س. ص 101- 102.

234 القرضاوي، يوسف، القدس قضية كل مسلم. بيروت، دمشق وعمان: المكتب الإسلامي، 2002، ص 64.

235 يوسف القرضاوي. القدس. مركز القدس للدراسات والإعلام والنشر. غزة: 2002.

236 القرضاوي، ص 53.

237 م. س. ص 57-58.

238 م. س. ص 63.

239 م. س. ص 81.

240 م. س. ص 73-74.

241 عبد الحميد الكاتب، القدس- الفتح الإسلامي، الغزو الصليبي، الهجمة الصهيونية. دار الشروق. القاهرة: 1994.

242 م. س. ص 160. التزام الكاتب بالوقائع التاريخية مشكوك فيه، كما يستدل من ذكره ليوسفوس في السياق الإسلامي.

243 م. س.

244 م. س. ص 161.

245 م. س. ص 162.

246 م. س. ص 163.

247 م. س.

248 عبد التواب مصطفى، نقض شريعة الهيكل وكيف تعود القدس. مركز الإعلام العربي، القاهرة: 2003.

249 م. س. ، ص 3.

250 م. س. ، ص 12.

251 م. س. ص 15.

252 م. س. ص 16.

253 م. س.

254 م. س. ص 17.

255 م. س. ص 20.

256 م. س. 21.

257 م. س. ص 22.

258 مغارة لصوص. حسب سفر إرميا، الإصحاح السابع، الآية 11: "هل صار هذا البيت الذي دُعي باسمي عليه مغارة لصوص في أعينكم؟". يقتبس المؤلف هذه الآية. م. س. ص 22.

259 إشعيا، الإصحاح 66، الآية 1.

[260] متى، 13، 21، م. س. ص 23-24.

[261] م. س. ص 25.

[262] م. س. ص 27.

[263] م. س. ص 32.

[264] م. س

[265] Kenyon, Kathleen Mary, *Digging up Jerusalem*. London and Tonbridge: Ernest Benn, 1974 p. 110.

[266] موقع aqsa-mubarak.org.

[267] إيلات مازر. المرشد الكامل لحفريات جبل الهيكل. شوهم. القدس: 2000.

[268] www.bma-alqods.org/histor10.htm.

[269] مؤرخ وسياسي فلسطيني من مواليد يافا. توفي سنة 1981.

[270] عبد الوهاب الكيالي. تاريخ فلسطين الحديث. المؤسسة العربية للدراسات والنشر. بيروت: 1980.

[271] الكيالي، ص 14.

[272] م. س. ص 15.

[273] م. س.

[274] م. س. ص 16.

[275] عمر الصالح البرغوثي، خليل طوطح. تاريخ فلسطين. مكتبة الثقافة الدينية. القاهرة: 2001.

[276] البرغوثي وطوطح، ص 35.

[277] م. س. ص 43.

[278] م. س. ص 68.

[279] الاقتباس عن مسعدة يظهر في خليل طوطح وعمر الصالح البراوثي, تاريخ فلسطين. القدس: مطبعة بيت المقدس، 1923. ص 72. واقتبسها إيلي أشيروف ، "من أين أتيت؟ تاريخ شعب إسرائيل في التأريخ الفلسطيني المبكر" (أطروحة) القدس: الجامعة العبرية، 2014. ص 56.

[280] صحفي ومؤرخ وسياسي فلسطيني. أشغل في سنوات الخمسين منصب رئيس بلدية القدس الأردنية. توفي سنة 1973.

[281] عارف العارف. تاريخ الحرم القدسي. القدس: مطبعة دار الايتام الاسلامية الصناعية في القدس, 1947. ص 42, 72, 103. اقتبسه اشيروف, ص 80-81.

[282] عارف العارف. تاريخ القدس. دار المعارف. القاهرة: 1994.

[283] العارف، ص 16.

[284] العارف، ص 16.

[285] م. س. ص 37، الآية هي من سفر إرمياء، الإصحاح الخامس عشر، الآية 2.

[286] العارف، عارف. المفصل في تاريخ القدس: القدس: الأندلس، 1961، ص 12-13.

[287] رايتر، من القدس إلى مكة وبالعكس، ص 36.

[288] طبعة أخرى، انظر: العارف. المفصل في تاريخ القدس. المؤسسة العربية للدراسات والنشر. بيروت: 2007

[289] المفصل في تاريخ القدس، ص 13-14. إصدار دار النشر المذكورة في قائمة المراجع والمصادر، الصفحات هي: 54, 55, 56.

[290] م. س. ص 14.

[291] م. س. ص 14.

[292] B.Z. Kedar, Vestiges of Templar presence in the Aqsa Mosque in *The Templars and Their Sources*, ed. Karl Borchardt, Karoline Döring, Philippe Josserand and Helen J. Nicholson (Routledge: London and New York, 2017), 3-24.

[293] المفصل في تاريخ القدس، ص 76.

[294] م. س. ص 129. قارن مع فليبوس، الكتاب السادس، الفصل الرابع، ص 349-350.

[295] محمود سليمان العبادي. "دار المعلمين". في: محمد يوسف نجم (محرر). دار المعلمين والكلية العربية في بيت المقدس. بيروت: دار صادر، 2007. ص 42-41. مقتبسة لدى أشيروف ص 60.

[296] مستقبل القدس العربية، مركز الدراسات العربي الأوروبي. محاضرات قُدمت في المؤتمر الدولي السابع الذي نظمه المركز العربي الأوروبي للدراسات في 23-25 شباط 1999 في الدار البيضاء، ص 105-106.

[297] فاطمة محمود الجوابرة، موسوعة القدس. عمان: دار صفاء، 2003. ص 105.

[298] عبد الفتاح حسن أبو عليا، القدس دراسة تاريخية حول المسجد الأقصى والقدس الشريف. الرياض: دار المريخ، 2000، ص 18.

[299] القدس الشريف - دراسة تعتمد على المصادر الثانوية التي نشرتها المنظمة الإسلامية للتربية والعلوم والثقافة تقتبس كتاب المؤرخ الفلسطيني عارف العارف، تاريخ القدس.

[300] www.bma-alqods.org/mosque.htm. أخذ في 21.6.2005.

[301] Al-Khateeb, Muhammed Abdul Hammed, *Al-Quds, The Place of Jerusalem in Classical Judaic and Islamic Traditions*. London: Ta-Ha, 1998, p. 182.

[302] Nusseibeh, Sari, "Islam's Jerusalem" in *Jerusalem, Religious Aspects*, Jerusalem PASSIA, 1995, p. 20.

مراجع

المراجع القديمة

القرآن. ترجمه من العربية وأضاف الهوامش والملاحق والإشارات: أوري روبين. تل أبيب: جامعة تل أبيب للنشر، 2005.

الإدريسي، محمد بن محمد بن عبد الله. نزهة المشتاق في اختراق الآفاق. بيروت: عالم الكتب، 1989.

الأندلسي، أحمد بن محمد بن عبد ربه. العقد الفريد. بيروت: دار الكتب العلمية، 1983.

ابن تيمية، محمد. قاعدة في زيارة بيت المقدس. ورد في:

Matthews, Charles D. "A Muslim iconoclast (Ibn Taymiyyeh) on the 'merits' of Jerusalem and Palestine" Brown, W. Norman (Editor). *Journal of the American Oriental Society.* Vol 56. New Haven: Yale University Press, 1936.

ابن خلدون، عبد الرحمن. تاريخ ابن خلدون. فاس، المغرب: المكتبة التجارية الكبرى، 1936.

ابن الفقيه، محمد أبو بكر الهمذاني. مختصر كتاب البلدان. بيروت: دار إحياء التراث العربي، 1988.

ابن سيد الناس، محمد. عيون الأثر. المدينة: مكتبة دار التراث، 1992.

ابن المرجى، أبو المعالي المقدسي. فضائل بيت المقدس والخليل والشام. تحرير وتقديم: عوفر لفنة كفري. شفاعمرو: دار المشرق للترجمة والطباعة والنشر 1990.

ابن قتيبة، عبد الله. عيون الأخبار. بيروت: دار الكتب العلمية، 1998.

ابن كثير، إسماعيل. تفسير القرآن العظيم. بيروت: دار الأندلس، 1966.

السيوطي، محمد بن شهاب الدين. إتحاف الأخصّة بفضائل المسجد الأقصى. القاهرة: الهيئة المصرية العامة للكتاب، 1982-1984.

الطبري، محمد بن جرير. تاريخ الرسل والملوك. القاهرة: دار المعارف، 1970- 1979.

العليمي الحنبلي، مجير الدين. الأنس الجليل بتاريخ القدس والخليل. عمان: مكتبة المحتسب، 1973.

القرطبي، محمد بن أحمد. الجامع لأحكام القرآن. بيروت: دار الفخر، 1993- 1995.

المقدسي، محمد بن أحمد شمس الدين. إحسان التقاسيم في معرفة الأقاليم، ليدن: بريل، 1907.

الواسطي، أبو بكر. فضائل البيت المقدس. تحرير وتقديم: إسحق حسون. القدس: معهد الدراسات الآسيوية والإفريقية في الجامعة العبرية، 1979.

المراجع الحديثة

ابن عاشور، محمد الطاهر. تفسير التحرير والتنوير. تونس: دار التونسية للنشر، 1984.

أبو عليا، عبد الفتاح حسن. القدس: دراسة تاريخية حول المسجد الأقصى والقدس الشريف. الرياض: دار المريخ، 2000.

أبو غزالة، محمود. إسلامية بيت المقدس: فضائل وثوابت. القدس: جمعية المسجد الأقصى الخيرية الإسلامية 1994.

أبو هشام، عبد اللطيف زكي. "مخطوطة فضائل بيت المقدس في دراسة المستشرقين اليهود المعاصرين". في: كتاب مؤتمر القدس *2007- 2009*. غزة: مؤسسة القدس الدولية، 2010.

إدريس، محمد جلاء. أورشليم القدس في الفكر الديني الإسرائيلي. القاهرة: مركز الإعلام العربي، 2001.

أريئيل، يعقوب، "المسيحيون الأصوليون وجبل الهيكل"، في: رايتر، إ (محرر) سيادة الرب والإنسان، القداسة والمركزية السياسية في جبل الهيكل (معهد القدس للدراسات الإسرائيلية، 2001)، ص 143- 154.

أشيروف، إيلي. "من أين أتيت؟ تاريخ شعب إسرائيل في التأريخ الفلسطيني المبكر" (أطروحة) القدس: الجامعة العبرية، 2014.

إلعاد، عميكام، "مكانة القدس في العصر الأموي"، الشرق الجديد، 2004، ص 17- 68.

البرغوثي، عمر الصالح وطوطح، خليل. تاريخ فلسطين. القاهرة: مكتبة الثقافة الدينية، 2001.

الجوابرة، فاطمة محمود. موسوعة القدس. عمان: دار صفاء، 2003.

الحسيني، يوسف كمال حسونة. فلسطين والاعتداءات الإسرائيلية على مقدساتها الإسلامية، 2001.

رايتر، إسحق. جبل الهيكل\ الحرم الشريف: نقاط توافق واختلاف. القدس: معهد القدس للدراسات الإسرائيلية، 1997.

رايتر، إسحق. من القدس إلى مكة وبالعكس: التكتل الإسلامي حول القدس. القدس: معهد القدس للدراسات الإسرائيلية، 2005.

زيدان، يسري (محرر). تاريخ فلسطين الحديث والمعاصر. الجزء الأول. رام الله: وزارة التربية والتعليم، 2011.

سالم، محمد صلاح. القدس: الحق... التاريخ... والمستقبل. القاهرة: عين، 2003.

السائح، عبد الحميد. أهمية القدس في الإسلام. عمان: التوفيق، 1981.

الشاقلدي، عبد الحميد. المسجد الأقصى المبارك من عهد آدم إلى قيام الساعة، عمان، 2001.

شراب، محمد محمد حسن. بيت المقدس والمسجد الأقصى، دراسة تاريخية موثقة. دمشق وبيروت: دار القلاع والدار الشامية، 1994.

شرجاي، نداف. جبل الخصومات: الصراع على جبل الهيكل- اليهود والمسلمون، الدين والسياسة منذ عام *1967*. القدس: كيتر، 1995.

شرجاي، نداف. حكاية الأقصى في خطر: قصة كذب. تل أبيب: المركز المقدسي للقضايا العامة والسياسية، 2012.

شريف، عمر وعوض الله، محمد (محرران). كتاب فضائل بيت المقدس\ أبو بكر الواسطي. نيقوسيا: مركز بيت المقدس للدراسات التوثيقية، 2010.

صبري، عكرمة "الأقصى من الناحية الدينية العقائدية"، في: Geries, S. Khoury et al (eds.) .Jerusalem: Palestinian Christian-Muslim Studies. Jerusalem: al-Liqa, p.15

العارف, عارف. تاريخ الحرم القدسي. القدس: مطبعة دار الايتام الاسلامية الصناعية في القدس, 1947.

العارف، عارف. تاريخ القدس. القاهرة: دار المعارف، 1994.

العارف، عارف. المفصل في تاريخ القدس: القدس: الأندلس، 1961، طبعة أخرى انظر: المؤسسة العربية للدراسات والنشر. بيروت: 2007.

العسلي، كامل. بيت المقدس في كتب الرحلات. عمان: مجهول الإصدار، 1992.

عليان، حسن. القدس بين الحق العربي والوهم الصهيوني. عمان: جامعة فيلادلفيا.

عمارة، محمد. القدس: أمانة عمر في استنظار صلاح الدين. بيروت: مؤسسة القدس، 2002.

عمارة، محمد. القدس- بين اليهودية والإسلام. القاهرة: نهضة مصر، 1999.

عوض، محمود. "مدى جدية وخطورة إنشاء الهيكل المزعوم". في: عليان، حسن. القدس بين الحق العربي والوهم الصهيوني. عمان: جامعة فيلادلفيا، 2002، ص 37- 83.

الغول، زكي. "هل كان هناك هيكل حقا". في: عليان، حسن. القدس بين الحق العربي والوهم الصهيوني، عمان: جامعة فيلادلفيا، 2002، ص 29- 36.

القاسم، أحمد محمود محمد. موسوعة بيت المقدس. رام الله: دار البيرق (بدون تاريخ).

القرضاوي، يوسف. القدس. غزة: مركز القدس للدراسات والإعلام والنشر، 2002.

القرضاوي، يوسف. القدس قضية كل مسلم. بيروت، دمشق وعمان: المكتب الإسلامي، 2002.

الكاتب، عبد الحميد. القدس- الفتح الإسلامي، الغزو الصليبي، الهجمة الصهيونية. القاهرة: دار الشروق، 1994.

الكيالي، عبد الوهاب. تاريخ فلسطين الحديث. بيروت: المؤسسة العربية للدراسات والنشر، 1980.

كيستر، م. ي. "ملاحظة حول أقدمية أحاديث فضائل القدس" في: م. شارون (محرر) قضايا في تاريخ أرض إسرائيل تحت حكم الإسلام. القدس: 1976، ص 69- 71.

لفنة- كفري، عوفر. دراسات في مكانة القدس في الإسلام القديم. القدس: ياد إسحاق بن تسفي، 2000.

لوز، نمرود. الحرم الشريف في الخطاب العام العربي الفلسطيني في إسرائيل: هوية وذاكرة جماعية وطرق الترسيخ. القدس: معهد فلورسهايم لبحث السياسات، 2004.

ليفي- روبين، ميلكا، "لماذا بنيت قبة الصخرة: بين بيت المقدس والقسطنطينية"، كاتدرا، *170*، 2019، ص 9- 32.

مزار، إيلات (2000). المرشد الكامل في حفريات جبل الهيكل. القدس: شاهم.

مصطفى، عبد التواب. نقض شريعة الهيكل وكيف تعود القدس. القاهرة: مركز الإعلام العربي، 2003.

النتشة، جواد بحر. مكانة بيت المقدس بين نصوص الوحي وحركة الإنسان. لندن: مركز دراسات المستقبل الإسلامي، 2006.

العبادي, محمود سليمان. "دار المعلمين". في: محمد يوسف نجم (محرر). دار المعلمين والكلية العربية في بيت المقدس. بيروت: دار صادر، 2007.

هركابي، يهوشفاط. ما هو تفسير الموقف العربي ضد إسرائيل في الجيش المصري. تل أبيب: إصدار وزارة الدفاع، 1967.

الهزايمة، محمد عوض. القدس في الصراع العربي الصهيوني، عمان (بدون تاريخ).

مستقبل القدس العربية، مركز الدراسات العربي الأوروبي. محاضرات عُرضت في المؤتمر الدولي السابع الذي نظمه المركز العربي الأوروبي للدراسات في تاريخ 23-25 شباط 1999 في الدار البيضاء.

المسجد الأقصى أيها المسلمون!! طباعة الأزهر: رجب 1379 هجرية.

Amiri, Muhammad Adib. *Jerusalem, Arab Origin.* London: Longman, 1978

Dumper, M., & Larkin, C. (2012). The politics of heritage and the limitations of international agency in contested cities: a study of the role of UNESCO in Jerusalem's Old City. *Review of International Studies*, 38(1), pp. 25-52.

Elad, Amikam. *Medieval Jerusalem and Islamic Worship: Holy Places, Ceremonies, Pilgrimage.* Leiden: E.J. Brill, 1995.

Falcasantos, Rebecca Steohens, "Christian Religious Symbolism and Pilgrimage" in S. A. Mourad et al (eds.) *Routledge Handbook on Jerusalem* (London and New York: Routledge, 2019), pp. 290-300. .

Gold, Dore. *Jerusalem* (Final status issues, Israel-Palestinians). Tel Aviv: Jaffe Center for Strategic Studies in Tel Aviv University, 1995.

Great Britain, Colonial Office, *Report of the Commission Appointed... to Determine the Rights and Claims of Moslems and Jews in Connection with the Western Wall or Wailing Wall in Jerusalem.* London, 1930, pp. 33-60.: https://unispal.un.org/DPA/DPR/unispal.nsf/0/59A92104ED00DC468525625B00527FEA

Joseph, John . "Comments on Hammond's Review of Salibi's The Bible Came From Arabia", *IJMES*, Volume 23, Issue 4, November 1991 , pp. 704-705.

Kedar, B.Z. *Vestiges of Templar presence in the Aqsa Mosque in The Templars and Their Sources,* ed. Karl Borchardt, Karoline Döring, Philippe Josserand and Helen J. Nicholson (Routledge: London and New York, 2017), 3-24.

Kenyon, Kathleen Mary, *Digging up Jerusalem* London and Tonbridge: Ernest Benn, 1974.

Al-Khateeb, Muhammed Abdul Hammed, Al-Quds, *The Place of Jerusalem in Classical Judaic and Islamic Traditions.* London: Ta-Ha, 1998, p. 182.

Mourad, S. A. "Jerusalem in Early Islam" in Mourad, S. A. et al (eds.) (2019). *Routledge Handbook on Jerusalem.* London & New York: Routledge.

Nusseibeh, Sari, "Islam's Jerusalem" in *Jerusalem, Religious Aspects, Jerusalem* PASSIA, 1995, p. 20.

Salibi, Kamal. *The Bible Came from Arabia.* London:J. Cape, 1985.

Reiter, Y. (2017). *Contested Holy Places in Israel-Palestine: Sharing and Conflict Resolution* (London and New York: Routledge).

روابط إنترنت

أزولاي، موران. "السكرتيرة العامة لمنظمة اليونيسكو: "جبل الهيكل مقدس لدى اليهود أيضا". *Ynet*. 14 تشرين الأول 2016. استعيد في 24 حزيران 2018.

https://www.ynet.co.il/articles/0,7340,L-4866456,00.html

الشيخ عكرمة صبري يقول: "ليس لليهود حق في جبل الهيكل". حُمل في 2 آذار 2018. استعيد في 25 حزيران 2018.

https://www.youtube.com/watch?v=n49mioYUd4s

سوسي، رائد. "ما هو هيكل سليمان". موضوع. 3 آذار 2015. استعيد في 24 حزيران 2018.

http://mawdoo3.com/%D9%85%D8%A7_%D9%87%D9%88_%D9%87%D9%8A%D9%83%D9%84_%D8%B3%D9%84%D9%8A%D9%85%D8%A7%D9%86

عبدة، بلال أحمد. "هل لليهود حق تاريخي في القدس؟ مركز بيت المقدس للدراسات التوثيقية. 3 آب 2017. استعيد في 24 حزيران 2018.

http://www.aqsaonline.org/news.aspx?id=6127

القدومي، عيسى، "ليس لليهود حق في القدس وأرض فلسطين". الفرقان. 30 أيلول 2015. استعيد في 24 حزيران 2018.

https://www.al-forqan.net/articles/4784.html

كهانا، أريئيل. "السفارة المسيحية الدولية: اليونيسكو مست بالمسيحية". *NRG*. 18.10.2016. استعيد في 3.7.2018.

https://www.makorrishon.co.il/nrg/online/1/ART2/841/419.html

كوشمارو، داني. "الصراع على البيت". في "استوديو الجمعة". ماكو. نشر أول مرة في 14 تشرين الأول 2016. استعيد في 24 حزيران 2018.

https://www.mako.co.il/news-channel2/vod-q4_2016/Article-272167a97a4c751004.htm

أطفال روضة الرباط، بيت لحم. حُمل في 28 أيار 2017. استعيد في 24 حزيران 2018.

.https://www.youtube.com/watch?v=fkuJsWc-Vj4

المرأة المقدسية والجندي الإسرائيلي. حُمل في 14 آب 2015. استعيد في 24 حزيران 2018.

https://www.youtube.com/watch?v=t-u-M5jD-84

"من حقي أن أصلي في الأقصى" حُمل في 5 كانون الثاني 2015. استعيد في 24 حزيران 2018.

.https://www.youtube.com/watch?v=8POFSbLbBww

UNESCO's Contentious Resolution on Jerusalem and the Countries That Voted. Haaretz. 18 October 2016. Accessed 24 January 2018.

https://www.haaretz.com/israel-news/full-text-of-unesco-s-resolution-on-jerusalem-1.5450617

http://unesdoc.unesco.org/images/0026/002655/265591e.pdf. UNESCO (2010). The two Palestinian sites of Al-Haram Al-Ibrahimi/Tomb of the Patriarchs in Al- Khalil/Hebron and the Bilal Ibn Rabah Mosque/Rachel's Tomb in Bethlehem. 184 EX/37, 184th session of the Executive Board.

Statement by the Director-General of UNESCO on the Old City of Jerusalem and its Walls on the occasion of the 40th session of the World Heritage Committee of UNESCO in Istanbul. UNESCO website, http://www.unesco.org/new/en/media-services/single-view/news/statement_by_the_director_general_of_unesco_on_the_old_city-1/#.WAZVr-grLcs